高端典藏百科

DK微观世界大百科

修订版

[英]迈克·戈德史密斯◎等著 郭红梅 徐彬◎等译

Original Title: Zoom Encyclopedia

A Penguin Random House Company

版权贸易合同登记号 图字：01-2014-5122

审图号：GS京（2023）0849号
本书中第93、95、110、111、112、113、147、163、181、183、187页地图系原文插图。

图书在版编目（CIP）数据

DK微观世界大百科：修订版 /（英）迈克·戈德史密斯（Mike Goldsmith）等著；郭红梅等译. --北京：电子工业出版社，2023.6
书名原文：Zoom encyclopedia
ISBN 978-7-121-44918-5

Ⅰ.①D… Ⅱ.①迈… ②郭… Ⅲ.①科学知识－少儿读物 Ⅳ.①Z228.1

中国国家版本馆CIP数据核字（2023）第015351号

责任编辑：朱思霖
版式设计：许建华
印　　刷：鸿博昊天科技有限公司
装　　订：鸿博昊天科技有限公司
出版发行：电子工业出版社
　　　　　北京市海淀区万寿路 173 信箱　邮编：100036
开　　本：889×1194 1/12　印张：21　字数：758 千字
版　　次：2016 年 1 月第 1 版
　　　　　2023 年 6 月第 2 版
印　　次：2023 年 12月第 2 次印刷
定　　价：188.00 元

参与本书翻译的人还有丰丽伟、宋爽。

凡所购买电子工业出版社图书有缺损问题，请向购买书店调换。若书店售缺，请与本社发行部联系，联系及邮购电话：（010）88254888，88258888。
质量投诉请发邮件至 zlts@phei.com.cn，盗版侵权举报请发邮件至 dbqq@phei.com.cn。
服务热线：（010）88254161转1859，zhsl@phei.com.cn。

混合产品
纸张 | 支持负责任林业
FSC® C018179

www.dk.com

高端典藏百科

DK微观世界大百科

修订版

[英]迈克·戈德史密斯◎等著 郭红梅 徐彬◎等译

電子工業出版社
Publishing House of Electronics Industry
北京·BEIJING

目 录

09 自然界

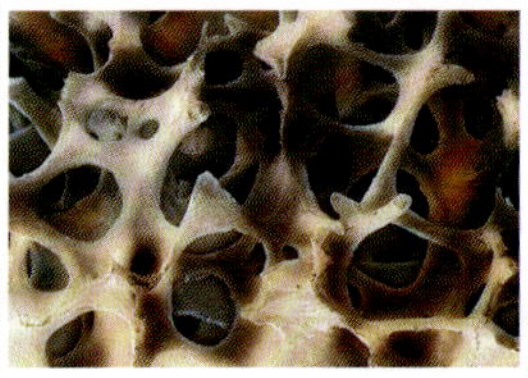

43 人体

71 地球

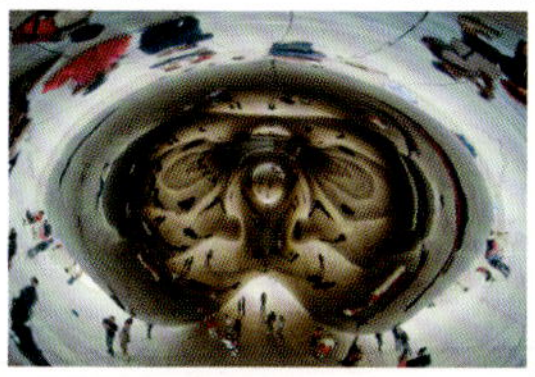

目录

目录

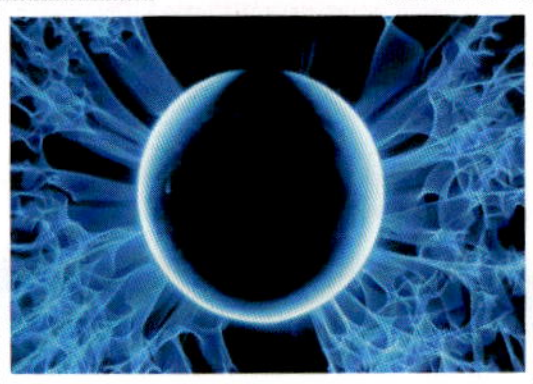

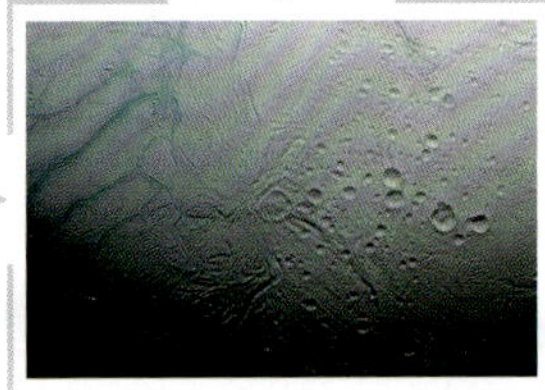

如何阅读本书

本书的每一章都自成一个序列，从一个页面缩放到下一页。你可以在一个页面上探索一朵花的细节，然后再在下一页看它在整座花园中的情形。而某个你不能完全辨认出的背景细节可能就是下一个要被放大的部分，只需翻到下一页就能看得更清楚了。

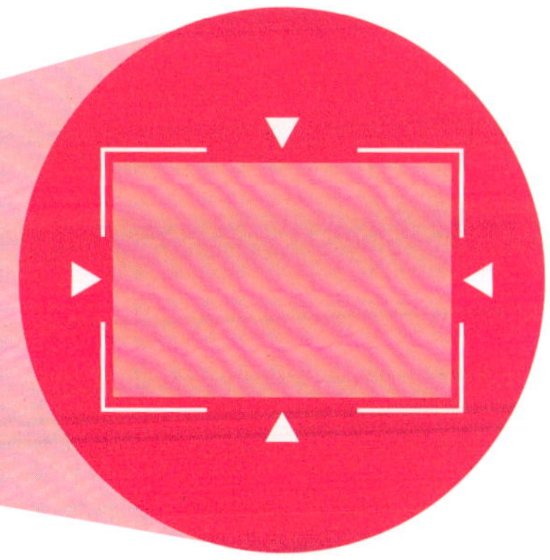

放大

当看到这种框时，你就知道，翻到下一页会看到关于这部分更详细的图景。

图框标示的是下一个要展开的细节

请按顺序阅读

从展示红海海底的软体动物的场景，你可以观察到在水中漂浮的这些微小的生物体。翻过这一页，你就会看到一幅全景图，看见这些生物处在一个完全不同的地方，而和你面对面的是一条热带鱼。

外框显示的是前面展示的图片位于这个图像的什么位置

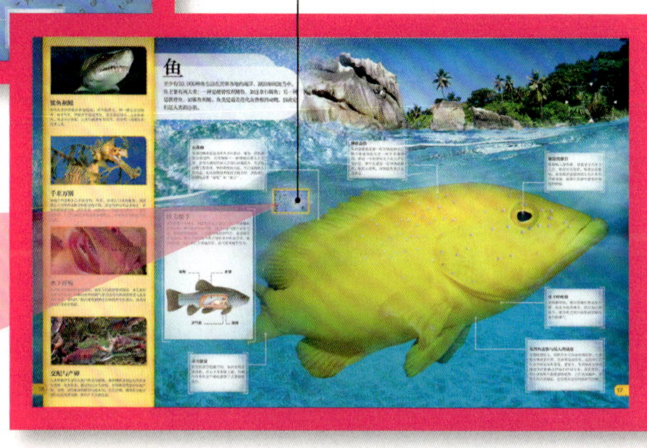

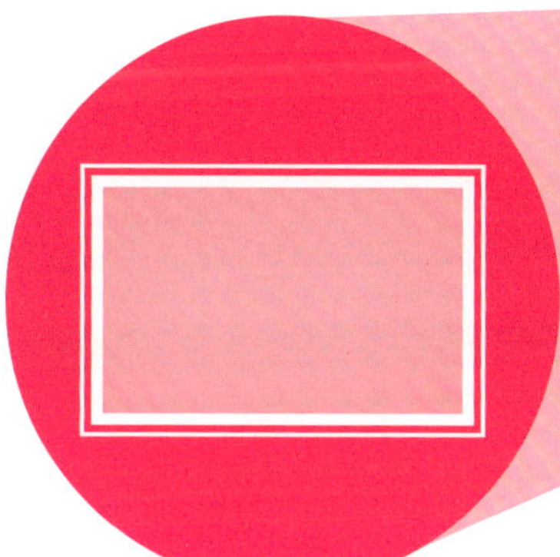

缩小

这个图框意味着你的视角已经从前面的双跨页缩小，来到一个新的场景。它将向你展示前面的那两页位于当前图像的什么位置。

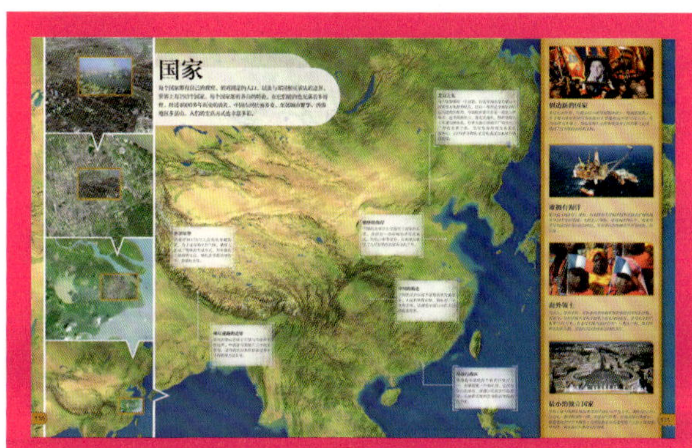

进一步放大

要想比肉眼看到更多的内容，可以顺着一系列的放大或缩小序列阅读。比如，这个序列就让你从城市的街道开始，渐渐看到全国的景致。

鹦嘴鱼的眼睛位于头部两侧比较高的位置，这使得它能够拥有极广阔的视野。

自然界

从简单的微生物，到绚丽多姿、结构复杂的哺乳动物或鸟类，自然界呈现出令人称奇的多样性。在自然界中，昆虫的种类非常之多，直到现在，科学家们仍然无法识别并命名所有的昆虫。每一个生命体都需要与其他生命体互动，形成一个错综复杂的生命网络，从而在地球上繁衍生息。

生态系统

热带珊瑚礁是一个丰富多彩的生态系统，该生态系统充分利用了这里特殊的环境。其他的生态系统还包括沼泽和荒地这样的小块野生地貌，以及沙漠、热带雨林等类型的巨大生物群落。由于珊瑚虫和微小的藻类之间能够建立起特殊的关系，所以珊瑚礁几乎完全是自给自足的。

珊瑚礁访客

在珊瑚丛以及海岸与珊瑚礁之间的浅水潟湖中，以植物为食的成年绿海龟能找到充足的食物。它还在珊瑚岛的海滩上产卵。

珊瑚礁石

这片珊瑚是红海沿岸绵延2000千米的珊瑚礁链的一部分。珊瑚礁包含400多种不同的珊瑚。许多珊瑚都会形成这样的分支状的群体，每个分支由数百个相互连在一起的形似微小海葵的动物组成。支撑它们的，是历经多个世纪累积起来的珊瑚虫的骨骼，经过数千年，这些骨骼就构成了珊瑚礁。

带“刺”的威胁

许多热带珊瑚礁都受到长着长长毒刺的棘冠海星的威胁。这种海星常常大量繁殖，吞吃掉大片的活的珊瑚群，而只留下裸露的珊瑚骨骼。这种海星只有一个天敌，即一种肉食性的海生蜗牛，名字叫做大法螺。图中这个大法螺正准备悄悄地对一个棘冠海星发起攻击。

“清洁工”

这片珊瑚礁中有很多的鹦嘴鱼等鱼类，这种鱼可以用它们的喙状齿从珊瑚上刮食藻类。图中这条鹦嘴鱼正让体形小巧的“清洁工”——隆头鱼，把它鳞片上的寄生虫给清除掉。

饥饿的“猎人”

在珊瑚礁附近觅食的鱼会引来大的肉食性动物，比如黑鳍礁鲨。尽管它们体形很大，但是也能游到很浅的水中，并依靠敏锐的嗅觉追踪猎物。

珊瑚礁生态系统

珊瑚生活在清澈的热带海洋中，在这样的地方，食物非常少。它们之所以能够生存，是因为生活在它们身体组织中的微小藻类可以利用阳光、水和溶解在水中的二氧化碳制造糖，珊瑚就利用其中的一部分糖作为食物。同时，它们会将其羽状触须（见下图）伸入水中，捕捉含有重要营养物质的浮游生物，并把其中一些营养物质传递给藻类。这种合作关系，是珊瑚礁上多样的动物和海藻构成的复杂生态系统的基础。珊瑚礁上的每一种生物都有着特定的生活方式。

保护壳

所有的甲壳类动物都生活在礁石上，包括螃蟹、龙虾、大虾等，种类、数量惊人。像图中这样，寄居蟹使用软体动物的空壳来保护自己异常柔软的身体。

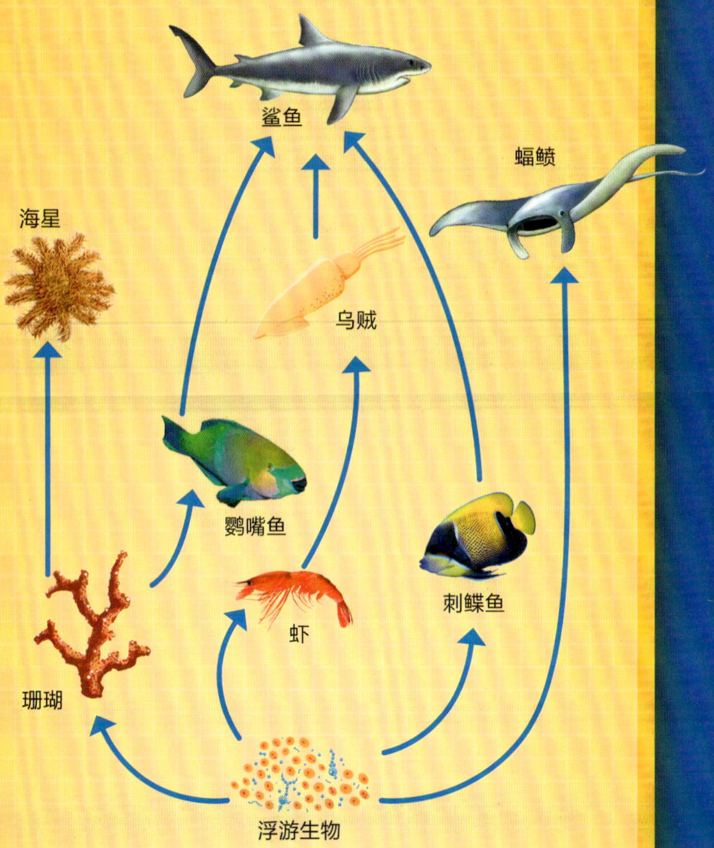

食物网

在一个生态系统中，所有的生物都因食物而联系在一起，从而形成了一个所谓的食物网。在珊瑚礁上，大量的食物是由生活在珊瑚中的微小藻类制造的，但也有一些藻类是浮游生物的一部分。一些动物靠吃这些藻类生存，而它们反过来也可能被其他的肉食性动物吃掉。

巨型珊瑚礁

澳大利亚东北部的大堡礁是世界上最大的珊瑚礁群。它长约2600千米，至少由2900座珊瑚礁构成，它们由密布的浅渠分隔开，其间点缀着很低的珊瑚岛。这里是1500多种鱼类和5000多种软体动物的家园。

面临威胁的珊瑚礁

像许多生态系统一样，珊瑚礁也正受到威胁。许多珊瑚礁受到生活污水的危害。这些污水会促进海藻的生长，比如这些夏威夷海岸的海藻，它们会导致珊瑚窒息。但是，最严重的威胁是海洋温度的上升。它使得珊瑚吐出对于自己生存至关重要的藻类，身体变白，并最终死亡。

软体动物

世界上最奇怪的动物中，有些是软体动物，这其中包括蜗牛、蛤、贻贝、章鱼和乌贼等。软体动物有100 000种，大多数为水生动物，其中最惊人的几种就生长在像这里一样的热带珊瑚礁上。它们虽然身体柔软，但大都长着漂亮的壳。它们有些智商超高，而有些却笨得出奇。

炫目的表演

白斑乌贼等头足纲动物真是不可思议。它们聪明绝顶，视力极佳，令人惊叹。其皮肤中有种特殊的色素细胞，能在神经信号的调节下伸张或收缩，从而迅速改变体色，甚至产生波状图案。它们用这些图案和色彩进行表演，同时又能在危险时与周围环境融为一体，躲避敌人。

巨大的双壳动物

这只漂亮的砗磲（chē qú）是双壳动物，两片山脊状的壳由闭壳肌连接在一起。但和大多数双壳软体动物不同，它的两片壳无法紧密合实。砗磲生活在珊瑚礁上，且终其一生都固着在一个位置。砗磲成年后能长到1.5米长。砗磲以从水中过滤浮游生物为食；但和珊瑚一样，它们柔软的组织下面也生长着许多微小的藻类，可以利用光能制造糖类，这也能为砗磲提供食物。

神秘捕食者

章鱼捕食螃蟹、鱼类和其他软体动物。它先用长长的带有吸盘的腕足抓住猎物，然后张开大嘴进行咬食。和其他头足纲动物一样，章鱼也能为了伪装而随时变换体色。

隐藏的美丽

腹足动物是软体动物中数量最多的一纲，包括蜗牛、蛾螺、帽贝、海螺以及其他动物（如这只虎斑贝）。与众不同的是，这只虎斑贝漂亮的贝壳上星星点点地附着一层覆盖物。

“西班牙舞者”

这位光芒四射的“西班牙舞者”实际上是一只裸鳃目软体动物，或者叫做海蛞蝓（kuò yú）。当它游动时，身上的红色覆盖物会像舞者的裙摆一样旋转起来。不过，现在它正像蜗牛一样在珊瑚上方滑行。

致命海螺

热带海洋中的芋螺均为肉食性动物。它们捕食鱼类时，会先悄悄接近目标，然后用其带有剧毒的毒刺刺向猎物。织纹锥螺是毒性最强的海螺之一，其毒性威力之大足以杀死一个人。

蜗牛

在已知的软体动物中，只有三分之一的物种生活在陆地上。它们全都属于蛞蝓科和蜗牛科——蛞蝓和蜗牛本质上是一样的，唯一的区别在于蜗牛拥有明显可见的壳。它们长有光滑的“脚”，可以四处爬行，而且身体能够自由伸缩。和大多数软体动物不同的是，蜗牛和蛞蝓通过构造简单的肺来呼吸。

“守口如瓶”

许多海生软体动物都生活在食物丰富的海滨潮汐地带。每天两次的退潮会把它们带到地势高、湿度小的地方，这非常危险，甚至有致命的可能。不过，这些蚌类却活了下来，因为它们在下次涨潮之前一直紧闭双壳，以保持自身的水分。而其他软体动物，如帽贝和滨螺，则选择紧紧贴在岩石上。

古老的模样

大多数软体动物只有一两片壳，但这些发现于岩质海岸上的石鳖却拥有多片壳，跟潮虫很像。石鳖长有和帽贝一样黏糊糊的足，在爬行过程中会刮下岩石上的海藻食用。5亿年来，石鳖的模样几乎一点儿没变，它是最为原始的软体动物之一。

珍珠般的贝壳

软体动物最显著的特点就是它们的壳，其主要成分是皮肤分泌的白垩质矿物质。随着动物本身的生长，新壳也不断长出，结果就是创造出一个个复杂又美丽的贝壳，如这里所展示的这个珍珠般的鹦鹉螺的壳。

浮游生物

把一滴混浊的海水放在显微镜下，你会发现各种各样的微小生物体漂浮在其中，这些就是浮游生物。它们像植物一样生活，通过简单的化学物质制造出食物。它们是众多微小动物的食物来源，而微小动物又大批大批地被鱼类和其他海洋生物所捕食。因此，浮游生物是海洋食物链的第一环，对整个海洋生命网至关重要。

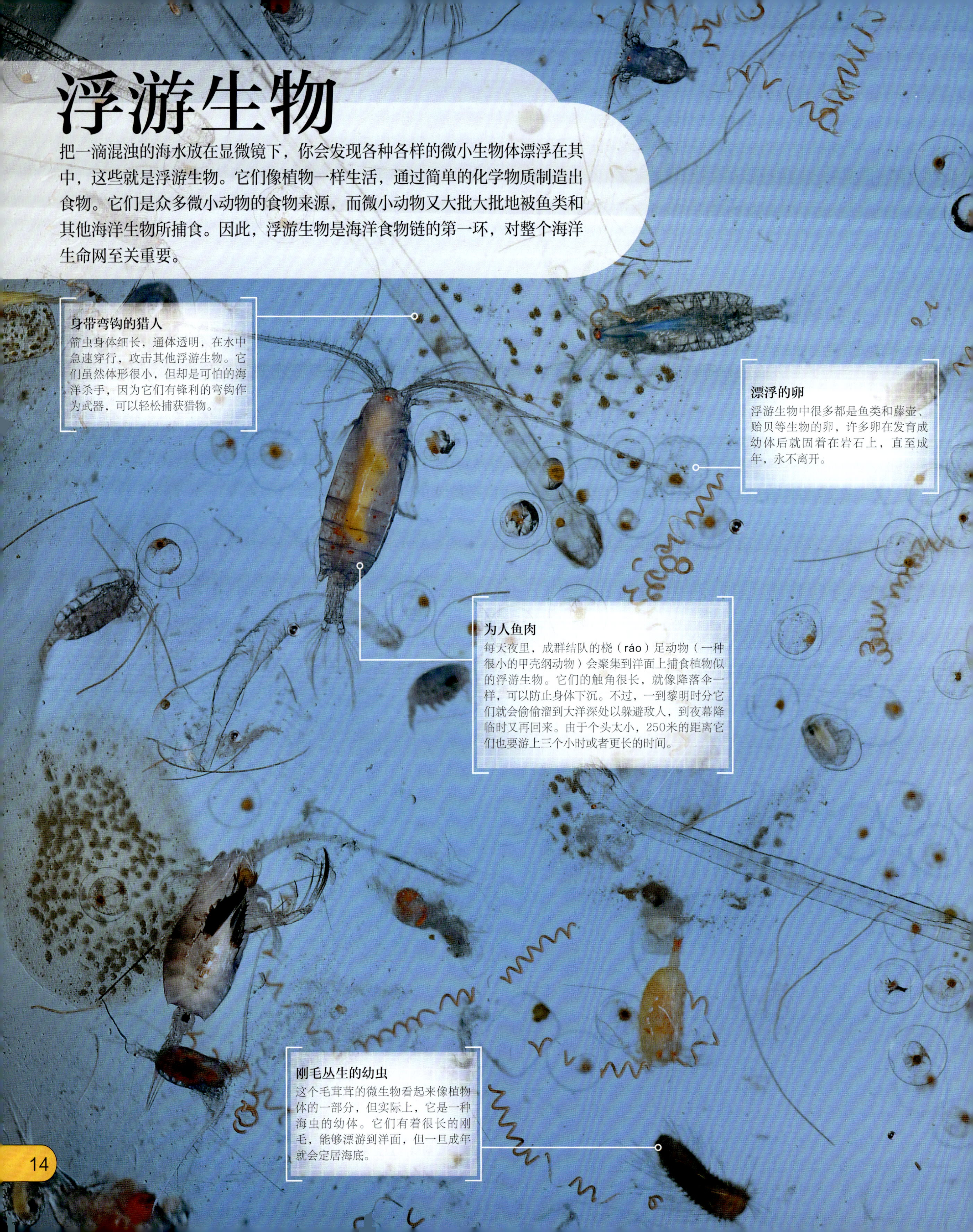

身带弯钩的猎人

箭虫身体细长，通体透明，在水中急速穿行，攻击其他浮游生物。它们虽然体形很小，但却是可怕的海洋杀手，因为它们有锋利的弯钩作为武器，可以轻松捕获猎物。

漂浮的卵

浮游生物中很多都是鱼类和藤壶、贻贝等生物的卵，许多卵在发育成幼体后就固着在岩石上，直至成年，永不离开。

为人鱼肉

每天夜里，成群结队的桡（ráo）足动物（一种很小的甲壳纲动物）会聚集到洋面上捕食植物似的浮游生物。它们的触角很长，就像降落伞一样，可以防止身体下沉。不过，一到黎明时分它们就会偷偷溜到大洋深处以躲避敌人，到夜幕降临时又再回来。由于个头太小，250米的距离它们也要游上三个小时或者更长的时间。

刚毛丛生的幼虫

这个毛茸茸的微生物看起来像植物体的一部分，但实际上，它是一种海虫的幼体。它们有着很长的刚毛，能够漂游到洋面，但一旦成年就会定居海底。

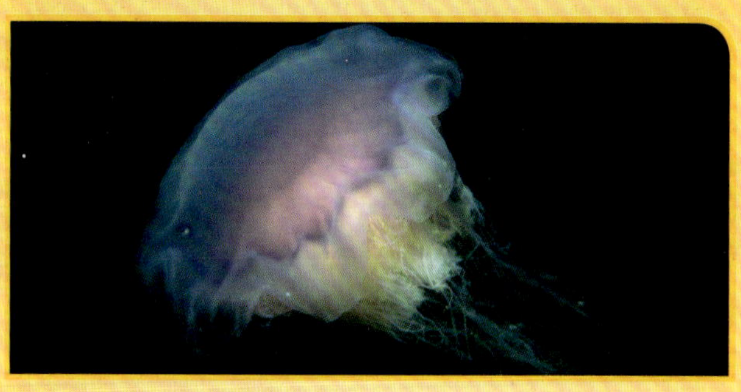

大型浮游生物

大多数浮游生物体形很小，但也有个头较大的，如海蜇、栉水母、樽海鞘等，它们生理构造简单，和其他浮游生物一样漂游在海洋中，捕食遇到的小动物。它们大多能自由游动，以追踪猎物。

鲸的猎物

每当春天来临，南冰洋的冰盖融化，浮游藻类就会爆发式繁殖，形成“水华”。这给磷虾（有点像小虾）提供了大量的食物，使其能够大批繁殖。这些磷虾又是大型须鲸、锯齿海豹和众多企鹅的主要食物。

滤食者

浮游生物是巨型鱼类的主要食物，如巨大的鲸鲨、姥鲨以及体形同样庞大的蝠鲼（如上图所示）。这些巨物大张着嘴巴，缓慢穿行于浮游生物当中。这样，它强健的筛状腮就能过滤富含食物的海水了。

食物链

许多小鱼以浮游生物为食，尤其是密集群栖的鱼种，如沙丁鱼。它们夜间在洋面附近捕食，白天则游到大洋深处。这些小鱼是大马哈鱼和金枪鱼等的捕食对象，而这些较大的鱼类又是鲨鱼等食物链顶端捕食者的猎物。

漫长的旅程

身体没有一粒米大，也不用背负沉重的外壳，这只蟹的幼体在成年并定居海底之前会顺着洋流漂游很远的路程，同时还不耽误进食。这有助于该物种建立新的栖息地。但许多海洋生物会在这一过程中消失，因此，浮游生物中相当大的一部分是体形较大的动物的幼体。

食物加工厂

这些微小的硅藻利用阳光将水和二氧化碳转化为糖，为动物提供食物。它们玻璃般的外壳中有许多绿色物体，这些就是糖的制造者。

氧气制造者

地球上最早的生命体中，有一部分是这种蓝绿藻——一种由众多细胞组成的螺旋线状生物，它们利用光能制造食物，同时释放出氧气。

鲨鱼和鳐

有些鱼类的骨骼由软骨组成，而不是骨头。鳐一般生活在海底，以贝类为食。而鲨鱼则是速度快、效率高的猎手。大多数鲨鱼，如这只沙虎鲨，主要以捕食鱼类为生，但也有一些偶尔会攻击人类。

千差万别

鱼类的形状和大小千差万别。有些，如体长12米的鲸鲨，其体形之大在所有动物当中都屈指可数，而有些却和苍蝇的个头差不多。多数鱼类体表光滑、形态美观，而有些——如这只叶海龙——却长相怪异，它们以此作为伪装来躲避敌人，并适应其独特的生活方式。

水下呼吸

鱼的鳃实为敏感的羽状组织，紧贴头后部的骨质隆起，由无数的毛细血管组成。溶解在水中的氧气透过这些毛细血管壁进入血液循环系统，体内的二氧化碳等废物也经由这种方式排出。该系统的运行效率非常高。

交配与产卵

大多数鳍刺鱼通过大量产卵进行繁殖，雄性鳍刺鱼使这些卵在水中受精。很多鱼类，像这些红大马哈鱼，则群聚到特定的区域产卵、受精。某些鲨鱼和鳐却与此不同，它们的雌、雄体在交配时进行的是体内受精，然后产下少数幼崽。

鱼

至少有30 000种鱼生活在世界各地的海洋、湖泊和河流当中。鱼主要有两大类：一种是硬骨组织鳍鱼，如这条石斑鱼；另一种是软骨鱼，如鲨鱼和鳐。鱼类是最先进化出脊椎的动物，因此它们是人类的远祖。

折叠鳍

鱼通过鳍来驱动身体在水中游动。鳍是一层很薄的皮肤组织，内有鳍刺（一种细细的骨头）支撑，在用不着的时候可以自行折叠起来。有些鱼的鳍上有坚硬、锋利的刺状凸起，可以抵御敌人的攻击。鱼的背鳍用来保持正确方向，其他部位的鳍则用来"掌舵"和"穿行"。

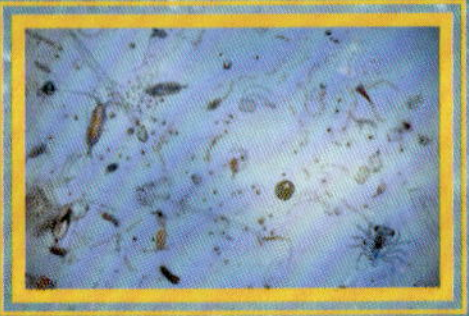

浮力助手

鱼的密度比水略大，因此鱼在水中容易下沉。但辐鳍鱼的体内有一种叫做鳔的充气囊，通过从泌气腺中补充气体，鳔能够膨胀起来，从而增大鱼身的浮力。通过调节浮力大小，鱼几乎可以毫不费力地在水中自由浮沉。鲨鱼没有鳔，但它有巨大的油性肝，也可用来调节浮力。

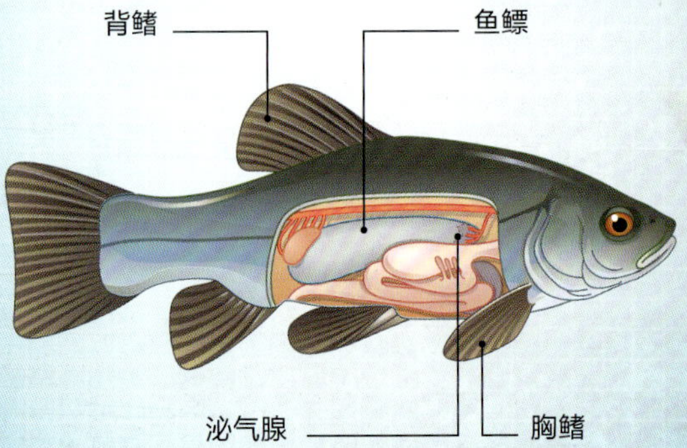

动力源泉

和其他部位的鳍不同，鱼的尾鳍紧接脊椎，并从全身集聚力量。尾鳍为鱼类在水中游动提供了主要的驱动力。

鳞状皮肤

鱼的体表覆盖着一层坚硬的鳞片，鳞片像屋顶的瓦片一样半重叠排列，形成一个坚固而又不失灵活的保护层。鳞片表面有一层滑滑的黏液，能防止感染，并协助鱼类在水中游动。

敏锐的感官

鱼眼跟人眼很像，但更适于在水下工作。鱼的听觉很好，嗅觉也很敏锐。鱼身体两边的侧线上有许多压力感受器，能够在黑暗中察觉到身边的物体。

水下呼吸器

鱼用鳃呼吸，鳃有坚硬的鳃盖保护着。鱼将水吸到嘴里，然后通过鳃排出，鳃在此过程中提取到溶解在水中的氧气。

光滑的皮肤与惊人的速度

水的密度很大，因此在水中移动非常困难。大多数鱼类体表光滑，且身体呈流线型，这使得它们在水中游起来更容易、更省力，某些特殊鱼类的速度因此能够达到每小时80千米，甚至更快。但有些鱼却不需要游得很快，它们身体臃肿，皮肤上有许多隆起，还有很多长长的装饰用的鳍。

植物

哥斯达黎加的热带雨林植被茂盛、郁郁葱葱，其中既有毛茸茸的苔藓，又有高大的树木。这些绿色植物利用阳光将其从土壤和空气中吸收的简单的化学物质转化为食物，从而构成陆地食物链的基础。植物在这一过程中还能释放出我们呼吸的氧气，因此植物对于任何动物的生存都是至关重要的。

长在高处

大多数植物植根于土地中，但有些却附着在高大的乔木上。这些附生植物在热带雨林中非常常见，因为在雨林中，比起昏暗的地面，长在高处可以享受到更多的阳光。

繁殖

蕨类植物和苔藓能产生孢子，孢子会长成新株；而被子植物则产生能长成籽苗的种子。植物还能通过根和匍匐茎的蔓延长出新芽。

长在低处

水对任何植物来说都是至关重要的。苔藓等简单的植物必须生长在湿度很大的地方，这样其短小的根部才能充分吸收水分。这些植物无法长高，因为它们无法使水分贯通整个植物体。

食物加工厂

植物漂亮的绿叶就像太阳能电池板，能够吸收阳光。叶片利用光能进行光合作用，把二氧化碳和水转化为氧气和葡萄糖（糖的一种）。植物将其中一部分糖作为自身生存所需的能量，将另一部分以淀粉的形式储存起来，这些淀粉为动物提供食物。但大部分糖被转化为了纤维素——植物体内起支撑作用的坚硬纤维。

树干

植物根部吸收的水分，通过树干送达植物体内的各个部分，再通过叶片散发出去。所有的植物都需要水来制造养分，而树干中的水压还能使植物体保持挺立——如果失去水压，植物就将枯萎、倒塌。木本植物（如大树）拥有强劲的树干，即使在干旱环境中也能巍然挺立，它们长得很高，有些可达100米，甚至更高。

深深扎根

简单植物从周围环境中吸收水分，而复杂植物有发达的网状根系，能从土壤中吸收水分。水中有植物所需的养分，如硝酸盐和磷酸盐，植物就是利用这些养分合成生命必需的蛋白质的。植物的根还能起到固定和支撑的作用。所有高大树木，就像这棵树，都有又粗又壮的根来抵御强风。

寄生植物

一些植物无法通过空气和水来制造养分，而只能像寄生虫一样"偷取"其他植物的养分。东南亚的大王花能够攻击森林中的蔓生植物，吸取其糖汁，以满足其直径达100厘米的大花的生长需求，而这种花闻起来却像腐肉一样臭！

致命陷阱

大多数植物依靠根从土壤中吸取养分。但如果土壤很贫瘠，如酸沼地，它们就吸取不到足够的养分了。一部分植物通过捕食昆虫来解决这一问题。图中这只捕蝇草突然咬住猎物，然后慢慢消化，以吸收它所需要的养分。

艰难时期

热带雨林中的植物能终年生长，但很多其他环境下的植物却要面临无法生长的寒冬和酷暑。于是它们选择了休眠，直到美好时光到来。随着冬天的来临，落叶树的叶子会脱落，树木本身也停止了生长，直到来年春天再次复苏，长出新叶来。

嫩绿的新芽

大多数植物能结籽，种子实际上是个能量压缩包，每一粒种子都有一个能够长成新植株的胚芽。当条件适宜时，种子就会裂开，并长出根来吸收水分。接着，种子便膨胀起来，脱掉粗糙的种皮，最后抽出带着绿叶的新芽。

两栖动物

蛙、蟾蜍、蝾螈和火蜥蜴都属于两栖类动物，这些冷血动物主要栖息在陆地上，但是必须在潮湿的地方或者水中产卵。两栖动物的卵孵化成幼体，像鱼类一般生活，最后成长为用肺呼吸的成体。两栖类动物只能在潮湿的环境中生存，例如赤目树蛙生活在中美洲的热带雨林中。

光鲜靓丽

许多两栖动物色彩亮丽鲜艳，花纹花哨醒目。有些两栖动物用对比强烈的色彩警告捕食者它们的皮肤会产生剧毒。还有一些两栖动物，比如热带树蛙，会用颜色来掩蔽自己，并且只在同类间才显现出色彩鲜艳的眼睛和爪子。两栖动物通常一整天都闭着眼，在树叶上蹲伏着，因此，它们绿色的体色就成为了生活在丛林中最好的保护色。

薄薄的皮肤

所有两栖动物的皮肤都很薄，其外无鳞片覆盖，因此水分很容易经由皮肤散失掉。这迫使两栖动物不得不栖息于潮湿的地方，才不致因干燥而死。

蛙的生命周期

典型的蛙在水池中产卵（即蛙卵），卵外包裹着一层保护性的胶质。从卵中孵化出的蝌蚪幼体在水中进食，之后腿逐渐长长，肺部发育，尾巴消失，具备了一切在陆地生存的生理条件。赤目树蛙的生命周期也遵循上述基本过程，不同的是，它们会在垂在水池上方的树叶上产卵，卵孵化后蝌蚪直接落入水中。

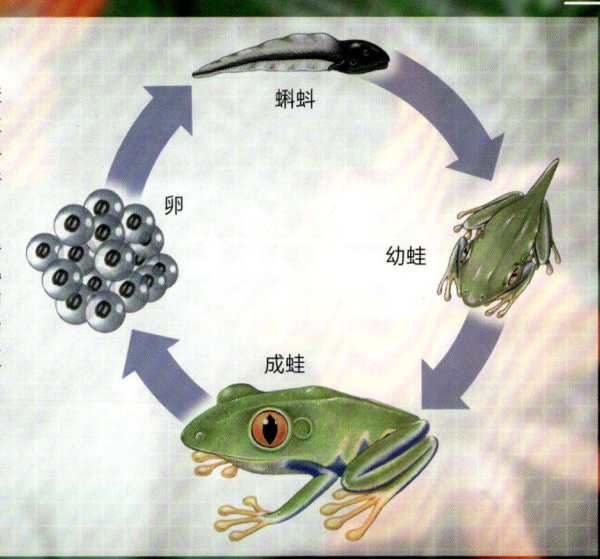

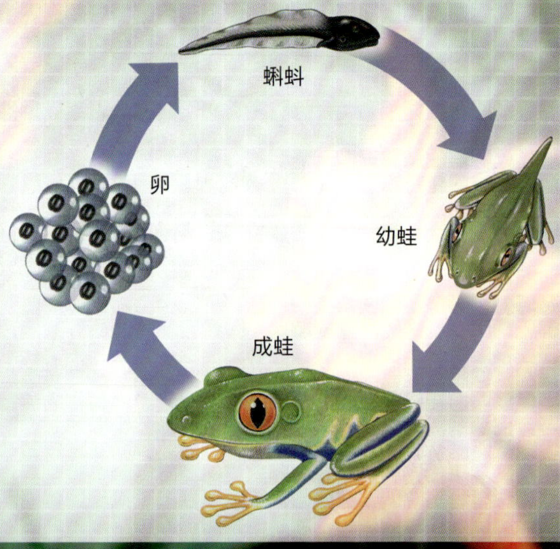

维持生命的适应性

两栖动物可以通过薄且潮湿的皮肤来呼吸，所以它们的皮肤就像另一个肺。事实上，很多蝾螈目动物并没有真正意义上的肺，而是用皮肤取代了肺的功能。这种呼吸系统在水下也可运作，因此，在北方的蛙能够躲进水池底过冬。只要这些蛙不做剧烈运动，它们就能从水中获得足够的氧气。

高度警惕

蛙和其他两栖动物都以猎食小型的生物为生。蛙依靠视觉捕猎，它们一动不动地盯着猎物的活动，然后迅速伸出舌头卷住猎物。

有黏性的脚蹼

树蛙的大脚上长有宽而平的脚蹼，能够黏在树叶和植物的茎上。正因如此，蛙才能爬到树的高处觅食昆虫，而很少在地面上觅食。茂密的热带雨林，比如哥斯达黎加的雨林，是树蛙的理想栖息地，因为这里空气中的湿气以及树叶间滴落的雨水能够保持它们的皮肤湿润。

蝾螈和火蜥蜴

因为有着长长的尾巴，蝾螈和火蜥蜴看起来很像小型蜥蜴。但是它们具有两栖动物的特征：皮肤薄而湿润。有些品种（特别是蝾螈）大部分时间，甚至终其一生都生活在水里。图中这种欧洲火蝾螈体表颜色鲜艳，这是在警告其他生物，它的皮肤上含有危险的毒素。

表面有疣的蟾蜍

蛙和蟾蜍基本上是一样的，但是我们所说的蟾蜍皮肤粗糙有疣，腿较短，行动不如蛙灵活。美国锄足蟾会在地下挖洞，因此可以在沙漠中存活。它们可以在地下生活数周，只有在暴风雨过后才会爬上地面觅食。

交配的欢歌

像许多雄蛙一样，非洲树蛙也会鼓起巨大的声囊，使交配鸣叫的声音更加洪亮。每一个物种都有各自的鸣叫声，在热带雨林中，蛙的鸣叫比鸟儿的歌声还要响亮。在寒冷一些的地区，一些雄蛙和蟾蜍会在春天时聚集起来，进行“大合唱”。

繁育策略

两栖动物的生活过程各不相同，每个种类都在为适应自身栖息地的环境而演化着。这种雌性秘鲁箭毒蛙会把蝌蚪背在背上，然后在雨林的树上寻找叶片上形成的“小池塘”。雌蛙将每一个蝌蚪分别放进不同的“池子”里，并排下未受精的卵作为蝌蚪们的食物。

花

自然界中很少有其他事物像花朵这般美丽。但是，这朵孤挺花并不是为了我们才开放的。开花是植物吸引动物的一种手段，使动物把花粉传送到同物种的另一朵花上。这里的这朵孤挺花吸引了一只蜂鸟为其传粉。花粉使另一朵花受粉，从而结出果实来，受粉后的花朵则枯萎凋谢。

引人注目的花瓣

花瓣颜色鲜艳，目的是吸引那些主要依赖视觉行动的动物。因为鸟类对红色较为敏感，所以红色的花瓣容易吸引鸟类。与鸟类不同的是，昆虫喜欢位于光谱另一端的蓝色和紫色。昆虫还能看见人类肉眼看不见的紫外线，很多花的花瓣可以反射紫外线以吸引昆虫。

粉末状花粉

花的中央有一簇雄蕊，上面携带着微小的花粉粒。雄蕊顶端是覆盖着花粉的花药，下面是细长的花丝，这种形状有利于花粉沾到到访的动物身上。这朵花吸引蜂鸟来吸食花蜜，花药的位置正好使花粉沾到蜂鸟的胸前。当蜂鸟飞走去采另一朵花的花蜜时，也同时运送了花粉。

黏性花柱

花的正中央是子房，子房内部是未受精的种子，即胚珠。子房向上延伸，伸长出来的花柱顶端有黏性，叫做柱头。当身上沾有花粉的动物来到这朵花上时，花粉就会蹭到柱头上，从而使胚珠受精。通常一朵花的柱头和雄蕊生长的时间会略微错开，这样就避免了自花传粉的情况发生。

诱惑的香气

有些花吸引昆虫的方式很奇特。对叶兰并不产生香甜的花蜜吸引蜜蜂，而是用酷似雌蜂的外表和气味来引诱雄蜂，有的雄蜂甚至企图和它交配。雄蜂身上沾上这朵花的花粉后往往会立即奔向另一朵对叶兰，因为那朵花同样散发着令它无法抗拒的香味。

随风飘散

很多植物，比如草，是依靠风来将花粉传播到其他植株上的。这样的植物也开花，但是它们的花没有艳丽的花瓣或芳香的花蜜。因为风媒的传粉效率较低，大部分花粉都浪费了，因此这类植物会产生大量的花粉来弥补效率上的不足，甚至导致很多人患上花粉症。

鲜嫩多汁的果实

花受粉并受精之后，花瓣便会凋落，子房开始膨胀，同时种子在其内部发育。像这株玫瑰一样，一些植物的子房会发育成鲜嫩多汁的果实，吸引动物来吃掉它。被吃掉的种子经过动物体内的循环进入它的粪便中，被排出后便远离亲本植株了。

飞啊飞，飞向远方

植物通过进化，发展出很多种适合自身的方式来传播种子。蒲公英的种子有羽毛般的绒毛，所以能被微风吹走。很多豆科植物的豆荚会在炎热的天气里裂开，就像爆炸一样将种子弹射出来。有些种子上面带有小钩，能够挂住动物的皮毛，随后被带到其他地方。

香甜的诱饵

几乎所有的花都会产生香甜的花蜜，这些花蜜可以作为诱饵，使昆虫、鸟类甚至蝙蝠帮助其授粉。花底部的蜜腺会渗出花蜜，因此迫使动物们只有蹭过雄蕊和柱头后才能够到花蜜。有些花形状奇特，以此限制某些特定的动物接触到它，从而增加了自身的花粉被带到同种的另一朵花上的可能。

花的生殖

每一颗花粉粒都包含着一个孤挺花的雄性生殖细胞。当花粉粒被带到另一朵花上时，花粉就会沾到这朵花的柱头上，沿着花柱向下形成一条细管。这条花粉管通到子房后会穿过胚珠，胚珠内包含着植物体的雌性生殖细胞。雄性生殖细胞穿过花粉管直达胚珠，同雌性生殖细胞结合并受精，从而使花能够结出果实来。

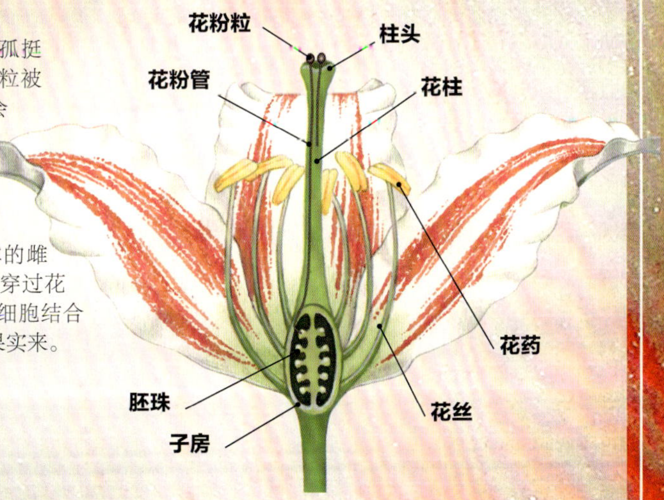

昆虫

世界上最迷人的物种之一就是昆虫，它们生活在我们周围，即便在最普通的花园里也随处可见。昆虫属于节肢动物中的一类，身体外有坚硬的壳，腿上有关节。不过，与其他节肢动物不同的是，所有昆虫的成虫只有三对足，其中很多还拥有一对透明或是色彩鲜艳的翅膀，可以飞行。

飞行的蜻蜓

蜻蜓是最原始的有翅动物之一，3亿年的进化让它们飞行速度奇快，并精进为灵活的空中猎手。这只大猎蜓正趁着两次飞行的间隙休息。

带翅膀的“美人”

所有昆虫中最华丽的要数蝴蝶了，它们宽大的翅膀上覆盖着细小的彩色鳞片，上面通常还带有生动的图案。正如这只琉璃灰蝶，它的翅膀上拥有特殊的鳞片，能散射照于其上的光线，产生令人炫目的荧光效果。与蝴蝶有亲缘关系的蛾却并不如此五彩缤纷，因为它们在夜间飞行，白天要用颜色伪装自己。蝶和蛾都以花朵中香甜的花蜜为食。

忙碌的蜂

蚂蚁、黄蜂、蜜蜂有很近的亲缘关系，它们都会蜇人。包括这只采花蜜的蜂在内，许多这类动物都过着群居生活，与成百上千只工蚁或是工蜂一起照料负责繁育后代的蚁后或是蜂后。

善于跳跃的足

通过长长的后腿，我们就能很轻易地分辨出蝗虫和蟋蟀，它们正是靠这双长腿来跳跃的。虽然这只雄性丛蟋不会飞，但是它仍然保有极小的退化了的翅膀，并通过翅膀的摩擦发出鸣叫声。

了不起的甲虫

瓢虫那坚硬又带有闪光的鞘翅便是它作为甲虫的标志，而甲虫可以说是所有昆虫中最成功的种类之一。甲虫占据了所有已知物种数量的四分之一，甚至更多。

空中特技演员

蝇作为昆虫来说不太受人欢迎。有些蝇会叮人，甚至传播疾病。不过像这只金属绿蝇一样，很多蝇看起来色彩斑斓。有些拥有一对翅的“双翅目”昆虫在空中极度灵活，甚至能够盘旋以及倒飞。这是因为，它们的第二对翅进化成了一对微小的“平衡器”，就像无人机一样可以自动纠正飞行时的错误。

树液吸食者

人们常以为昆虫就是小虫子，然而真正的半翅目昆虫有着像针一样的尖利口器。食虫蝽象会利用口器将其他昆虫吸干，不过这只盾虫喝着植物的树液似乎也很心满意足。

变态发育

有些昆虫，比如蟋蟀，卵孵化出来便是成虫的样子，只是体形微小。但是大多数昆虫的幼年和它们父母的样子大相径庭。其中，很多昆虫的幼虫肢体柔软，呈腊肠形，这样的昆虫包括蝴蝶，它们的幼虫毛毛虫大部分时间都在进食。它们生长迅速，而且因为皮肤的伸展跟不上生长速度，所以要经历数次蜕皮的过程。最终，毛毛虫停止进食，结出一个蛹。在蛹里，毛毛虫的身体重建成了带有翅膀的蝴蝶，并飞去寻找配偶，产下更多的卵。

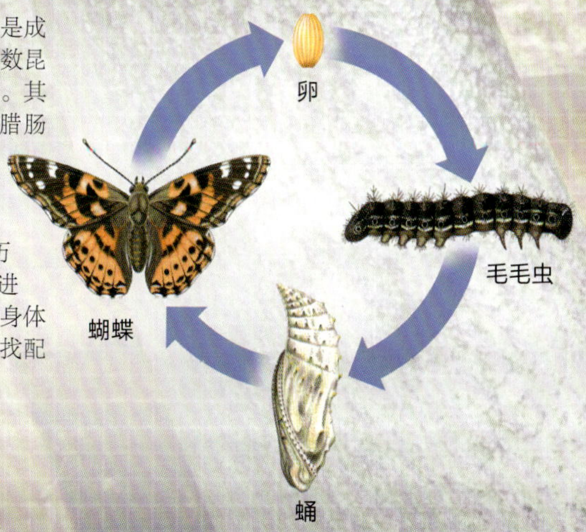

蛛形纲动物

很多节肢动物不属于昆虫，比如人们耳熟能详的蜘蛛，它和蝎子同属蛛形纲。与大多数昆虫有6只足不同，一只蜘蛛有8只足，而且它的头和胸部连接在一起。所有的蜘蛛都以其他动物为食，咬住猎物注入毒液从而杀死猎物。有一些蜘蛛，包括这只马达加斯加的斑络新妇，为了给猎物设下陷阱还会织出光滑精致的网。

多足动物

有些节肢动物的足多到数不清，这样的节肢动物叫多足动物。这只来自北美洲的红边平千足虫有56只足，基本上每个体节两侧各有一只。有些千足虫体节很多，甚至有高达750只足！蜈蚣每个体节上只有一对足，但是移动速度更快。与以植物为食的千足虫不同，蜈蚣依靠头上有毒的螯来猎捕其他动物。

甲壳纲动物

有许多节肢动物主要生活在海洋、湖泊、河流的水面下，它们就是甲壳纲动物。甲壳纲动物的形状、大小各异，包括很多体形微小的生物，比如在水面上漂浮的浮游生物。但是，最著名的甲壳纲动物要数对虾、龙虾以及像这只来自南美洲的莎莉快脚蟹一样的螃蟹了。莎莉快脚蟹是少数几种平时在陆地上觅食的螃蟹之一，但是它必须回到水中才能繁育后代。

真菌

真菌看起来同植物很相像，但是它们其实截然不同。真菌构成了一个独立的生物门类，它既不属于植物也不属于动物，而是一种介乎两者之间的生物。真菌的生长方式类似植物，营养摄取方式则类似动物，通过将有机物分解成可以利用吸收的简单物质，来摄取维持生命活动所必需的营养。

粉雾状的孢子

真菌的孢子极其微小，但是许多真菌生产的孢子数以百万计，比如马勃菌。成熟马勃菌的整个内部都变成了孢子，如果它被踩到，甚至被大一点儿的雨滴击中，这种真菌的孢子就会呈波状云的形状散成粉雾，然后像烟雾一样随风飘走。

小型真菌

大部分真菌是单细胞的酵母菌，只有通过显微镜才能看见。像细菌一样，它们通过分裂成两半实现增殖，并以诸如糖之类的有机物为食，产生酒精和二氧化碳。我们利用这个发酵过程来酿酒，做面包时也用其发面。

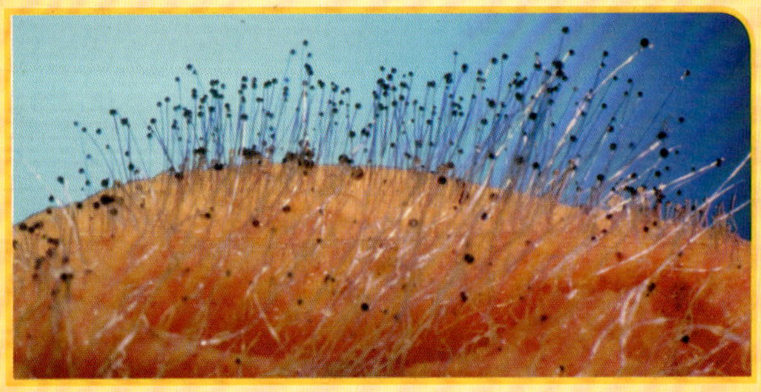

蔓生的霉菌

成千上万种的真菌几乎小到肉眼看不见。但是当霉菌在腐烂的食物（比如烂苹果）上形成绒毛状的层层密集菌落时，我们就很容易注意到它们了。那些小黑点是这种真菌的菌伞，菌伞爆裂后会释放出大量孢子，将霉菌传染到其他苹果上。

对待需谨慎

很多真菌可以食用，其中一些甚至价格昂贵，是相当美味的食物。图中这种生长于地下的黑松露是世界上最昂贵的食物之一。然而，也有些真菌含有的毒素足以致命，每年都有不少人因误食有毒的菌类而搭上性命。

子实体

典型的真菌通常是丝线形根系。蘑菇或是伞菌露出地面的部分只是子实体，就像苹果树上的苹果，而其真菌部分则埋在地下。它们通过释放孢子，从而长出新的真菌。

看不见的网状体系

蘑菇是由地下蔓延的网状结构发展而来的，这种线状菌丝（丝状体）通常被称为菌丝体。菌丝体散布在土壤和诸如枯木的有机物里。在美国俄勒冈州，像这样的一株蜜环菌能蔓延9平方千米，是世界上最大的生物活体。蜜环菌同样是生存年龄最长的物种之一，它已经存活了2400多年。

真菌的食物

绿色植物利用太阳能、水和空气制造食物。真菌无法利用太阳能，所以它们必须依靠现成的食物。从这个角度说，它们不像植物，而与动物更加接近。它们“吃”植物，比如这棵枯木，将它降解成简单物质。我们把这一过程叫做腐烂，或是腐败。随着树木逐渐枯死，树木会裂开并变成粉状物，就像一棵古树的中央会变成空洞一样。

真菌的生命周期

每一株蜜环菌都是从母株真菌释放的微小孢子开始生长的。孢子萌发出细长的丝状体（又叫菌丝），然后形成一个枝杈网（又叫菌丝体）。菌丝体上长出小芽体，逐渐长成初期的子实体，也就是蘑菇。一开始，子实体都是紧紧闭合的，然而随着它的生长，菌伞逐渐张开，于是才能看见围绕菌柄一圈的菌褶。待蘑菇成熟之后，便会释放出它的孢子，于是新一轮生命周期就此开始。

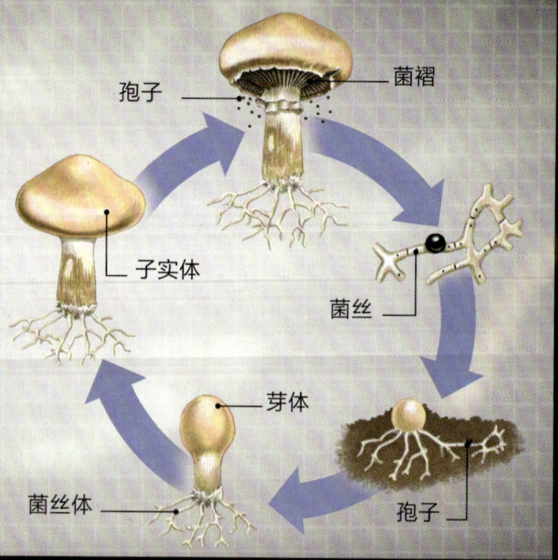

生命机能互补

正如这片苔藓，有些植物依靠真菌把死去的有机体转化成生命所需的植物营养。一些植物和某种真菌形成共生关系，如果不与之合作便不能正常生长。

完美搭档

地衣的样子虽像苔藓，但其实是包含微小藻类的真菌。藻类的生理机能与植物类似，通过太阳光线中的能量将空气和水转化成食物。地衣的真菌部分在这些食物中吸收营养，为藻类提供维持生命活动所需的矿物质。这种合作关系让地衣能够在诸如裸岩般的恶劣条件下生存，并且在没有水的情况下存活数周。

放射状菌褶

这株蜜环菌和很多真菌一样，在菌伞下面有从菌柄向外辐射的菌褶，就像自行车轮子上的车条一样。菌褶上带有孢子，孢子飘散之后，真菌就会在其他地方开始生长。

进食

一些生物，如绿色植物和藻类，自身就能利用太阳能把简单的化学物质变为食物。但是动物却必须吃现成的食物。它们先通过消化将食物分解，再用分解的物质来为身体提供能量。不同的动物吃的食物不尽相同，其进食方式也各有千秋。

潜伏的“猎人”

肉食性动物，如这只狐狸，以猎食其他动物为生。由于肉类营养丰富并且容易消化，所以狐狸并不需要吃太多，但是它却要花大把的时间来寻找、追踪和捕杀猎物。

饥饿的真菌

动物并不是唯一需要现成食物的生物。真菌同样也需要，因为它们自己不能制造食物。长在死树桩上的真菌基本就是靠吃树桩生存的，尽管它们并没有牙齿。

甜蜜的大餐

许多昆虫，如这只燕尾蝶，会从花朵里汲取甜甜的花蜜。花蜜里面的糖分给它们提供飞翔的能量，而至于所需的重要营养成分，它们可能会从动物粪便及腐尸中获取。

素食

所有的陆地动物都靠植物来获取食物。草食动物，如这只兔子，以植物为食并且将植物转化为动物组织；而肉食动物，如狐狸，虽然吃的是兔子，但兔子也是靠吃草长大的。植物纤维都很坚韧，不易消化，因此兔子以及其他草食动物都拥有特别强健的牙齿和专门的消化系统。

利齿巨颌

大多数动物都通过嘴来捕获、吞咽食物。很多肉食性动物，如这只鲨鱼，有着强有力的下颌以及锋利的牙齿，用以捕杀、撕咬猎物。像马这样的草食性哺乳动物也都有宽大扁平的后牙，用于将坚韧的植物纤维研磨成浆，以便于消化。但是还有很多动物根本不能咀嚼，它们只是将食物囫囵吞下。

滤食动物

特殊的饮食需要特定的进食方法：火烈鸟以水生微生物为食，其捕食方法是用梳状过滤网来过滤水中的食物，这些过滤网就长在模样怪异的鸟喙里。不过另一方面，巨大的姥鲨也是靠强大的鳃丝过滤海水来捕捉海洋微生物的。而像贻贝这样的水生生物则会附着在岩石之上，让含有丰富食物的水经过体内的滤网来获得食物。

垃圾处理器

黄粪蝇以昆虫为食——特别是其他蝇类，但是它们却会聚在牛粪堆上交配、产卵。从卵里孵化出的幼虫会从粪便里啃出一条路来，并且吃掉粪便里其他昆虫的幼虫。在这个过程中，它们帮助分解粪便，使其转变为植物可以吸收利用的营养物质，这样就使得这些腐食动物变成了生态系统的重要组成部分。

来者不拒

有些动物似乎什么都吃，人们称之为杂食动物。图中的褐家鼠臭名昭著，因为它吃各种各样的废弃物，同时还吃植物及其他动物。但是大多数杂食动物也是相当挑食的，只吃一些高营养的食物，如种子、坚果、水果、嫩芽以及动物组织。这点我们应该知道，因为我们也是杂食动物。

偷食

有些动物没有嘴，甚至没有消化道也可以进食。绦虫（如左图所示）寄居于其他动物的肠道内，如牛和猪的肠道内。由于肠道里都是已经消化的食物，所以它们仅通过薄薄的表皮就可以吸收营养物质。也有其他的寄生虫，如人们所知的肝蛭，寄居于寄主的血液或肝脏这样的组织中，它们会严重危害寄主的健康。

液体午餐

很多昆虫只能吃流食。但是，它们却不仅限于吃自然流体食物，因为它们可以通过分泌消化液将固体食物转化成液体。图中这只苍蝇正在吃水果，用拖把般的口器来吸取液化的水果果肉。蜘蛛也是这样享用猎物的，它们注入消化液将猎物的软组织变成自己可直接饮用的“汤”。

鸟类

引人注目的鱼鹰是分布最广、最令人感兴趣的猛禽之一。它们是捕鱼专家，从高空俯冲而下，用锋利的爪子将猎物牢牢抓住。和所有鸟类一样，它们本质上是四足脊椎动物。但是为了适应飞行，它们的身体有了高度的改进，具有质轻、中空的骨骼以及诸多其他适应性特征，以便提高力量、耐力、速度和空中敏捷性。

飞行的力量

位于胸骨上的大量飞行肌可以为每一次振翅提供能量。胸骨是质量极轻但强度极大的骨架中最大的组成部分。

至关重要的氧气

鸟类的肺与我们人类的截然不同，能更高效地工作。空气直接压过肺部，使它们的每一次呼吸都能获取更多的氧气。这对于像鱼鹰这样的鸟类来说至关重要，因为鱼鹰需要大量的氧气来将食物转化为飞行所需的能量。同时，这也使得许多鸟类能够远渡重洋——至少对一种鸟来说是这样，即欧亚雨燕，它们在空中能连续飞行数月甚至数年。

转向与制动

大多数鸟类都有长长的、硬邦邦的尾巴，展开就可以形成一把宽阔的“扇子”。这对于鸟类在飞行时的转向是非常有用的，并且当鸟类要减速落地时，它又能充当一个非常有效的减速板。

羽翼

翅膀是由“手臂”进化而来的，延伸了上臂和前臂的骨骼，以及两根“手指”的长度。这些骨骼以及覆盖其上的皮肉使得长长的飞羽得以生长。内层飞羽，即第二层飞羽，提供上升力；而外层飞羽则通过翅膀的每一次拍打推动鸟儿冲破空气的阻力。覆盖在翅膀尖端的较短的羽毛使鸟儿具备一个流线型的、符合空气动力学原理的轮廓。

鹰眼

几乎所有鸟类都有良好的视力，眼睛是它们所依靠的主要感官。像鱼鹰这样的肉食动物，其眼睛比我们人类更锐利，因此它们可以远距离、大范围的侦查和追踪猎物。

轻喙

鸟喙的组成成分是角质，和我们的指甲是一样的材料，这样会比长满牙齿的下颌轻得多。鸟喙的钩状端是为了将猎物撕裂开而进化来的，但是大多数鸟类会将食物整个吞下。

羽毛

鸟类的羽毛遗传自兽脚类恐龙祖先。羽毛让鸟类具备了良好的保温性能，并且很容易通过进化来改进，从而为鸟类形成轻质翅膀打下基础。每一片羽毛都有一个羽轴，其两侧布满了成行的羽丝，这些羽丝叫做羽支。羽支还有许多更小的分支，叫做羽小支，每一片羽毛上有超过百万个羽小支，它们与邻近羽支的羽小支相互钩连。羽小支上有成排的灵活而纤细的钩子，将所有羽支联系在一起形成连续的羽片，具有非常高的抗风性能，这完全适应了飞行的要求。

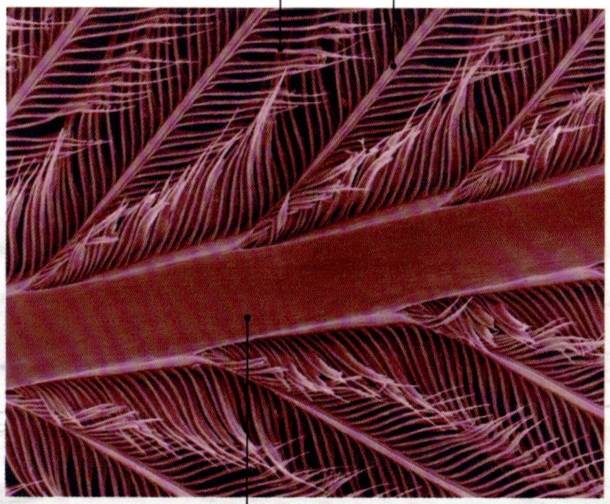

利爪

鱼鹰的脚进化成了强壮尖利的爪子，用以捕捉猎物。其爪底覆盖着尖锐刺状的鳞片以保证能够抓住又湿又滑、奋力挣扎的鱼儿。

不会飞的鸟

所有现代鸟类都是从飞行类祖先进化来的，其中包括像鸵鸟这样不会飞的鸟，它也保留了会飞的鸟类身上的许多特征，如翅膀。但是，鸵鸟的飞行肌和胸骨已经大大减少，同时它们的羽毛也完全是由松软的绒毛构成的。

水下鸟类

有些鸟可以适应在水下捕鱼。最专业的要数企鹅了，它们可以利用高度适应化的短小翅膀推动流线型的身体在水中穿梭，但是它们根本不会飞。海雀科善知鸟也使用相同的技术，但是它们的翅膀比较长，因而能在空中飞行。

孔雀的羽毛

孔雀的羽毛可以长得非常绚烂多彩。雄孔雀的羽毛很长并且颜色闪耀夺目，这是为了吸引伴侣，并同其他雄孔雀一较高下。其中一些颜色是由孔雀羽毛中的色素吸收阳光而产生的，但是蓝色和紫色则是由于漫射产生了彩虹般的闪烁的光造成的。

鸟蛋与鸟巢

所有的鸟类都会下蛋，并且会保持蛋的温度直至孵化。大多数鸟类，如图所示的凤头鹛鹛（pì tī），利用体温在巢内孵蛋。有的鸟巢经过精心制作以保护雏鸟，因为大多数情况下，刚孵化出来的雏鸟眼睛看不见，羽毛也没长出来，因此需要父母不断地呵护。

运动

与许多微生物截然不同的是，动物可以运动，通常还非常迅速。图中的狮子不得不通过快速移动来抓捕它的猎物捻角羚。和大多数动物一样，狮子也依靠大腿上强壮的肌肉以及灵活的脊椎来推动攻击。还有一些动物会通过不同的方式用这些肌肉来游泳、飞翔或爬行。

强壮的大腿

狮子的大腿长满肌肉是为了获得力量，让它拥有能够在一两秒内加速到致命速度的能量。但是这样的速度维持不久就会衰竭。

灵活的脊柱

通过使用强壮的背肌来弯曲脊柱，狮子可以增加它的步幅和步速。长长的尾巴有利于平衡，而且改变尾巴的角度会帮助狮子转到正确的方向以追踪在逃的猎物。

劲瘦的身体

高功率的运动会消耗大量能量，因此像这只狮子一样行动迅速的动物无论吃多少也不会发胖。尽管动物的所有能量都来源于食物，但是为了一餐食物而消耗太多能量也不可取。大多数肉食动物本能地知道何时该放弃，因此如果这只捻角羚跑出了狮子的捕猎范围，那狮子可能就会放它走而不是浪费更多的能量，因为吃了它所得到的能量还不如追它消耗的多。

疾行者

捻角羚天生就是速度型选手，它有着细长的腿，用脚尖奔跑。每只脚都是轻量的两趾蹄，强壮的大腿肌肉高至身体重心部位，以此来提高身体的灵活性。

丛中之蛇

蛇滑行穿过草丛时，通过收缩腹斜肌群来让长长的身体从头到尾呈波浪状运动，借地面和植物的摩擦力推动其向前爬行。它也可以通过这样的方式爬上树木和灌木，而且很多蛇以及鳝鱼也是用完全相同的方式来游泳的。这样的行进方式有着惊人的效率，使蛇能够比其祖先四足蜥蜴的行动更为迅速。

波浪般移动

蜗牛身体的底部是一只很大的肌肉"脚"，上面有黏黏的体液起到润滑作用。肌肉收缩的波浪沿着脚向蜗牛的头部运动，就像海上的波浪一样。每次波动都会使蜗牛的一部分脚离开地面或树枝，然后再重新贴附到稍远的地方。由于这样的运动频繁发生，整只肌肉"脚"就会滑行向前，载着身体前进。蛞蝓和大多数海蜗牛都是以同样的方式运动的。

肺部力量

强大的肺部可以保证捻角羚获得足够的氧气来推动肌肉运动，并且能够让它奔跑的时间持续得很长。这种长时间奔跑的能力就叫耐力。

飞行

鸟儿长满羽毛的翅膀可以驾驭气流，并且能在主动飞行的过程中提供推力（这种力推动鸟儿向前飞行）。有些鸟类，如秃鹫，可以乘着热空气的上升气流翱翔，也可以从一个上升气流滑翔到另外一个。它们不拍一下翅膀就可以飞行得很远。

游泳

推动鱼类在水中穿行的大部分力量是由其大块的侧肌提供的。这些肌肉可以调节身体及尾巴的角度，将水推向后方，同时推动自身向前移动。

喷气式推进

有些动物的运动方式进化得着实令人惊诧。鱿鱼属于海洋软体动物，它通过将海水吸入鳃器官中进行呼吸，其鳃器官位于肌肉的腔室中，用来吸收氧气。若鱿鱼想要快速移动，它会将体内的水从其肉质喷嘴中喷出，这时产生的作用力就会推动流线型的身体向相反的方向前进。这种喷气式推进技术非常好用，有些鱿鱼甚至可以借此从水中弹射出去，从空中飞过。

圈式移动

大多数毛毛虫靠着蠕动短腿来四处移动，但是有些毛毛虫的移动方式却与众不同。如图所示，蛾毛虫用六只前足紧紧抓住树枝，提起身体使之形成圆圈状；随后，它再用尾部的四只腹足抓住树枝，松开前足，舒展身体。再重新用前足抓住树枝，按照顺序重复此前步骤，先弯曲再舒展，这样便可以沿着树枝缓慢前进了。

哺乳动物

在图中，非洲水潭附近所有的动物都是哺乳动物，它们体表有毛，通过哺乳的方式喂养幼崽。哺乳动物的种类在所有动物中所占比例少得惊人，但是它们却遍布全球，其中包括人类以及史上最大的动物——蓝鲸。

温血

和所有的哺乳动物一样，图中的南非水牛是恒温动物，其身体的温度是恒定不变的。这一特点就意味着有些哺乳动物可以生活在经年寒冷的地方。

母乳

与其他大多数动物不同，哺乳动物新生儿的消化系统没有完全发育，因此它们不能吃固体食物。于是，它们的母亲将自身的一部分食物转化为营养丰富的乳汁以便幼崽饮用消化。正在哺乳幼崽的东非狒狒（如图所示）是一种灵长类哺乳动物，灵长类动物包括狐猴、猴子、猿以及人类等。

啮齿动物

在所有哺乳动物中，差不多有半数是啮齿类动物——主要是一些小动物，包括松鼠、豚鼠以及像图中的草鼠一样的老鼠。所有啮齿动物都有锋利的门牙以便啃食坚韧的植物。

卵生动物

几乎所有的哺乳动物都是胎生的，但是也有极少的原始哺乳动物会像鸟类一样下蛋，它们是单孔目动物。这些单孔目动物包括鸭嘴兽以及另外四种针鼹。鸭嘴兽产下的蛋是软壳的，产下后不到十天就可孵化，随后，未发育成熟的小幼崽要吃六个月的母乳继续发育。

温暖的育儿袋

典型的哺乳动物基本是在母体中经过长时间的发育才出生的。但是有袋动物，如袋鼠，出生的时候比微小的胚胎大不了多少。尽管如此，它们却能爬进母体肚子上的育儿袋中，在这里它们可以吃到营养丰富的母乳，然后发育成一个正常大小的幼崽。等到小袋鼠大到可以吃草了，它们就会永远地离开育儿袋。

强大的捕食者

有些哺乳动物，如狮子，是所有捕食者中最大、最强的那一拨。它们属于肉食动物——其中包括猫科动物、犬科动物、熊科动物、鬣狗科动物，以及像黄鼠狼、猫鼬等小型肉食动物。很多动物几乎仅以肉类为食，但是也有一些动物的饮食习惯比较宽泛，如熊科动物。

群居保安全

小型哺乳动物比较容易躲避天敌，而像捻角羚这样的大型哺乳动物则天生就是速度型选手，这样它们才能够从天敌口中逃脱。很多哺乳动物过着群居的生活，这样就有更多双眼睛可以警惕危险的来临。

专门食草的动物

斑马和许多其他的有蹄类哺乳动物都是草食动物，专门吃像草这样低价值的食物。它们必须吃很多食物才行，并且还要有强大的消化系统来消化这些食物。

空中哺乳动物

有一群哺乳动物征服了天空，它们可以在空中翱翔。蝙蝠和大多数鸟类一样能够飞翔，它依靠的是皮肤覆盖在延伸的指骨上所形成的翅膀。以昆虫为食的蝙蝠（如图所示）借助一个绝妙的声呐系统在夜晚飞行，其原理是用回声在头脑中创建一个周围环境的影像。蝙蝠利用这种回声定位技术可以在完全黑暗的情况下追踪空中的飞蛾。

海洋哺乳动物

最早的哺乳动物都是在陆地上生活的，但是有一些哺乳动物却具备了在水中生活的条件，其中包括要回到陆上繁殖下一代的海豹和完全生活在水中的鲸及海豚。与所有哺乳动物一样，海豚必须呼吸空气，因此它们会返回水面进行呼吸。除此之外，它们极其适应水下的生活方式，可以像鱼一样游泳，并在水中生育。

群居生活

一切生物都是相互作用、相互影响的，但是一些群居动物之间有着更紧密的联合，这就是共生现象。这种联合对每个物种都很有益：牛椋鸟专吃非洲野牛背上的扁虱，这样做既帮助了野牛，也喂饱了它们自己。然而，通常情况下其中一方需要牺牲自己以使另一方获益。

不受欢迎的寄居者

牛椋鸟在野牛的毛发里仔细地搜寻那些不易被发现的扁虱。这些类似蜘蛛的扁虱会牢牢钩住动物的皮肤，专吸它们的血，扁虱的体积会因吸血的多少而发生变化。它们是寄生虫，从宿主那里窃取营养后，会给宿主带来痛苦和疾病，而不会带给其任何回报。这是共生现象的形式之一，要是没有这种共生，野牛们或许会活得更自在吧。

恶作剧

有时牛椋鸟会转换角色，它们不再帮野牛吸食扁虱，而是啄伤它们，去舔流出来的血。这样，鸟儿也变成了寄生虫。这种混乱的角色关系在群居物种之间很常见。动物间真正的互帮互助很罕见，因为其中一方会尽可能地“压榨”另一方。

互利共生

体形很大的草食动物很难给自己抓痒，特别是在几乎没有树木可以蹭痒的非洲大草原上。所以，非洲野牛很喜欢牛椋鸟把藏在它们毛发里的寄生虫给揪出来吃掉。这就是互利共生，因为这种关系对彼此都有利。

体内寄生虫

野生动物也会受到各种体内寄生虫的危害。有些寄生虫很大，比如寄生在动物内脏里的蠕虫；还有一些是寄生在动物体内可以引起疾病的细菌。从这些放大的红细胞中可以看出，锥体虫（一种单细胞寄生虫）侵入到了动物的血液里，它们是非洲昏睡病的罪魁祸首。锥体虫由采采蝇传播，它们虽然不会严重影响大多数的非洲野生动物，但是人类会很容易受其感染，从而引起发烧、头痛等症状，严重的甚至可以致死。

蚜虫科

真正的互利共生其实很罕见，但是你可能会在你家后院里看到。蚜虫喜欢吸食植物的汁液，会分泌类似树蜜的甜味液体。黑蚂蚁很喜欢蚜虫分泌的蜜露，所以它们总是成群结队地围绕在蚜虫周围；作为报答，蚂蚁也会保护蚜虫免遭天敌的捕食。

巢寄生

欧亚杜鹃依赖其他小型的鸣鸟寄生。杜鹃在其他鸟类的巢穴中产卵，其幼雏会将同巢寄主的卵和幼雏挤出巢外。杜鹃的幼雏一般由养父母喂大，在羽翼丰满之前，它们的体形就已远远超过其养父母。

共栖

两种生物生活在一起，其中一方受益，而另一方既不受益也不受害，这就是所谓的共栖。鲫鱼依靠头部的吸盘吸附在鲨鱼的腹部，从鲨鱼身上获取浮游生物和大鱼吃剩下的食物残渣。鲨鱼对此并不介意。

生吞

真正的寄生虫从来不会把它们的宿主吃掉，因为它们需要宿主。然而，寄生蜂通常把卵产在蝶蛾的幼虫或者其他昆虫体内，幼蜂孵化时便吸吮宿主体内组织的汁液，并最终吃掉宿主。被吃掉的幼蛾表面覆盖着幼蜂的茧。

进攻与防御

螳螂是一种肉食动物，它会攻击并吃掉其他动物。螳螂有很多特殊的本领，例如，敏锐的触觉和呈镰刀状的前肢使它在捕食时能牢牢地抓住猎物。但是同样，螳螂的猎物也进化出了很多防御本领。

走投无路

螳螂就是一个活着的陷阱。它一动不动地趴在一棵植物上，一旦猎物进入可攻击的范围，它就会突然出击，利用它强有力的、锋利的前肢牢牢抓住它。螳螂行动迅速，以至于它能抓住在空中飞行的昆虫。巨大的前肢使猎物没有逃生的可能，并且在螳螂若无其事地吃掉它们时，猎物们只能祈祷这个痛苦的过程快点结束。

薄颚

螳螂的颚特别小，但是很尖锐，可以有效地咬破猎物的甲壳。为了让猎物停止挣扎，螳螂通常会先把它们的头咬下来。

飞行选择

蝗虫长着长长的翅膀，使它可以选择飞着逃走——不过，图中这只看来要非常侥幸才能逃脱。与螳螂一样，虽然蝗虫也有保护色，但是它的动作总是会暴露行踪。

化学防御

如果螳螂攻击一只蝗虫，它会有危险。与它的同类一样，这只绿色的蝗虫会从它的后肢处喷出一种有毒的气泡来保护自己免遭侵害。它会在后翅上露出鲜艳的颜色来警告敌人。这些颜色还有另外一种作用：当蝗虫跳跃的时候，颜色很明显；但是当它着陆后，就看不到任何颜色了。这样，当它的天敌还在寻找带颜色的目标时，蝗虫们已经轻而易举地逃脱了。

敏锐的视觉

螳螂的头呈三角形，能灵活转动；复眼突出，大而明亮，当猎物进入视线时，复眼可以让螳螂更清楚地看到它们。每只眼睛都由上百个晶状体组成，覆盖在表面——这些深色的点就是些彩色的小圆点。复眼对于移动的物体很敏感，但如果附近的昆虫一动不动，螳螂就看不到它们了。

隐藏的陷阱

图中这只特殊的螳螂有绿色的保护色，让它们可以隐蔽在树叶里不被发现。蝗虫看不到它们，就径直走进了陷阱里。另一些螳螂的保护色与花的颜色相近，它们藏在花里，等待着吃花蜜的昆虫上钩。这种特殊的保护色还可以让它们免遭天敌的捕食，像蜥蜴这种肉食动物和捕食昆虫的鸟类，它们主要依靠视力来捕食。

跳得高

蝗虫主要依靠它强有力的后肢进行跳跃，在空中可以跳得很高，还能灵活地避开天敌。蝗虫的后肢上带有防御性的刺。

联合的力量

肉食动物是很聪明的，它们可以通力协作，利用智谋捕获猎物。比如，座头鲸们会联合起来，吐出许多大小不等的气泡，在鱼的周围形成圆柱形或管形的气泡网。鱼被气泡困住，形成了密集的鱼群，从而就更容易被饥饿的座头鲸大量吞食。

暴露藏身处的“光”

有些肉食动物的捕食适应性很强。角棕榈蝰蛇口鼻部的小凹痕对红外线很敏感，使它们可以在完全黑暗的情况下“看到”温血动物。这样，蛇就可以在黑暗中捕捉鼠类和其他的动物了。

群居保安全

像鱼这样的生物，通常聚集在一起来保护自己。对付体形大到足以将它们一口吞下的敌人，这种方法可能行不通。但是，大多数的捕食者一次只能吃少量的食物，所以聚集成群也增加了逃生的机会。另外，群体中有许多双眼睛可以降低遭受突然袭击的风险。

带刺的甲壳

对于肉食动物来说，澳洲棘蜥坚硬的刺和鳞片就是它们的保护伞。有些动物，像犰狳和豪猪，也带有尖刺，以此来防御掠食者。另外，臭鼬在遇到危险时会释放出奇臭无比的味道，热带地区的树蛙还会通过分泌剧毒来保护自己。

爬行动物

变色龙的皮肤被颗粒状鳞所覆盖，长得像西方传说中的龙，很显然它属于爬行动物。爬行动物有陆龟、鳄鱼、蜥蜴和蛇等，它们都是冷血动物，依靠周围环境的温度来维持体温。所以，它们大多生活在热带地区，只有极少数种类生活在温度低的地方。

能量储存者

喷点变色龙行动缓慢，直到猎物到达它的捕猎范围才会出击。只要周围环境的温度能够让它的身体保持温暖，大多数爬行动物还是很灵活的。事实上，冷血动物也有优势：由于不需要把摄取的食物能量变成身体的热量，所以与体形相当的温血动物相比，它们只需要极少的食物就可以存活。

可盘卷的尾巴

变色龙的尾巴长而有力，可以紧紧地缠绕在树枝上。这种可盘卷的尾巴对于生活在灌木丛里的动物来说很有用。

虎钳般的爪

典型的蜥蜴每只脚上有五个脚趾，但是变色龙的后肢上一、二趾形成内组，其他三趾形成外组，这样的特征非常适于抓握树枝。

蜥蜴

爬行动物中种类最多的就是蜥蜴，从小壁虎到科莫多巨蜥，共有4560个品种。大多数的蜥蜴，包括变色龙，都以昆虫或者类似的动物为食。也有少数的蜥蜴属于草食动物，比如钝鼻蜥，它们以海藻为食。蜥蜴的适应性很强，例如变色龙的眼睛和壁虎那有吸附能力的脚趾——后者可以让壁虎在光滑的天花板上爬行。

陆龟和海龟

陆龟和海龟的身体都缩在壳里，它们是现存最古老的爬行动物，早在2.3亿年前就出现在地球上了，与恐龙所处年代相同，并且一直到现在都变化不大。陆龟因为行动缓慢而闻名，但是像玳瑁这样的海龟活动能力却较强，它们游泳速度较快，通常登陆海岸沙滩挖穴产卵。

带鳞的皮肤

变色龙的皮肤上有坚硬的鳞，可以保护它们不受伤害。身体上的这些鳞片是耐水的，可以帮身体保湿。爬行动物的卵可以保持水分，所以它们可以在干燥的地方产卵。与两栖动物不同，这种特征使爬行动物可以在极为干旱的地区生活，由于它们不需要太多的食物，所以在食物很少的沙漠地区依旧能够存活下来。

奇特的眼睛

变色龙是蜥蜴中的一个特有种类，有很多特征。它的眼睛十分奇特，眼帘很厚，呈环形，左右眼可以独立转动，所以一只眼睛可以朝上看，另一只眼睛可以朝下看。

闪电式袭击

变色龙长长的舌头上带有黏液，可以用来捕食。它可以快速出击，用舌头吸住猎物，然后以极快的速度将猎物卷到嘴里，使猎物无处可逃。

变色

变色龙以能变色著称。本页所展示的这些喷点变色龙能以不同的方式伪装自己，它们有的是为了逃避像鸟类这种天敌，有的是为了悄悄地接近自己的猎物。然而，变色龙也通过变色来表达自己的情绪。正在求偶期的雄性变色龙身上的图案通常会很生动，但是如果它吃了败仗，体色就会变得很暗。

蛇

蛇是一种最特殊的爬行动物，它们的身体很长，没有四肢，感官很敏锐。有些蛇有剧毒，但是图中这种紫灰锦蛇是无毒的。蛇可以很灵活地搜寻并捕杀猎物，因为它们没有四肢可以将猎物撕扯开，所以必须用收缩自如的嘴把猎物整个吞下。一条巨蟒可以吞下一整只瞪羚。

鳄目动物

鳄目动物包括鳄鱼和短吻鳄等大型爬行动物，而像尼罗鳄这种强大的肉食动物，几乎可以攻击所有的动物。鳄鱼很适应水中的生活，通常生活在热带地区的河流、湖泊里以伏击猎物，但是湾鳄有时也会游到海洋里。与其他爬行动物不同，鳄鱼群体有着复杂的社会关系，并且对孩子照顾得十分周到。

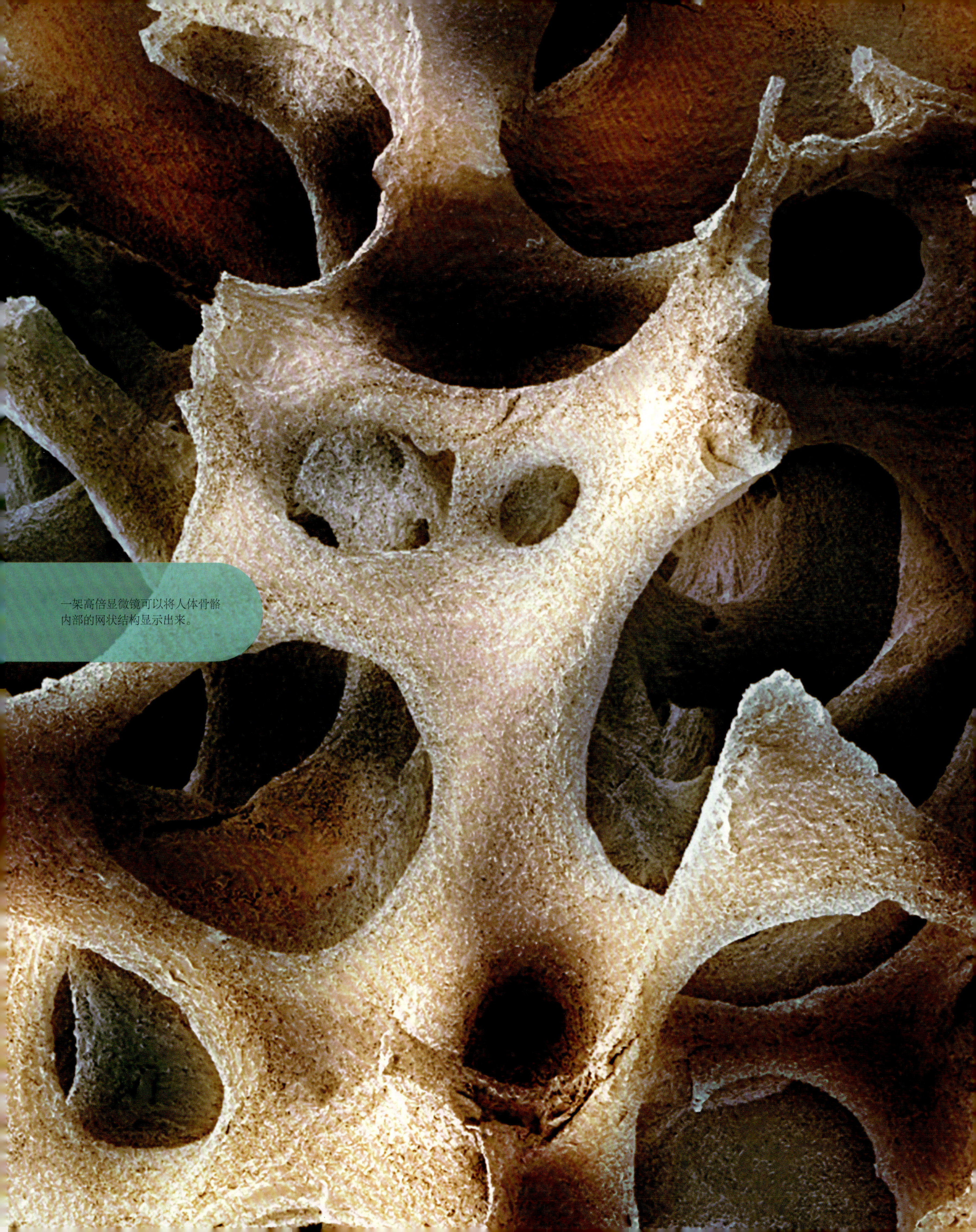

一架高倍显微镜可以将人体骨骼内部的网状结构显示出来。

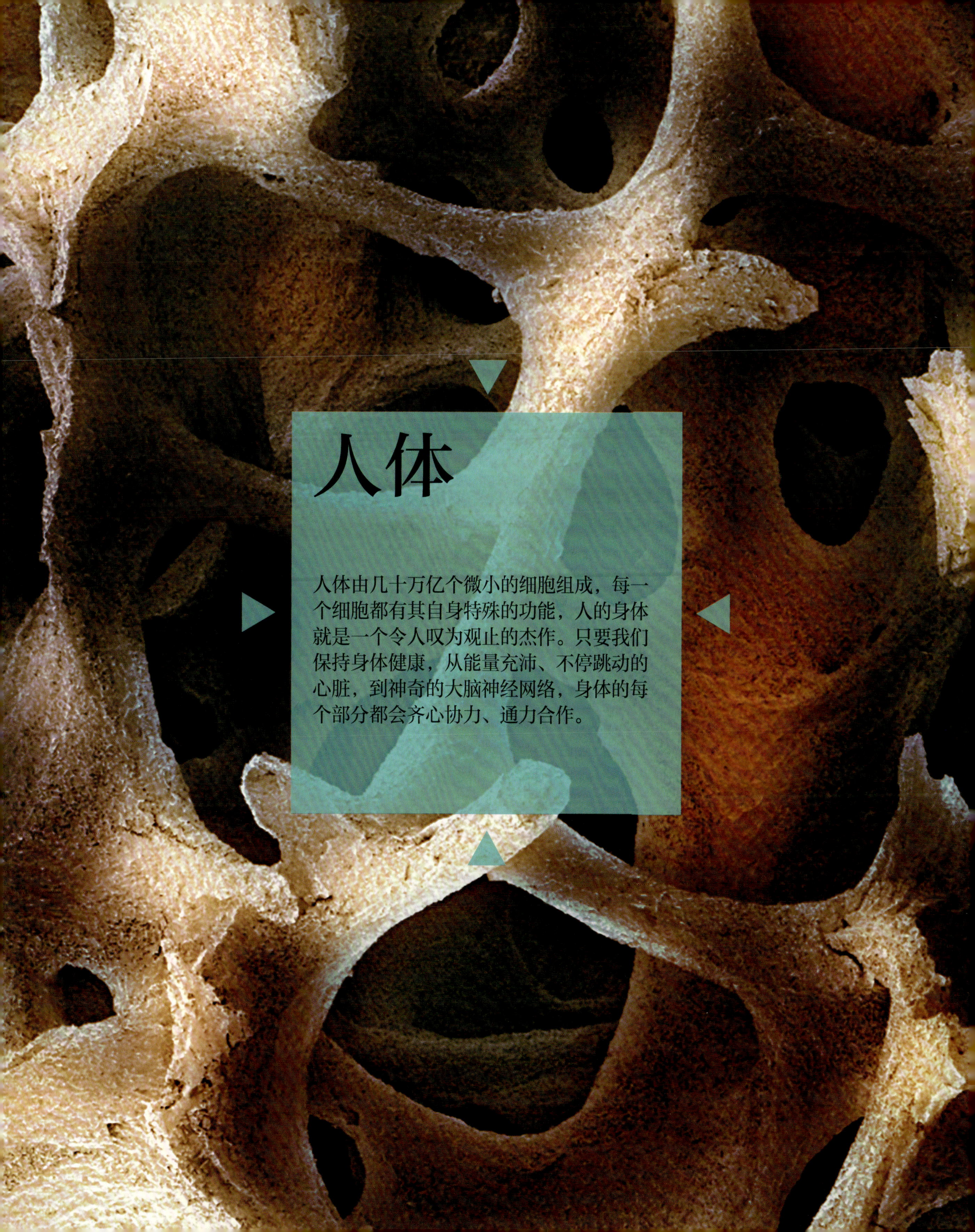

人体

人体由几十万亿个微小的细胞组成，每一个细胞都有其自身特殊的功能，人的身体就是一个令人叹为观止的杰作。只要我们保持身体健康，从能量充沛、不停跳动的心脏，到神奇的大脑神经网络，身体的每个部分都会齐心协力、通力合作。

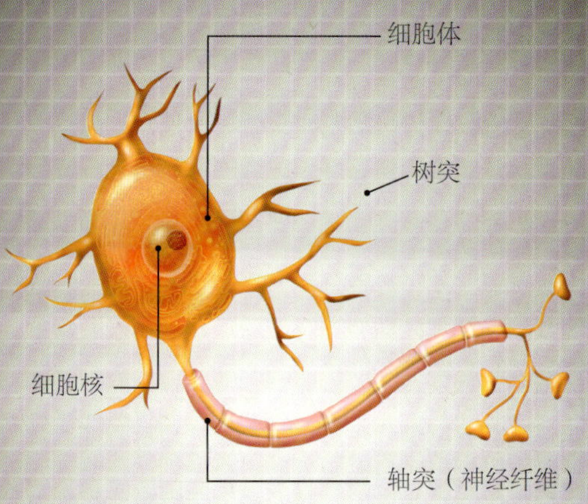

神经细胞

神经细胞，又称神经元，是构建大脑和神经系统的基本单元。大脑中可能有超过150亿个神经细胞。典型的神经细胞通过手指状的树突接受信息，然后在细胞体进行分析，再通过更大的轴突（神经纤维）将结果传输给其他的神经细胞。神经信息的传导采用的是电脉冲的形式，每秒钟可达上百次。

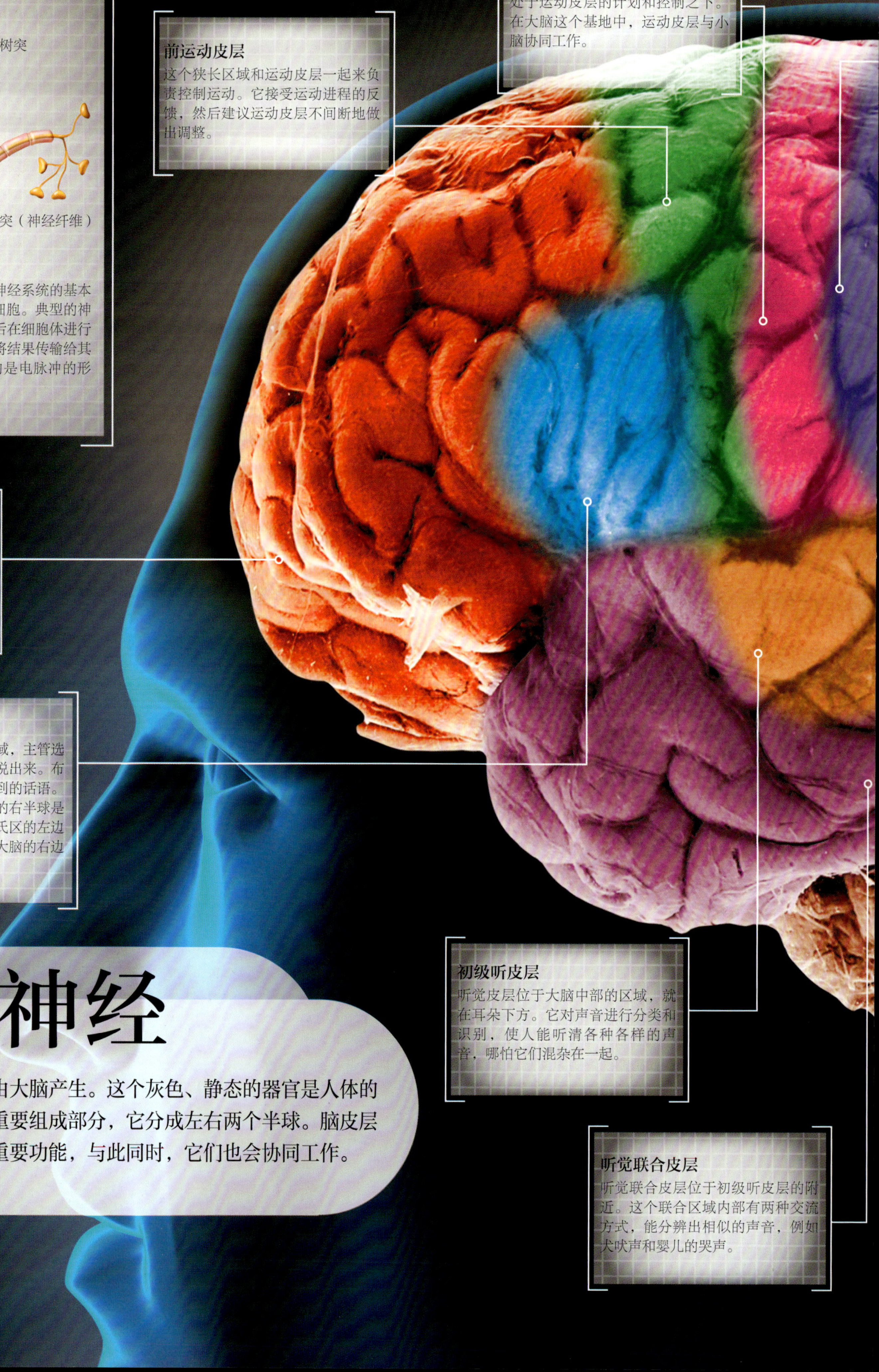

前运动皮层

这个狭长区域和运动皮层一起来负责控制运动。它接受运动进程的反馈，然后建议运动皮层不间断地做出调整。

运动皮层

随意运动由有意识的思考产生，并处于运动皮层的计划和控制之下。在大脑这个基地中，运动皮层与小脑协同工作。

前额皮层

人的各种特质及行为特征，诸如办事匆忙、喜欢提前做计划、性格比较冷静等，几乎都是由前额皮层的不同区域来控制的。

布罗卡氏区

布罗卡氏区是位于大脑前端附近的区域，主管选择词汇、组词成句，以及将它们大声说出来。布罗卡氏区也帮助其他区域来理解接收到的话语。图中所展示的是大脑的左半球，大脑的右半球是它的镜像。在这里，你能看到布罗卡氏区的左边区域。和所有在此展示的区域一样，大脑的右边都有一个镜像部分。

大脑和神经

我们的每个想法、每种知觉都由大脑产生。这个灰色、静态的器官是人体的主要控制中心。大脑是人体的重要组成部分，它分成左右两个半球。脑皮层不同的褶皱部分各有其特定的重要功能，与此同时，它们也会协同工作。

初级听皮层

听觉皮层位于大脑中部的区域，就在耳朵下方。它对声音进行分类和识别，使人能听清各种各样的声音，哪怕它们混杂在一起。

听觉联合皮层

听觉联合皮层位于初级听皮层的附近。这个联合区域内部有两种交流方式，能分辨出相似的声音，例如犬吠声和婴儿的哭声。

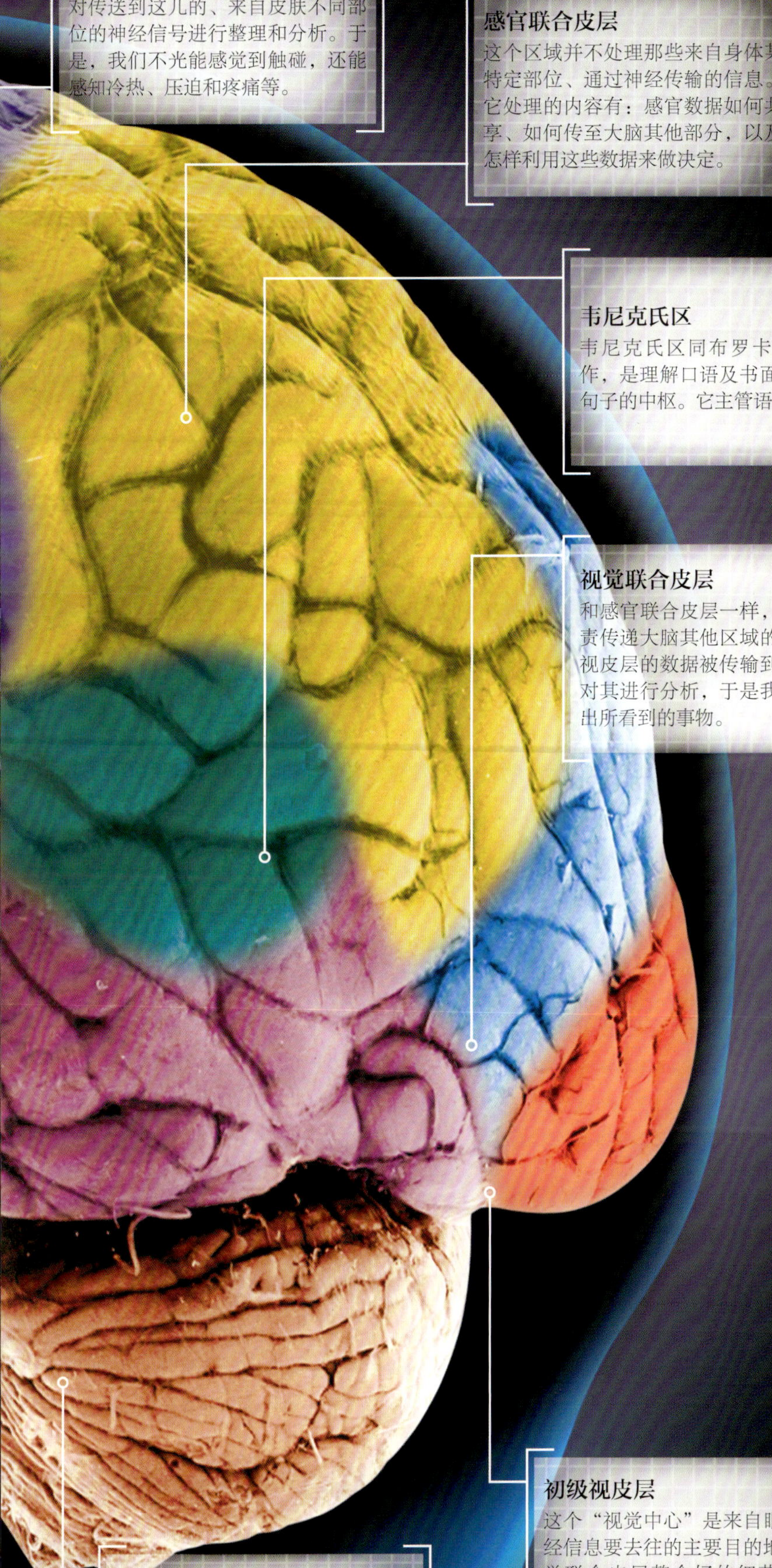

躯体感觉皮层

这是大脑的“触觉中心”，它负责对传送到这儿的、来自皮肤不同部位的神经信号进行整理和分析。于是，我们不光能感觉到触碰，还能感知冷热、压迫和疼痛等。

感官联合皮层

这个区域并不处理那些来自身体某特定部位、通过神经传输的信息。它处理的内容有：感官数据如何共享、如何传至大脑其他部分，以及怎样利用这些数据来做决定。

韦尼克氏区

韦尼克氏区同布罗卡氏区协同工作，是理解口语及书面语中词汇、句子的中枢。它主管语言的理解。

视觉联合皮层

和感官联合皮层一样，这个区域负责传递大脑其他区域的信息。初级视皮层的数据被传输到这里，然后对其进行分析，于是我们才能分辨出所看到的事物。

初级视皮层

这个“视觉中心”是来自眼睛的神经信息要去往的主要目的地。在视觉联合皮层整合好的细节的帮助下，我们看到的事物形成了大脑中的视觉形象。

小脑

小脑位于头部下方，就像一个小型的大脑。小脑控制运动皮层来发送具体的运动信号。小脑可以使得运动顺畅、精准且平稳。

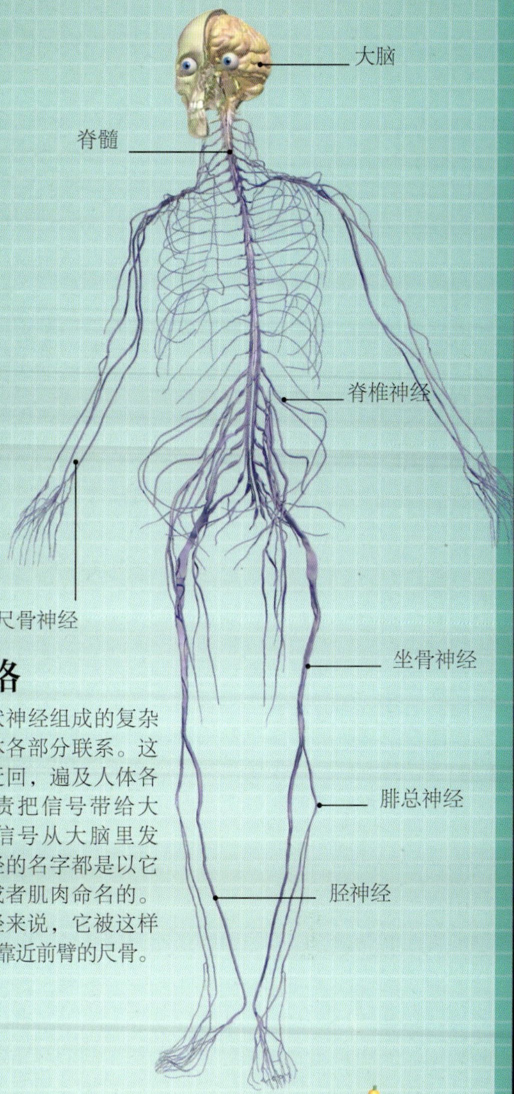

神经网络

大脑通过线状神经组成的复杂神经网与身体各部分联系。这些神经分叉迂回，遍及人体各个部分，负责把信号带给大脑，或者让信号从大脑里发出。许多神经的名字都是以它附近的骨骼或者肌肉命名的。就拿尺骨神经来说，它被这样命名是因为它靠近前臂的尺骨。

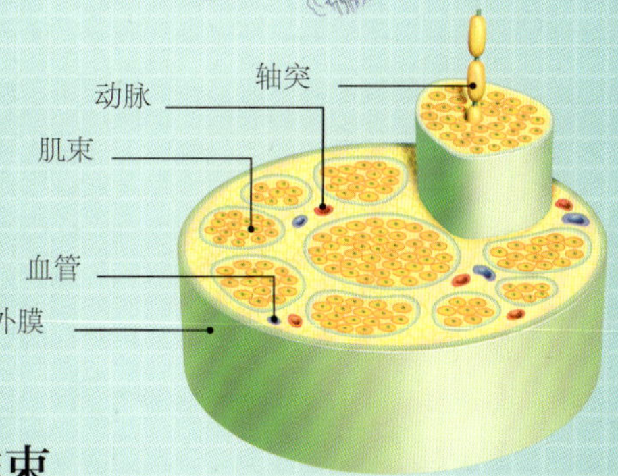

神经纤维束

神经各不相同，有的像人的拇指一样粗，臀部、大腿部分的坐骨神经就是这样；有的则比人的头发还要细。典型的神经是由一束纤维组成的，这些纤维缠绕在组织和脂肪层周围，并在全身延展。

脊髓

人体主要的神经就是脊髓，它在脊椎（脊柱）的椎管里，并受其保护。它有31对名为脊椎神经的分支，延伸至手臂、躯干及腿部。脊髓的顶部与大脑相连。连接脊髓两端的是叫做神经中枢的神经汇合点，里面充满了神经细胞。

骨骼和肌肉

肌肉和骨骼总共约占人体质量的三分之二。没有206块骨头构成的坚固骨架，人体就会无力地垮掉。除了起支撑作用，骨头还负责矿物存储及制造血细胞。没有400多块肌肉来牵引骨头的话，骨骼就会毫无生机、死气沉沉。

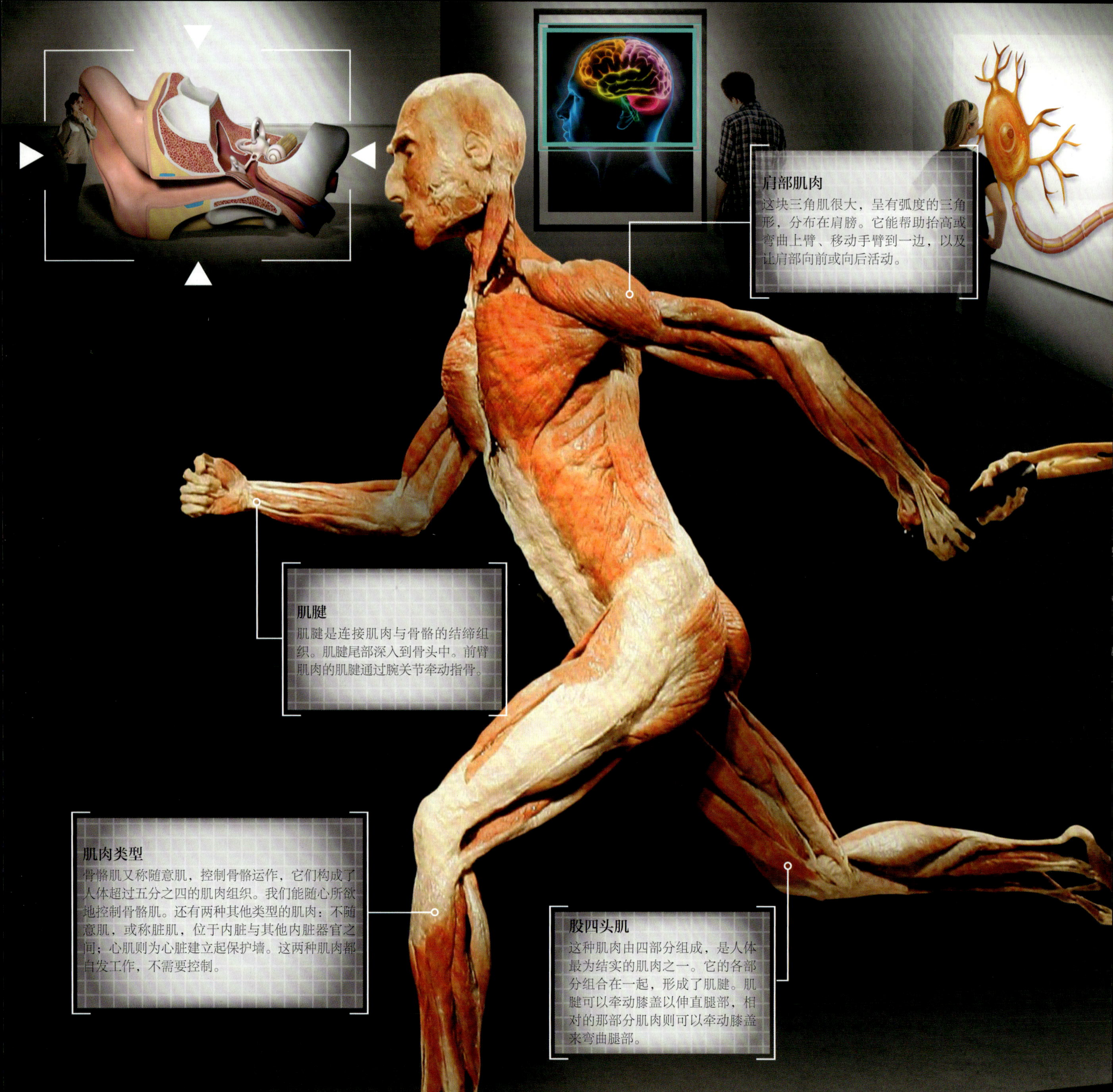

肩部肌肉

这块三角肌很大，呈有弧度的三角形，分布在肩膀。它能帮助抬高或弯曲上臂、移动手臂到一边，以及让肩部向前或向后活动。

肌腱

肌腱是连接肌肉与骨骼的结缔组织。肌腱尾部深入到骨头中。前臂肌肉的肌腱通过腕关节牵动指骨。

肌肉类型

骨骼肌又称随意肌，控制骨骼运作，它们构成了人体超过五分之四的肌肉组织。我们能随心所欲地控制骨骼肌。还有两种其他类型的肌肉：不随意肌，或称脏肌，位于内脏与其他内脏器官之间；心肌则为心脏建立起保护墙。这两种肌肉都自发工作，不需要控制。

股四头肌

这种肌肉由四部分组成，是人体最为结实的肌肉之一。它的各部分组合在一起，形成了肌腱。肌腱可以牵动膝盖以伸直腿部，相对的那部分肌肉则可以牵动膝盖来弯曲腿部。

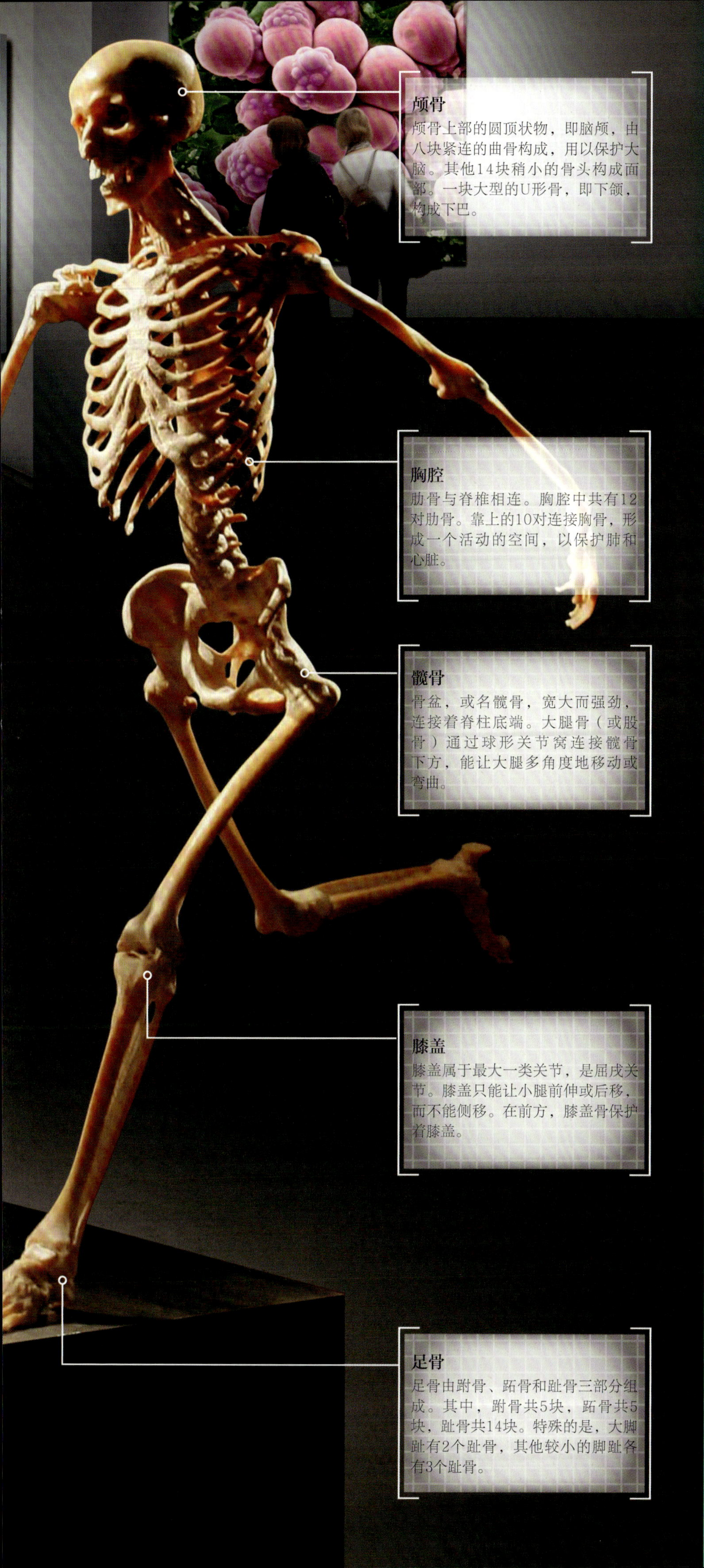

颅骨
颅骨上部的圆顶状物，即脑颅，由八块紧连的曲骨构成，用以保护大脑。其他14块稍小的骨头构成面部。一块大型的U形骨，即下颌，构成下巴。

胸腔
肋骨与脊椎相连。胸腔中共有12对肋骨。靠上的10对连接胸骨，形成一个活动的空间，以保护肺和心脏。

髋骨
骨盆，或名髋骨，宽大而强劲，连接着脊柱底端。大腿骨（或股骨）通过球形关节窝连接髋骨下方，能让大腿多角度地移动或弯曲。

膝盖
膝盖属于最大一类关节，是屈戌关节。膝盖只能让小腿前伸或后移，而不能侧移。在前方，膝盖骨保护着膝盖。

足骨
足骨由跗骨、跖骨和趾骨三部分组成。其中，跗骨共5块，跖骨共5块，趾骨共14块。特殊的是，大脚趾有2个趾骨，其他较小的脚趾各有3个趾骨。

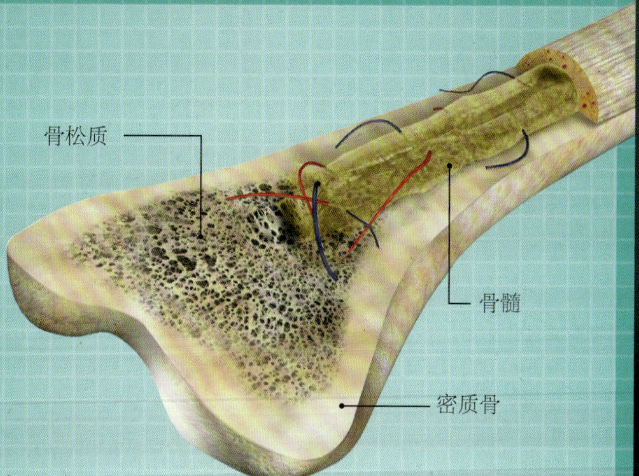

骨组织

多数骨头都有一种名为密质骨的坚固、稠密、壳状的外层。再往里是质轻、蜂窝状的海绵骨（骨松质）。许多骨头中间有骨髓，它是一种胶状物质，以骨头为依托，骨髓或是制造新的红细胞、白细胞，或是主要以脂肪的形式储存营养。

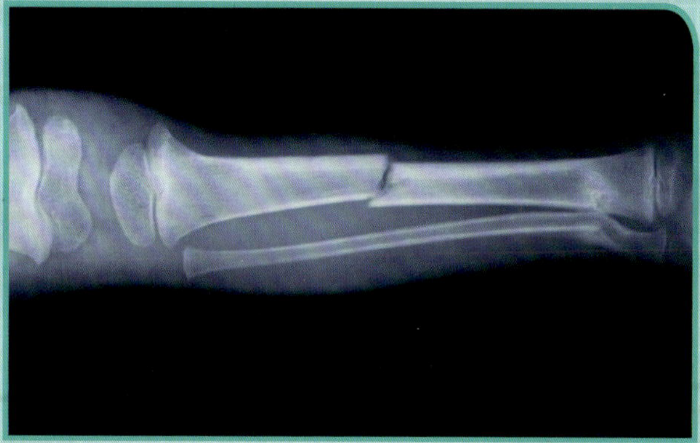

骨头的愈合

断裂的骨头可能有缝隙、裂口，就像图中这根断裂的胫骨。要治疗骨折，骨头各部分必须回到正确的位置，这就是复位。该骨头周围的一种分子胶会将其固定，以促进断裂端慢慢地长出，从而愈合。

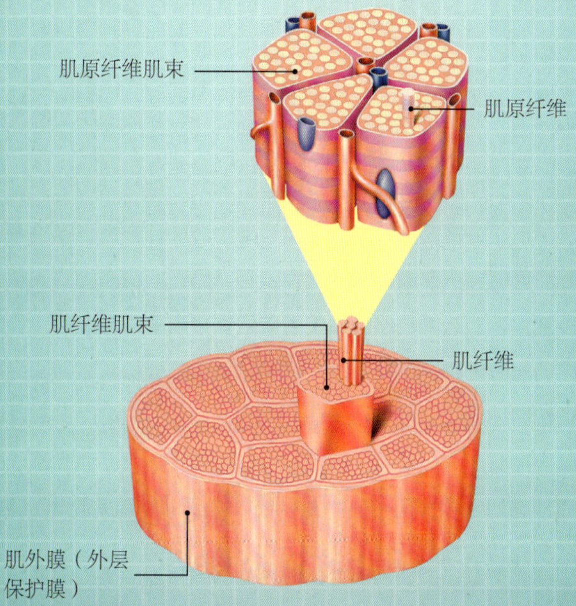

肌肉纤维

骨骼肌肉中包含一种叫做肌原纤维的线状物，它较长，呈束状，如头发般粗细。相应地，单个肌原纤维本身也是一束更加纤细的肌原纤维，它由很长的名为肌动蛋白、肌球蛋白的单纤维构成。为让肌肉更加紧致，成百万的肌动蛋白丝渗入对应的肌球蛋白，使肌原纤维缩短，肌纤维也随之缩短。

耳朵

耳朵是位于头部两侧的听觉器官。外耳部分是一个负责汇聚声波的锥形结构。声波沿着耳道到达鼓膜，鼓膜使振动加快、加大。接下来，振动沿三块听小骨传播，到达蜗牛状的耳蜗处。传输给大脑的神经信号就在耳蜗里产生。

平衡

人体没有太多单一知觉。平衡是指大脑从各种不同渠道接受信息，将神经信息传递给肌肉，以保持身体稳定、姿态良好。小脑在维持身体平衡上起着重要作用，它对大脑的运行、眼睛看到的高度及身体其他部分的状态进行追踪。其中，脚部特别典型，脚上一施有压力，小脑就会进行信息追踪。

耳朵的保护

耳朵的某些部分，尤其是耳蜗里脆弱的毛细胞，容易被响声损害。如果响声持续，这些毛细胞甚至会死亡。在工厂、采石场、建筑工地、机场等嘈杂场合工作的人，必须戴护耳器以保护听力。护耳器呈杯状，紧贴耳部，以阻隔严重的噪声。

听力辅助设备

有人天生听力不好。有人随年龄增长，听力会退化。这里有几种方法能帮助解决听力问题。这种戴在耳后的听力辅助设备（如上图所示），通过一种小型麦克风汇聚声波，将其增强并传给鼓膜。另一种人工耳蜗则能够替代耳蜗工作，将声波转换成电信号，直接沿听觉神经进入大脑。

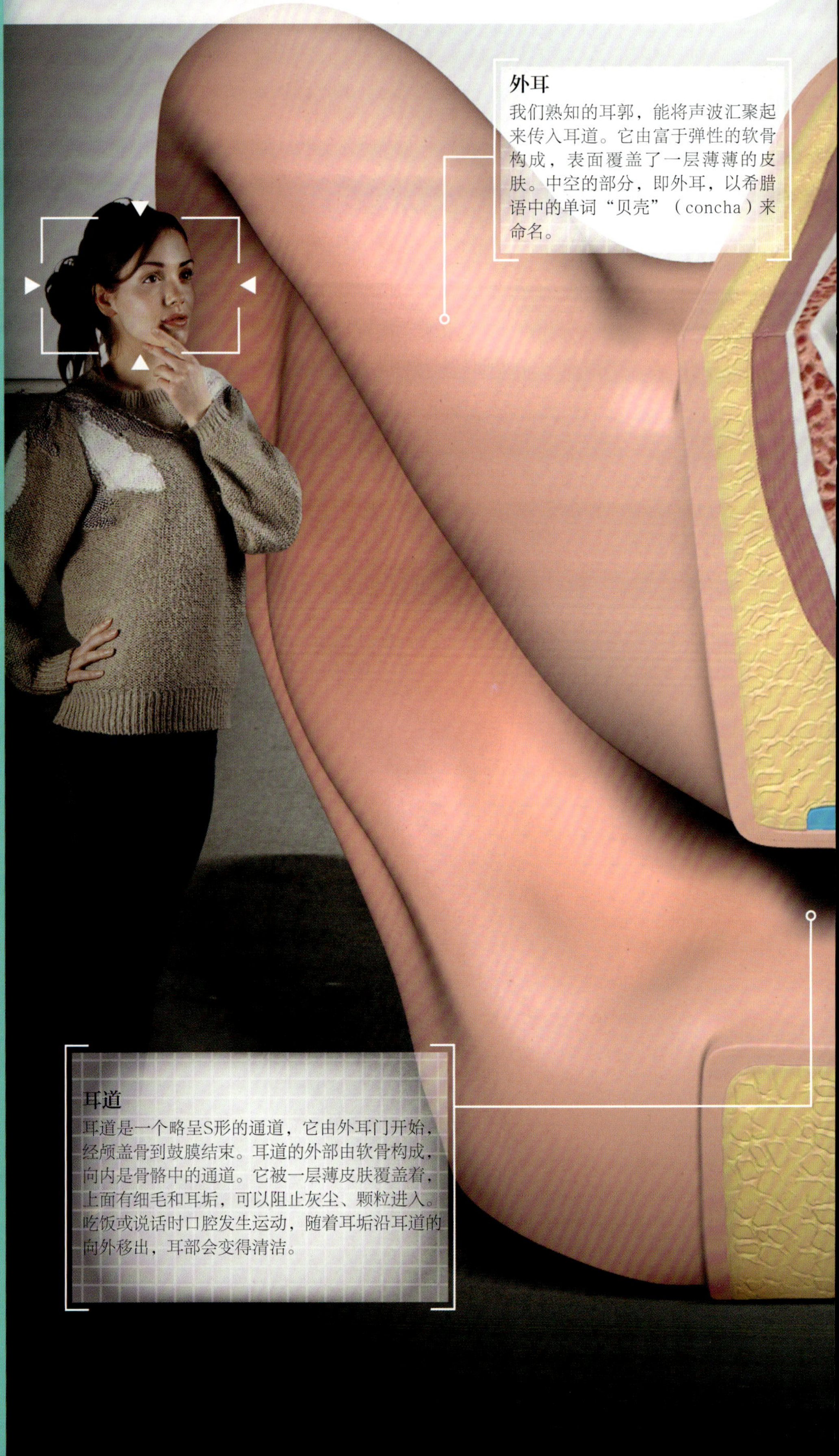
外耳
我们熟知的耳郭，能将声波汇聚起来传入耳道。它由富于弹性的软骨构成，表面覆盖了一层薄薄的皮肤。中空的部分，即外耳，以希腊语中的单词“贝壳”（concha）来命名。
耳道
耳道是一个略呈S形的通道，它由外耳门开始，经颅盖骨到鼓膜结束。耳道的外部由软骨构成，向内是骨骼中的通道。它被一层薄皮肤覆盖着，上面有细毛和耳垢，可以阻止灰尘、颗粒进入。吃饭或说话时口腔发生运动，随着耳垢沿耳道的向外移出，耳部会变得清洁。

耳中的骨头

耳中的三块骨头又名听小骨，是根据形状命名的。其中，锤骨与鼓膜、砧骨相连，接着连接镫骨。当振动沿听骨传入后，镫骨把振动传至耳蜗的卵圆窗，接着传给里面的液体。

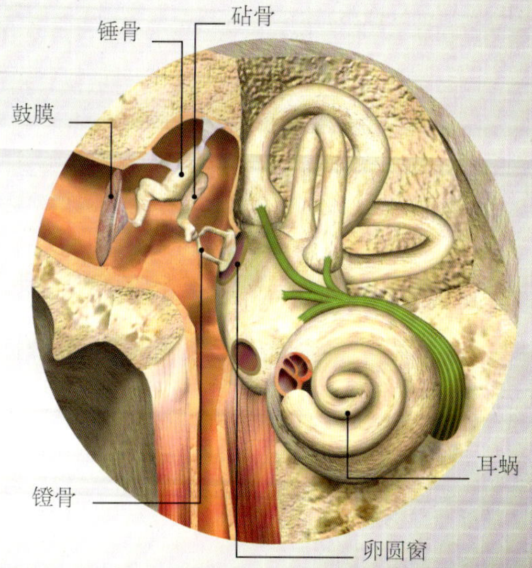

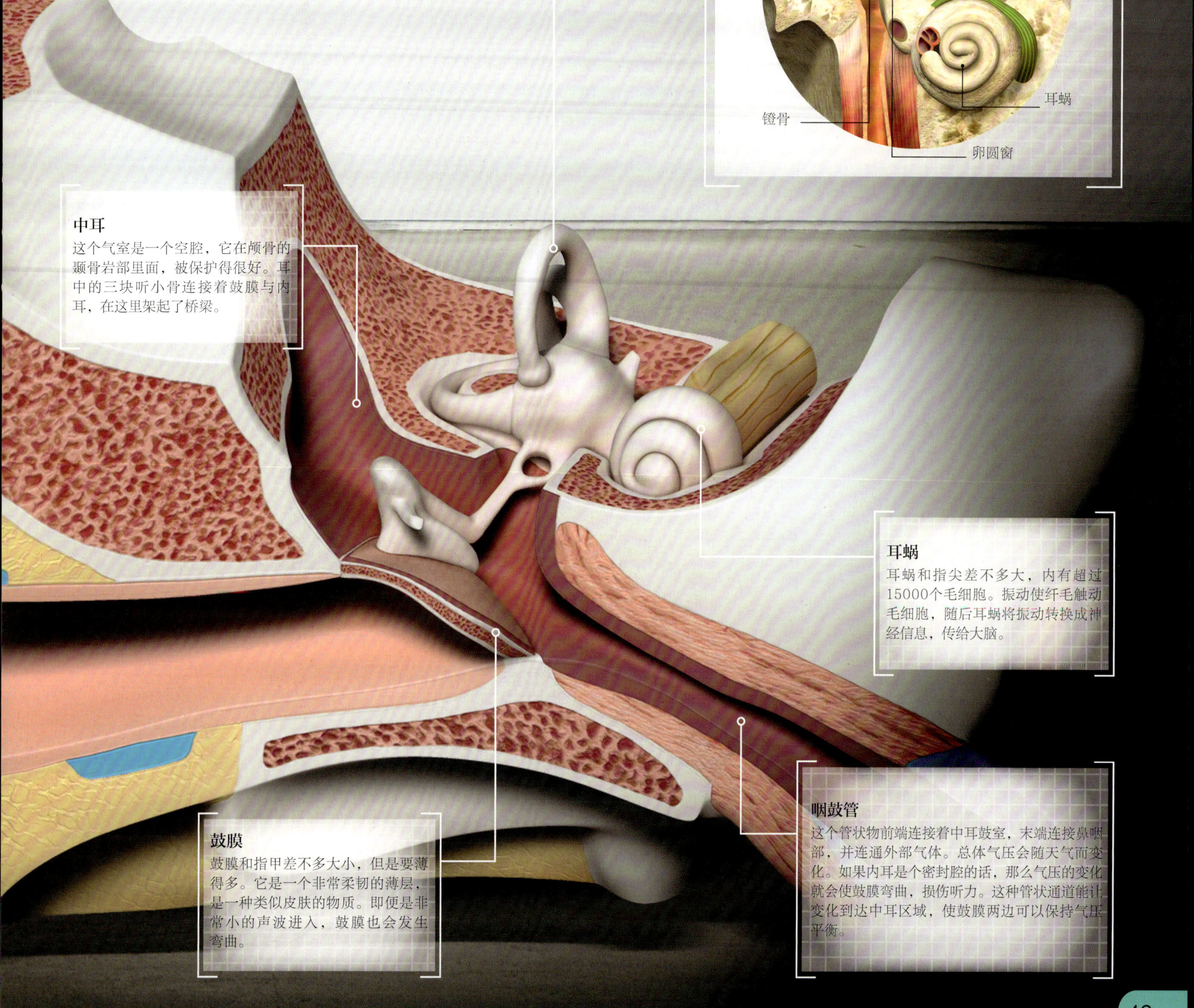

半规管

这三个C形的管状通道两两垂直，它们在维持人体平衡上发挥着重要作用。头部运动让管内的液体形成漩涡状，并使内层纤毛细胞中突出的微观纤毛移动。随着纤毛来回移动，细胞产生微小的电脉冲形式的神经信号，沿前庭神经向大脑传输。

中耳

这个气室是一个空腔，它在颅骨的颞骨岩部里面，被保护得很好。耳中的三块听小骨连接着鼓膜与内耳，在这里架起了桥梁。

耳蜗

耳蜗和指尖差不多大，内有超过15000个毛细胞。振动使纤毛触动毛细胞，随后耳蜗将振动转换成神经信息，传给大脑。

鼓膜

鼓膜和指甲差不多大小，但是要薄得多。它是一个非常柔韧的薄层，是一种类似皮肤的物质。即便是非常小的声波进入，鼓膜也会发生弯曲。

咽鼓管

这个管状物前端连接着中耳鼓室，末端连接鼻咽部，并连通外部气体。总体气压会随天气而变化。如果内耳是个密封腔的话，那么气压的变化就会使鼓膜弯曲，损伤听力。这种管状通道能让变化到达中耳区域，使鼓膜两边可以保持气压平衡。

皮肤

皮肤既是阻隔外部世界的屏障，又是最大的触觉器官。它能感应到各种触感，从光的照射到强大的压力。作为一个屏障，皮肤不停地进行更新，这样既能够防止体内脆弱的、较为湿润的部分干燥，又能保护它们免受摩擦、敲打以及灰尘和细菌的伤害。表面的皮肤细胞与强壮、抗磨的蛋白质角质层相连，形成了指(趾)甲和头发。

头发

头部一般约有11万根头发。浅色头发的人通常头发多些，深色或红头发的人发量较少。一根头发的生长期约为2～4年。最开始头发每周会长2.5毫米；接着它会脱落，新的头发在原位置上长出。不同头发生长的周期不同，所以它们不会同时掉落。

皮肤内部

皮肤主要有两层。较外边那层是表皮层，它在自己的基地制造新细胞，这些新细胞慢慢向上移动、硬化、死亡、到达表面并继续衰亡。靠里的那层是真皮层，它包括神经、微小的触觉感受器、毛囊、立毛肌、油脂腺及汗腺。

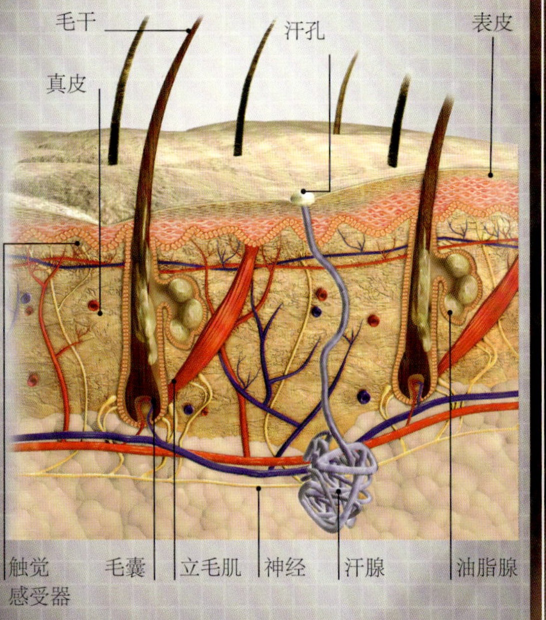

敏感皮肤

皮肤表层下有触觉感受器，它们与神经相连，并将生理感觉信息传输给大脑。在皮肤表层附近的是传递光感的感受器。面积更大、位置更靠里的触觉感受器则能感应到更强烈的触压。身体的一些区域会比其他区域更加敏感，如嘴唇、指尖、脚趾以及脚底，这些部位所包含的触觉感受器非常丰富。

指（趾）甲

指（趾）甲保护着手指、脚趾敏感的顶端。这些坚硬的片状硬物由角蛋白构成，由皮肤下一种叫做角质层的东西在指（趾）尖处不断生长而形成。

前额皮肤
和人体大部分皮肤相似，前额皮肤的厚度约为1～2毫米。它和腋窝、手部、脚部的皮肤一样，上面分布着大量的汗腺。

眉毛
对毛发生长周期为12～14周的人来说，眉毛在生长周期上差不多。眉毛在头骨眉脊的正下方，可以阻止额头的汗水流入眼睛。皮脂腺是皮肤中一种微小的外分泌腺，它通向毛囊，分泌一种油状物质，称为皮脂，能够让毛发更加光滑、柔亮。

体毛
人体的大部分皮肤上长有汗毛，许多人的汗毛几乎不可见。人体总共约有500万根汗毛，汗毛的生长周期为一到两年。如果在运动时碰到了它，汗毛会通过刺激周围的神经向人体发出警报。只有少部分皮肤完全没有汗毛，它们主要是手掌、脚底、耳后和嘴唇。

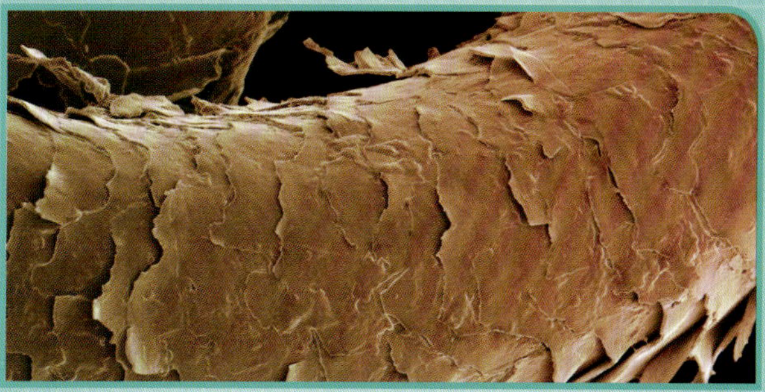

毛干

头发从根部长出。头发的根部是一种极微小的名为毛囊的凹坑。图中的这根头发呈死亡状态，它由粘连的、平整的细胞构成。这些细胞全是粗糙的表皮角蛋白，看起来就像皮屑一样。新头发从毛囊长出，取代原来的头发。

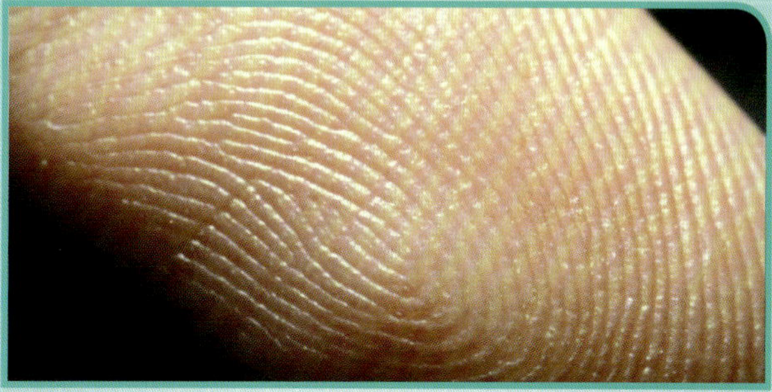

指纹

指纹是人类手指末端指腹上由凹凸不平的皮肤组成的纹路。由于每个人的指纹都不一样，因此可以根据指纹在坚硬表面留下的痕迹来辨别其身份。

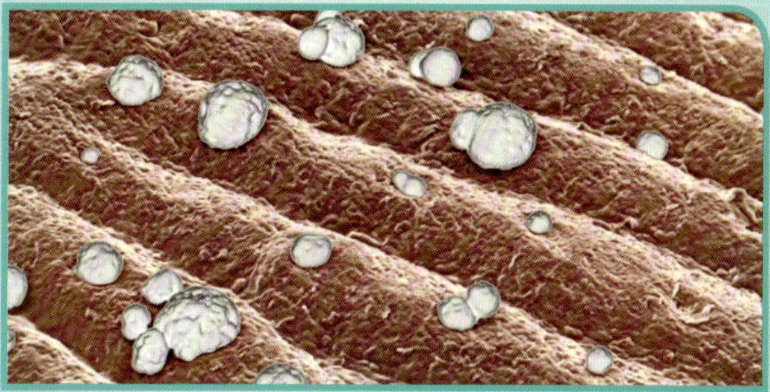

保持凉爽

人体中数量高达300万的汗腺产生了一部分汗水。汗水是一种含有身体废弃物及糖的液体。身体变热时，汗腺会产生更多的汗，然后蒸发变干，进而带走皮肤的一些热量。与此同时，身体血管也随之扩张以减少多余热量，让身体变凉。

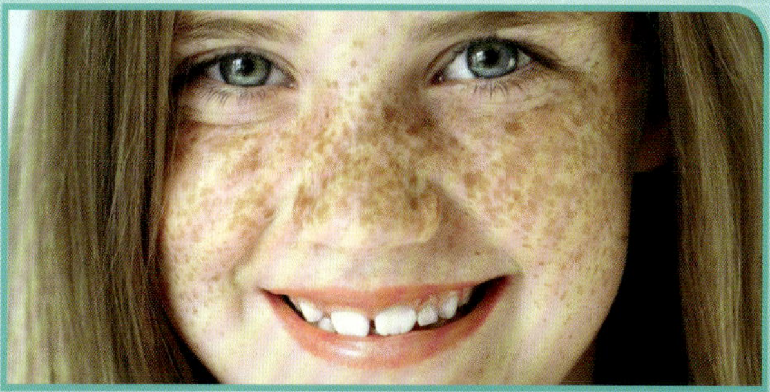

肤色

人体肤色由一种微小颗粒决定，这是一种叫做麦拉宁的黑色素。这些色素细胞在皮肤略黑的人体内更为活跃，在浅色皮肤中则小块聚集，形成雀斑。太阳光的照射下，所有麦拉宁黑色素都会变得活跃，从而使皮肤变黑。

眼睑
上下眼睑肌肉收缩，使眼睛合上。眨一次眼睛持续时间约为1/3秒。眨眼时，泪液（眼泪）涂抹在眼球上起滋润作用，可以杀菌，并且清除灰尘。

巩膜
角膜是一层透明膜，位于眼睛前壁；眼球其他部分则是巩膜，结构坚韧，质地坚硬，呈瓷白色，厚度为1毫米。巩膜保护眼睛，锁住眼睛内部的液体，并且保持眼睛为球体的形状。我们把眼睛前面能看见的巩膜称为“白眼仁”，不过实际上巩膜包裹着整个眼球。

眼睛

眼睛向大脑发送的信息几乎是所有其他感官发送信息的总和。每个眼球大约2.5厘米长，颅骨上有眼眶，眼眶是一个圆形眼窝，可以很好地保护眼球。我们从前面所看到的眼睛的部分可以起到保护作用，也可以折光或聚光，这样我们就能够看得清楚，并且控制进入眼睛的光线量了。

角膜
角膜位于眼球前壁，是一层圆形、透明的膜。角膜弯曲的形状可以使光线聚焦。眼球前表面和上下眼睑内有一层敏感的薄膜，叫做结膜。

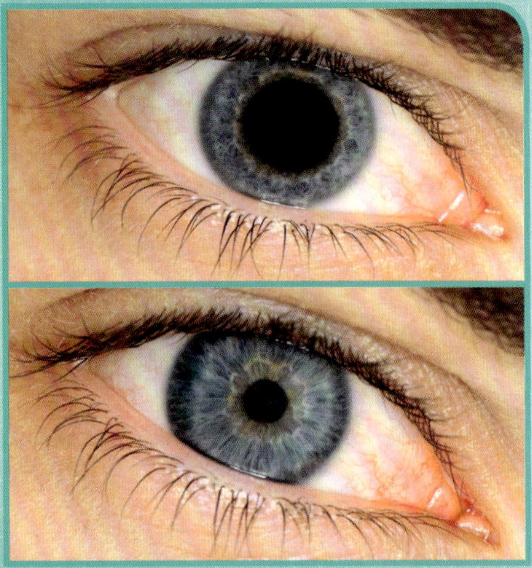

快门功能

根据周围光线的强弱，虹膜肌肉可以本能地（自动地）调节瞳孔大小。在光线微弱的情况下，虹膜肌肉使瞳孔变大或扩张（见左上图），使尽可能多的光线进入眼睛，这样我们就看得更加清楚。在强光下，虹膜肌肉使瞳孔变小或收缩（见左下图），以阻止过多的光线进入眼睛伤害脆弱的视网膜。

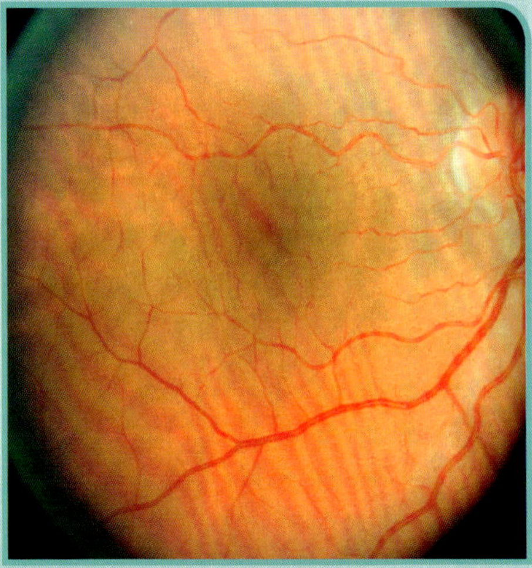

视网膜

通过瞳孔的特写镜头可以看到眼球内部像纸一样薄的视网膜。视网膜中有名为视杆细胞和视锥细胞的感光细胞。在中间较暗的中央凹或黄斑处，视锥细胞最容易收缩。这张图是视网膜的中心，这样我们就能看得更详尽一些。视网膜表面遍布血管，并靠这些血管获得养分。

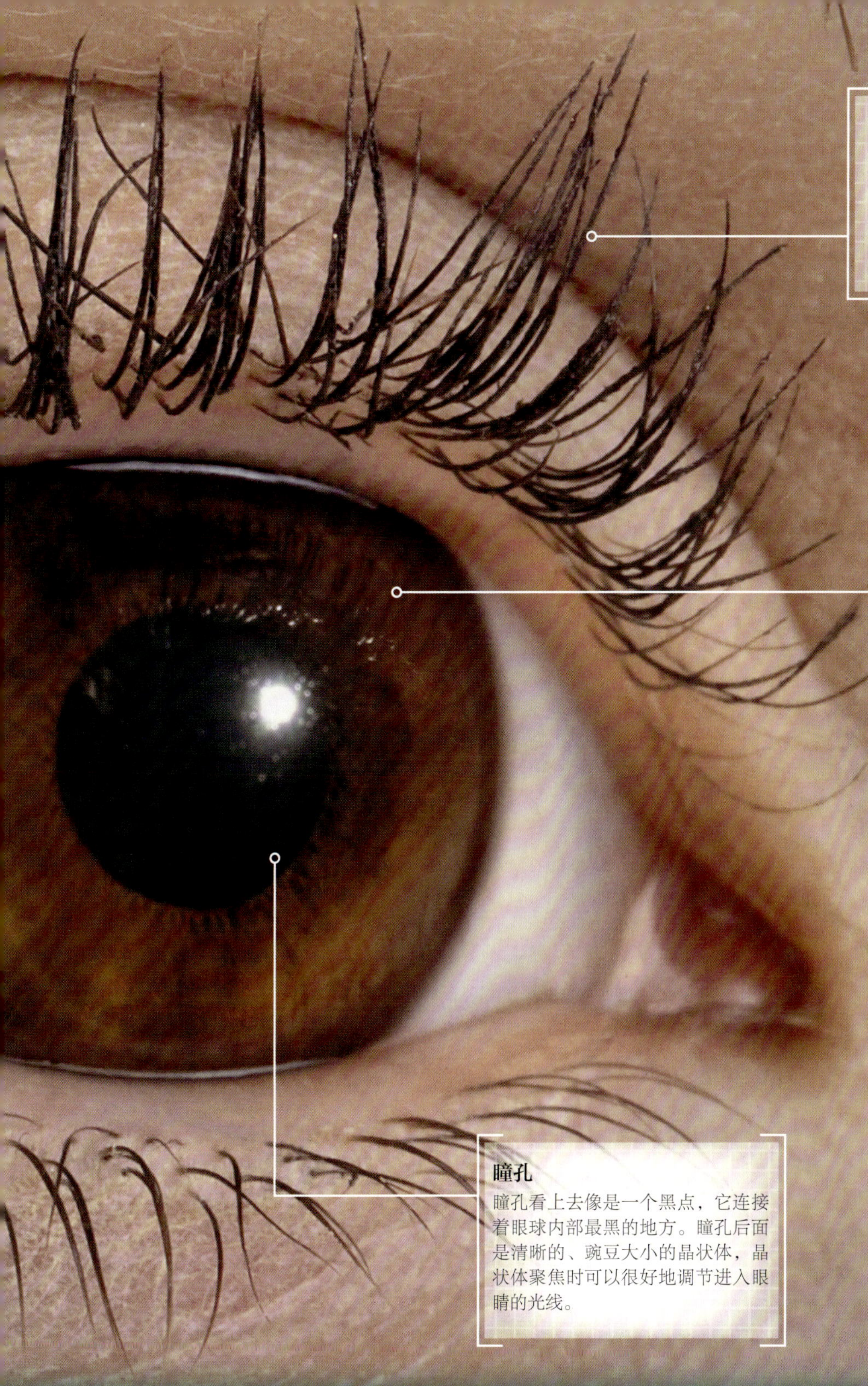

眼睫毛

眼睫毛是身体最粗的毛发之一，其生长周期只有5～8周。眼睫毛和眼睑一起可以防止灰尘和其他碎屑落到眼球表面。

虹膜

虹膜是眼睛中间瞳孔周围的一层带色素的薄膜。虹膜肌肉分为两类：当肌肉收缩时，虹膜变薄、变平，面积增加，向内扩张，使得瞳孔变小；另一类则扩张，使得瞳孔扩大。和指纹一样，每个人的虹膜颜色和图案都是独一无二的。

瞳孔

瞳孔看上去像是一个黑点，它连接着眼球内部最黑的地方。瞳孔后面是清晰的、豌豆大小的晶状体，晶状体聚焦时可以很好地调节进入眼睛的光线。

聚焦

弯曲的角膜使进入眼睛的光线发生弯曲或折射，而眼睛中的晶状体可以很好地调节光线，在对光线敏感的视网膜上产生一个清晰聚焦的、颠倒的图像。视神经将这一图像传输给大脑，大脑再把颠倒的图像给正过来。

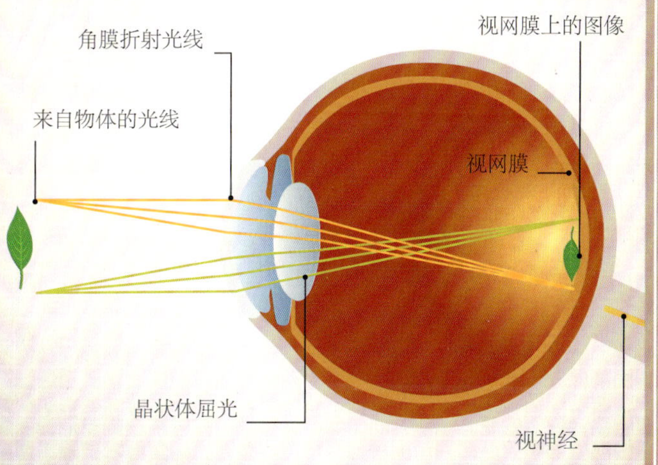

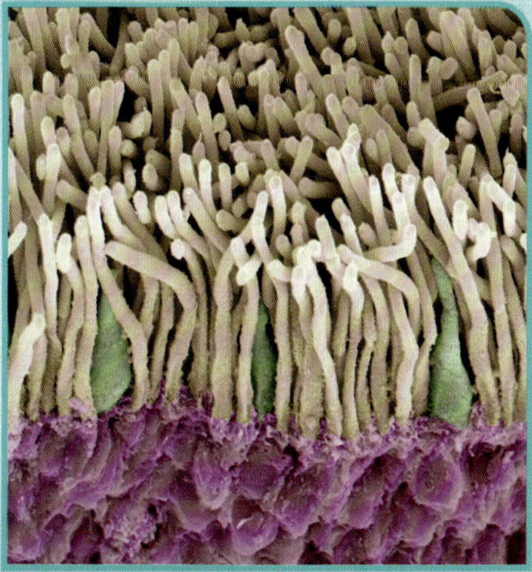

视杆细胞和视锥细胞

视网膜上有1.2亿多个视杆细胞（在这个颜色失真的图像中，视杆细胞像白线一样）和大约600万个视锥细胞（绿色）。中央凹里的细胞大部分是视锥细胞，它们能感知光的颜色以及看到具体细节。但是视锥细胞只有在光线强的地方才能起作用。视网膜周边地区分布着视杆细胞。视杆细胞并不感知颜色，所以它们产生灰色的图像；不过，它们在昏暗的光线下也可以起作用。

更改影像

如果角膜和晶状体发生变形，或者由于眼球太大或太小而影响了聚焦功能，那么落在视网膜上的图像就会模糊。框架眼镜及隐形眼镜就是外设的透镜，可以折射光线，这样就能准确聚焦。或者，可以使用非常准确的激光束来切除小部分角膜，以调整角膜的曲率。

螨

螨与蜘蛛同属蛛形纲，有四对足。螨有好几种，寄居在皮肤表层或里面。睫毛螨只有0.3毫米长，寄居在洞状毛囊内，并在毛囊里产卵，而眼睫毛就生长在毛囊里。睫毛螨食用表皮细胞、皮肤油脂、毛发碎屑。大约一半的人都不知道自己身上有睫毛螨。

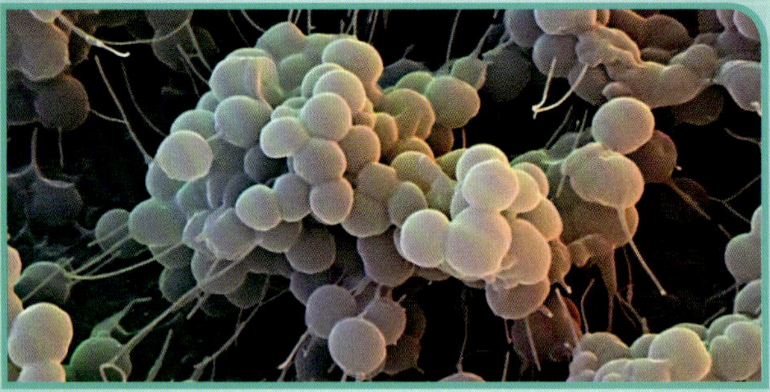

细菌

有些细菌会引发疾病，但是大部分细菌是无害的。一些细菌甚至对人有益，例如葡萄球菌（见上图），这是一种皮肤上的细菌，它产生的物质可以杀灭有害细菌。其他“友好的”或是共生的细菌是我们的健康必不可少的，例如住在消化道里帮助消化的双歧杆菌。

真菌孢子

真菌或霉菌产生于微小的、像种子一样的孢子。有时真菌和霉菌会感染指甲或皮肤，尤其是在湿润、多汗或多褶的地方。运动员的脚是毛癣菌属真菌大量滋生的地方（见上图）。此外，这种真菌也会引发癣菌病——一种很痒的皮肤病。

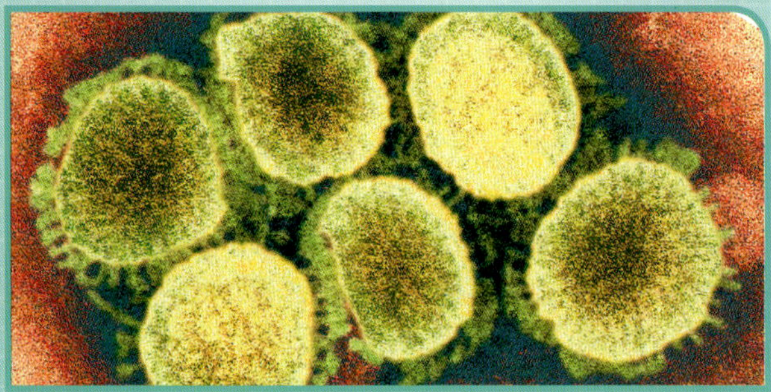

病毒

病毒比细菌还要小上百倍，是专性寄生物。这就是说，病毒必须入侵其他生物的细胞，利用其他生物的能量来繁殖，在这一过程中就会毁坏细胞，然后使自身数量激增，从而感染其他细胞。此图显示的是引发猪流感的H1N1病毒。

身体入侵者

人体表面寄居着几千种生命体。其中，偶尔有一些小的寄生物，像虱子、跳蚤和蜱虫。更多时候是一些微小的螨。而微生物则一直存在，只是我们的肉眼看不见。微生物包括细菌、真菌和病毒，它们时刻准备着入侵你的身体。

虱子

虱子的成虫最多3毫米长，寄居在人的头发上，通常是在温暖的头皮上；虱子还喜欢光线昏暗的颈后及耳后，它们可以把爪子刺入皮肤中但不会钻入皮肤。通过直接接触以及共用毛巾、牙刷、梳子和帽子等物品，虱子可以人际传播。

产卵处

雌性虱子从臀部产卵，与雄性交配不过一两天后每天可产四枚卵。雌性虱子成虫期为一个月，在一个月中它可以产100枚卵。

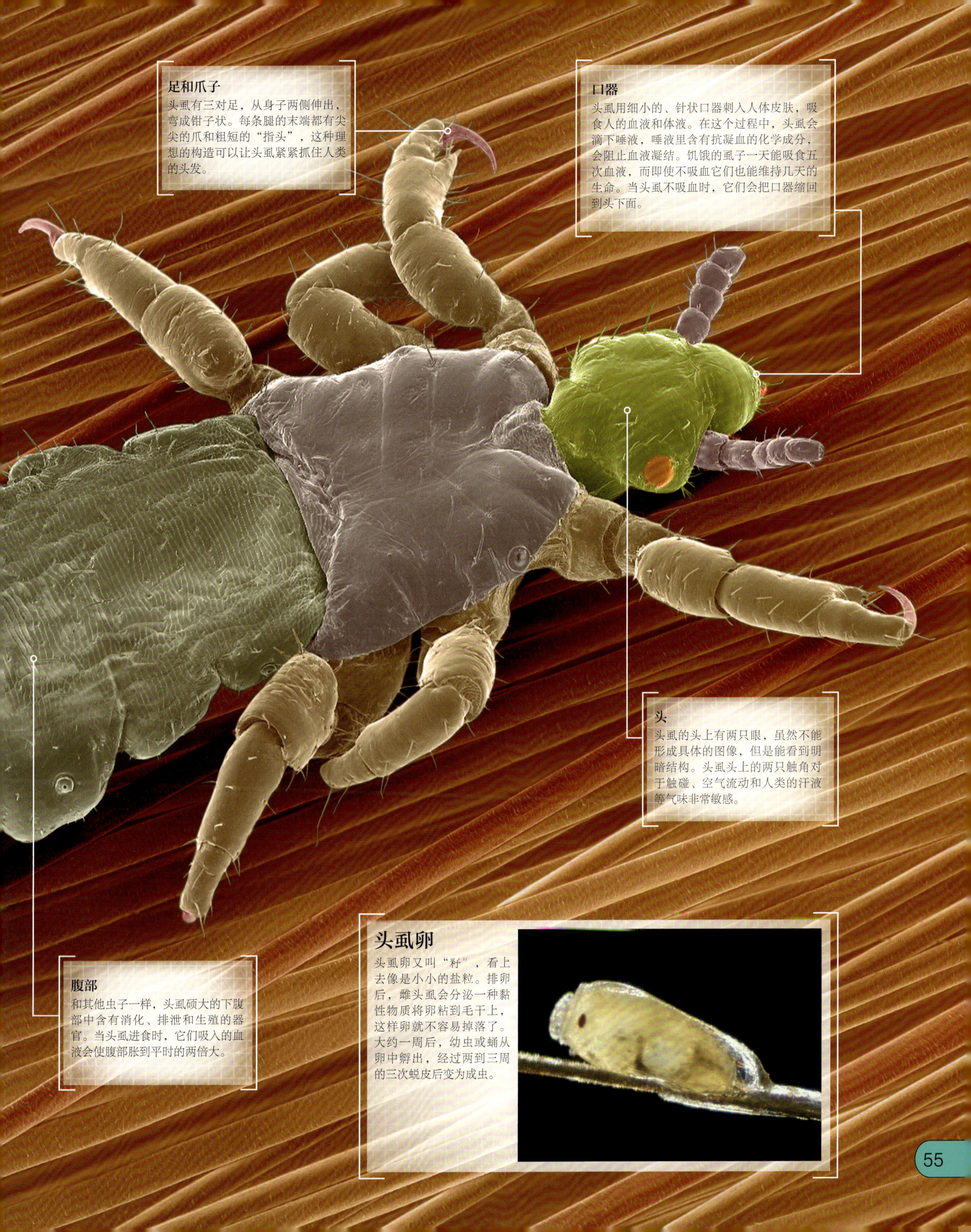

足和爪子

头虱有三对足，从身子两侧伸出，弯成钳子状。每条腿的末端都有尖尖的爪和粗短的“指头”，这种理想的构造可以让头虱紧紧抓住人类的头发。

口器

头虱用细小的、针状口器刺入人体皮肤，吸食人的血液和体液。在这个过程中，头虱会滴下唾液，唾液里含有抗凝血的化学成分，会阻止血液凝结。饥饿的虱子一天能吸食五次血液，而即使不吸血它们也能维持几天的生命。当头虱不吸血时，它们会把口器缩回到头下面。

头

头虱的头上有两只眼，虽然不能形成具体的图像，但是能看到明暗结构。头虱头上的两只触角对于触碰、空气流动和人类的汗液等气味非常敏感。

腹部

和其他虫子一样，头虱硕大的下腹部中含有消化、排泄和生殖的器官。当头虱进食时，它们吸入的血液会使腹部胀到平时的两倍大。

头虱卵

头虱卵又叫“籽”，看上去像是小小的盐粒。排卵后，雌头虱会分泌一种黏性物质将卵粘到毛干上，这样卵就不容易掉落了。大约一周后，幼虫或蛹从卵中孵出，经过两到三周的三次蜕皮后变为成虫。

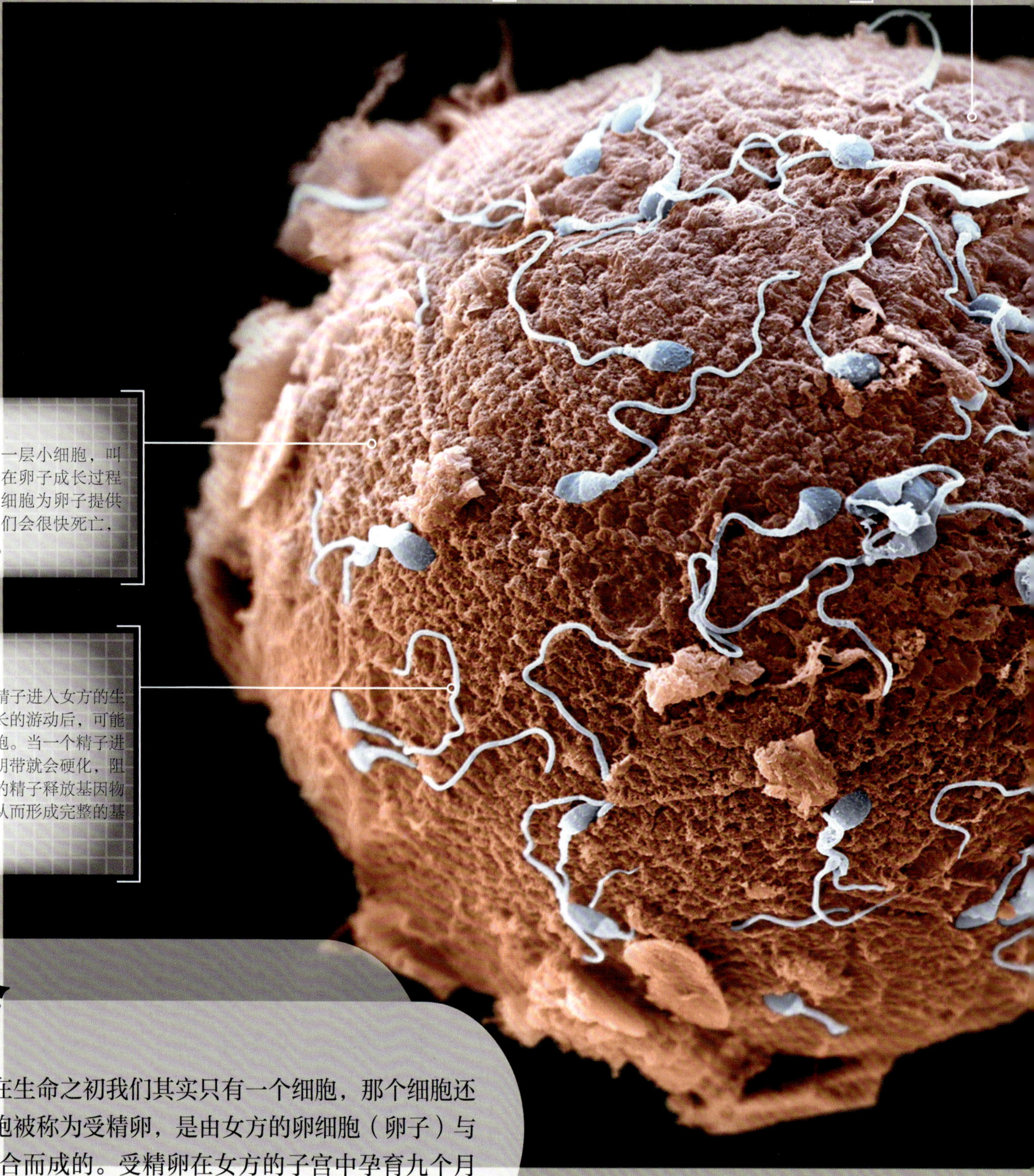

卵细胞

卵细胞的直径为0.1毫米多，是人体最大的细胞之一，肉眼就能看得见。我们身体大多数细胞里的基因都是成对的，但卵细胞里却有23条染色体，是个奇数。女性有两个卵巢，卵细胞形成于成年女性的卵巢中。女性大约每28天排一次卵。

卵细胞表面

卵细胞的表面有一层小细胞，叫做放射冠，这是在卵子成长过程中形成的。这些细胞为卵子提供了营养，但是它们会很快死亡，并与卵细胞分离。

成功受精

每次性交时男方都有2～5亿个精子进入女方的生殖系统中。但经过艰难的、漫长的游动后，可能只有几百个精子能够到达卵细胞。当一个精子进入卵细胞后，卵细胞外围的透明带就会硬化，阻止其他精子的进入。成功进入的精子释放基因物质，与卵子的基因物质结合，从而形成完整的基因组。

新生命

人体有几十万亿个细胞，但在生命之初我们其实只有一个细胞，那个细胞还没有一个小数点大。那个细胞被称为受精卵，是由女方的卵细胞（卵子）与男方的精子细胞（精子）结合而成的。受精卵在女方的子宫中孕育九个月后，才能长成胎儿，并降生下来。

精子细胞

这些小细胞只有0.05毫米长。每个精子细胞都有圆球形的头部，里面含有基因物质；中间部分可以为游动提供能量；还有长长的尾部不停摆动，促使精子细胞以每小时3毫米的速度向卵细胞游动。和卵细胞一样，精子细胞的分裂很特殊，是减数分裂，即染色体数量减半分裂。

DNA和基因

大部分人体细胞含有46个、23对线状的染色体，染色体中的指令引导着人体的发育和生命的进程。染色体由高度螺旋的DNA（脱氧核糖核酸）组成，两列长分子就像梯子一样缠绕在一起。基因是DNA的一小部分，它控制着人体发育的某些特点或方面。DNA像梯子，梯子中间的横木则是由一对对名为碱基的化学物质构成的。这些化学物质的序列掌握着基因信息的密码。

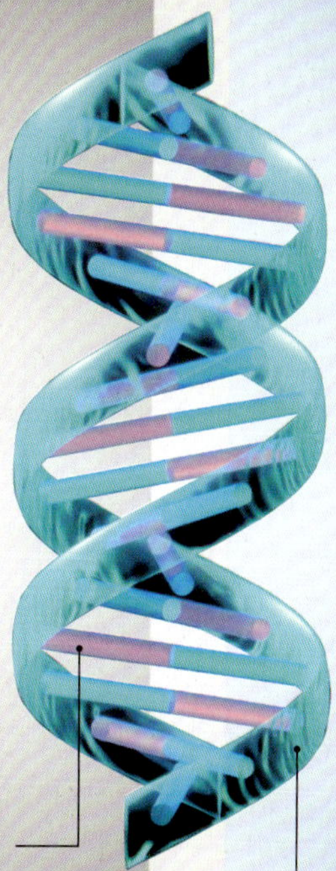

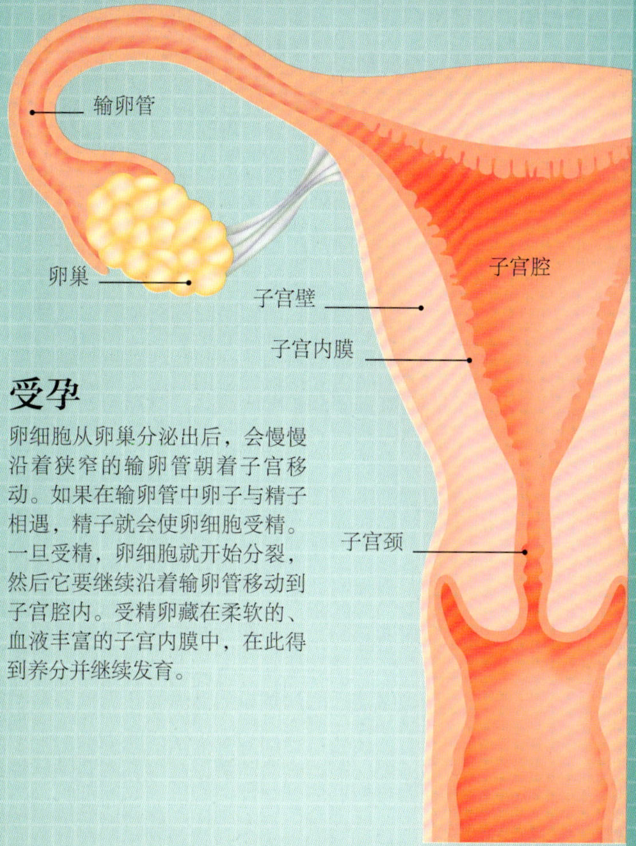

受孕

卵细胞从卵巢分泌出后，会慢慢沿着狭窄的输卵管朝着子宫移动。如果在输卵管中卵子与精子相遇，精子就会使卵细胞受精。一旦受精，卵细胞就开始分裂，然后它要继续沿着输卵管移动到子宫腔内。受精卵藏在柔软的、血液丰富的子宫内膜中，在此得到养分并继续发育。

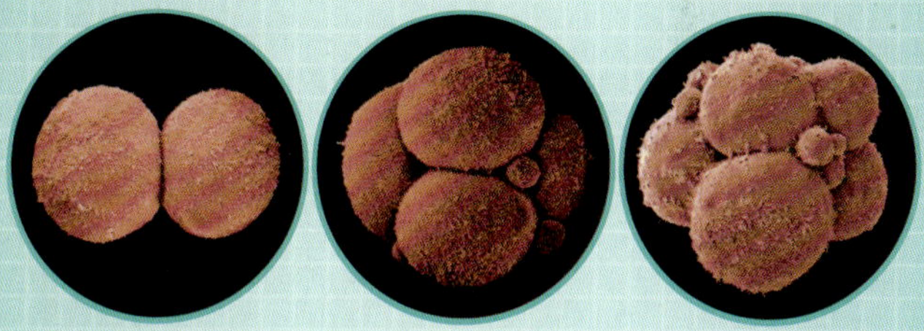

受孕初期

刚受孕的卵子是合子，分裂形成两个细胞。12～24个小时后，每个细胞又分裂为两个细胞，以此类推。这些刚刚分裂的细胞不再是大的卵细胞，而是正常大小的人体细胞。每个细胞继续按自己的速度分裂，最终形成团块状的细胞，叫做桑椹胚。当桑椹胚进入子宫时，它会变成中空的球形体，叫做囊胚。

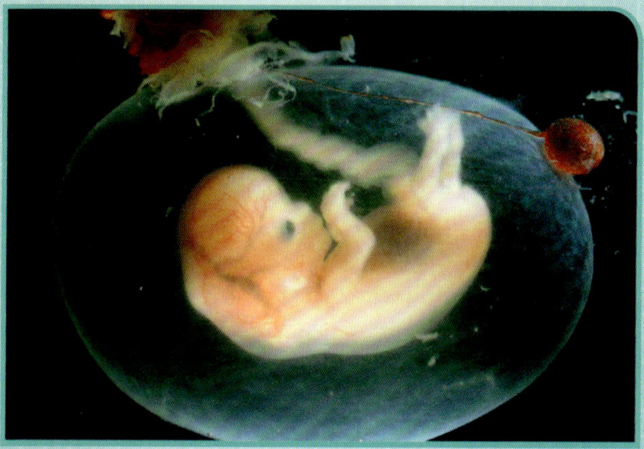

胚胎

随着细胞继续分裂，囊胚的有些细胞变成了胚胎，剩下的细胞则变成胎盘。新的细胞以特定的形式形成肌肉、皮肤、神经和血液。大脑发育最快，所以相应的头部也最大。受孕八周后，胚胎只有葡萄大小，但身体的主要部分都已经形成；胚胎在羊水中漂浮，羊水保护着胚胎。从这个时候直到分娩之前，它被称作胎儿。

呼吸

没有食物，人体能存活七天；没有水，人体能存活三天左右；但是如果没有氧气，人体则只能存活几分钟。人体利用氧气分解食物中的营养，释放生命过程中产生的能量。人的呼吸系统包括鼻子、呼吸道和肺，呼吸系统的任务就是获得氧气。

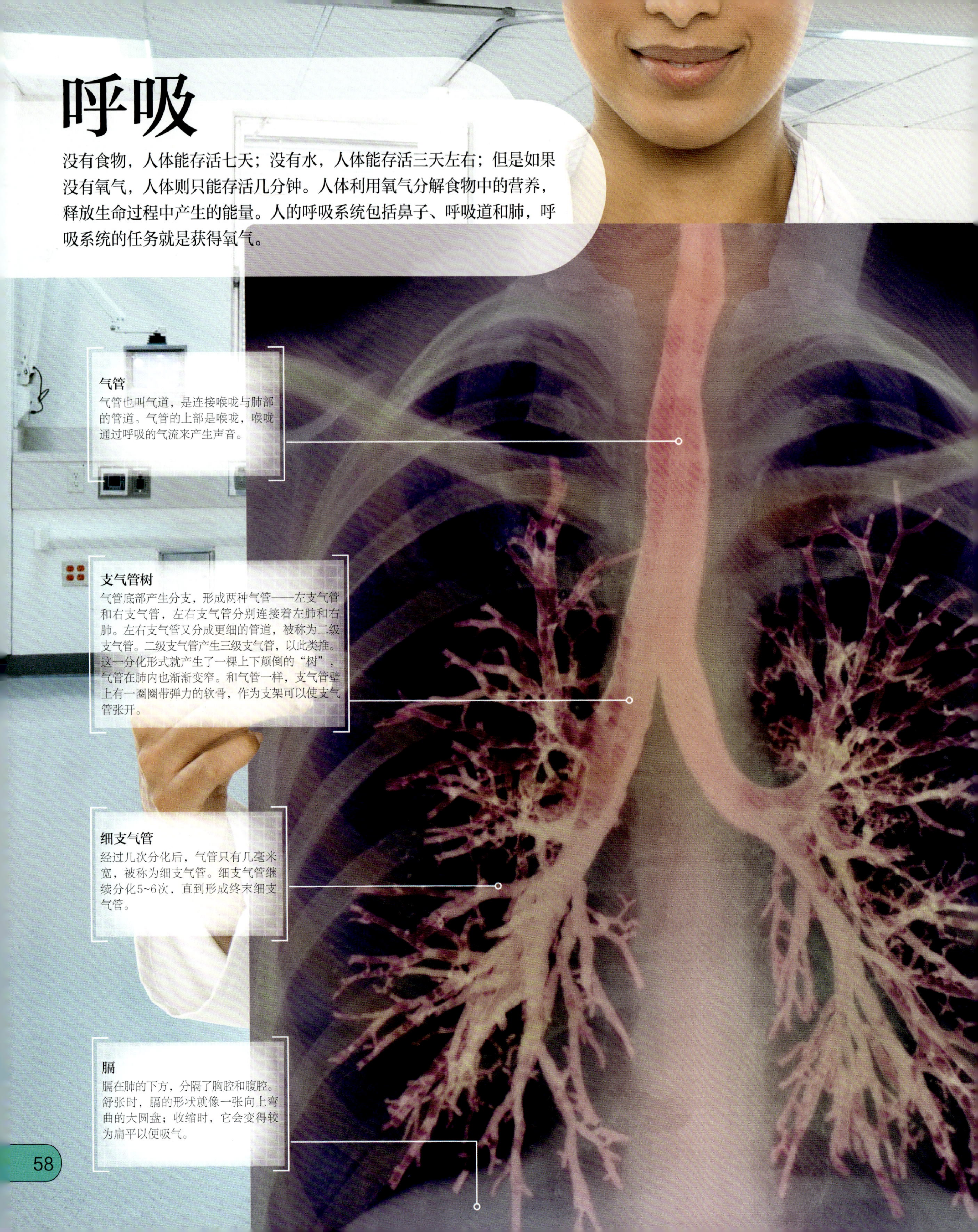

气管

气管也叫气道，是连接喉咙与肺部的管道。气管的上部是喉咙，喉咙通过呼吸的气流来产生声音。

支气管树

气管底部产生分支，形成两种气管——左支气管和右支气管，左右支气管分别连接着左肺和右肺。左右支气管又分成更细的管道，被称为二级支气管。二级支气管产生三级支气管，以此类推。这一分化形式就产生了一棵上下颠倒的“树”，气管在肺内也渐渐变窄。和气管一样，支气管壁上有一圈圈带弹力的软骨，作为支架可以使支气管张开。

细支气管

经过几次分化后，气管只有几毫米宽，被称为细支气管。细支气管继续分化5~6次，直到形成终末细支气管。

膈

膈在肺的下方，分隔了胸腔和腹腔。舒张时，膈的形状就像一张向上弯曲的大圆盘；收缩时，它会变得较为扁平以便吸气。

胸廓

肋骨从脊柱叉出，成对出现，围绕在肺的周围，并伸至前面的胸骨处。呼吸时因为肺扩大，所以整个胸廓的前后径、左右径均会加大。

气体交换

气管分化大约12次后，呼吸道变成了终端细支气管，它只有0.3毫米宽。细支气管的末端有微小的气泡，叫做肺泡，每个肺上有1亿多个肺泡。肺泡四周是毛细血管，毛细血管吸收血液中的氧并传输氧气。同时，血液代谢所废弃的二氧化碳进入肺泡的气体中，并被排出体外。

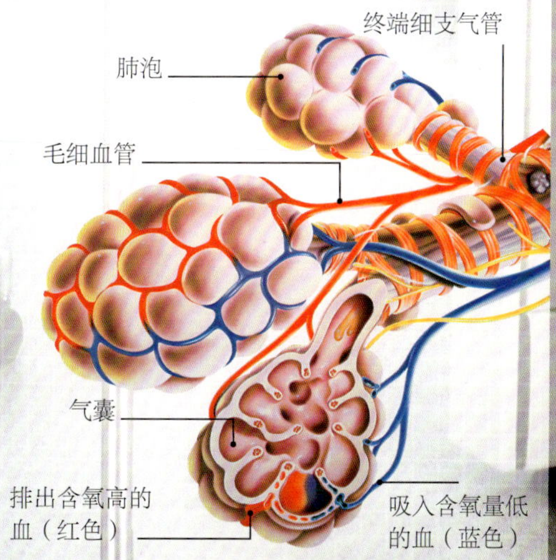

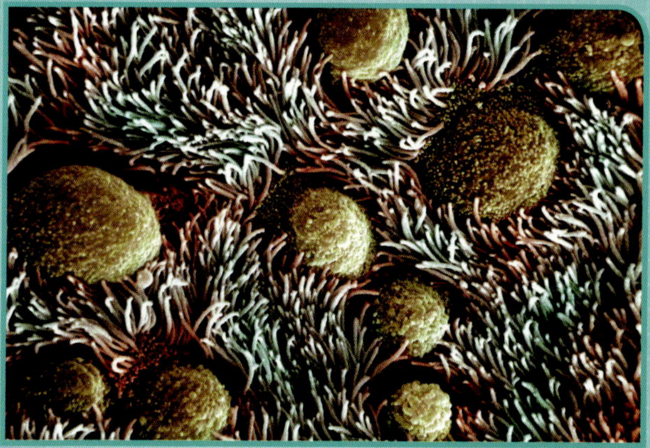

呼吸道黏膜

我们吸入的空气并不干净，城市中的空气尤甚。灰尘、工厂排出的粉尘还有其他碎屑，都会被吸入呼吸道。呼吸道里的黏液会黏住碎屑（上图黄色部分）。微小的纤毛（图中有色的线）摇动，使这些碎屑到达喉咙，然后被咳出或被咽下。

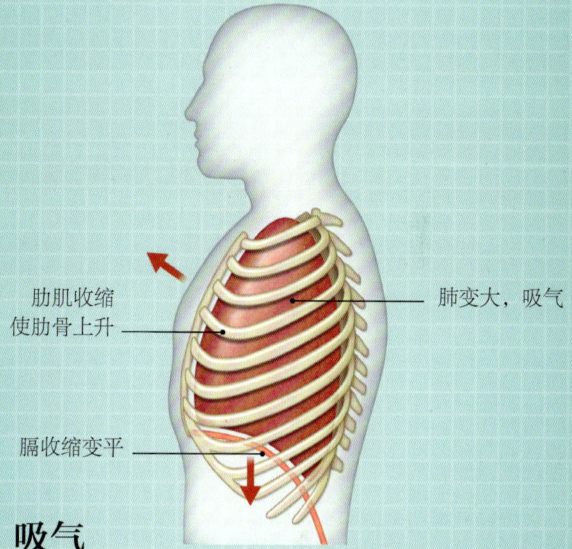

吸气

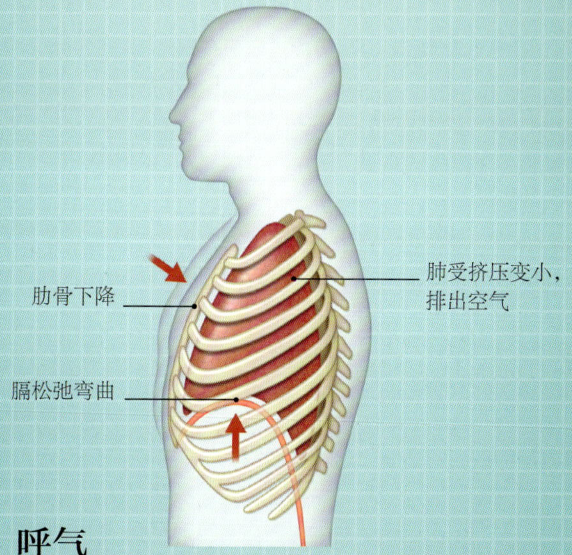

呼气

呼吸作用的原理

肌肉收缩引发吸气。肋肌收缩，肋骨上升、倾斜，而膈收缩、变平，这使有弹性的肺扩张、变大，吸入新鲜空气。呼气是一个被动的过程。肋肌和膈松弛，扩大的、有弹性的肺恢复到原先的小容量，把不新鲜的空气排出体外。

血液

人体内的血液含量平均为4~5升。从心脏出发再回到心脏的血液，循环的平均时长为40~50秒。在显微镜下，血液中数以十亿计的细胞主要分为三种：红细胞、白细胞和血小板。血液可以为人体输送养分、氧气和激素，清理人体内的异物和二氧化碳，将热传送给整个身体，并在人体受伤时形成血凝使伤口愈合。

血小板

血小板多是一些细胞碎片，形状为椭圆形，在血液中的含量最少。它也被称为凝血细胞，是血栓产生的主要原因。1毫升的血液中大约有20万~40万个血小板，它们的存活时长为一个星期。像另外两种血细胞一样，血小板来源于骨髓的造血多能干细胞。

血液的成分

如果让取样的血液沉淀的话，就可以看到血液主要是由三层构成的。最上面是血浆，体积占总体积的将近一半。血浆中90%以上是水。最下面的是红细胞，占总体积的45%。中间层是白细胞和血小板，约占总体积的3%。血液构成比例的变化是身体病变的象征。例如，有一种贫血可能就是由血液成分中红细胞数量的减少导致的，这是一种缺铁症状，会使人体容易感到疲劳。

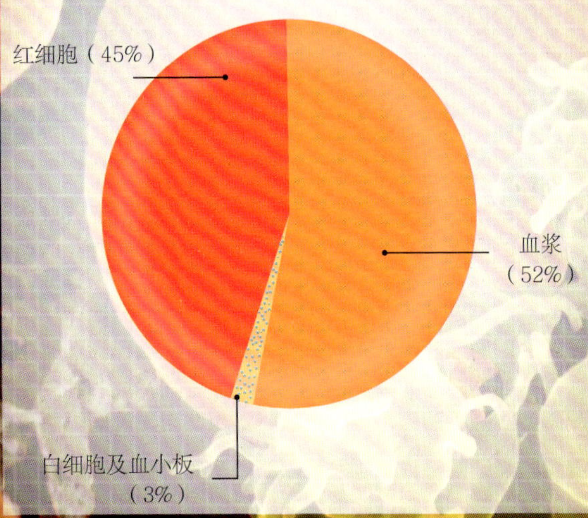

红细胞

红细胞旧称红血球，是血液运送氧气和二氧化碳的载体。红细胞的直径为7微米，形状呈两面凹的圆饼状。每个红细胞中含有3亿个血红素分子，血红素可与氧气结合。每秒钟骨髓可生成200万个新的红细胞，新生成的红细胞可以在人体内存活3个月。

白细胞

白细胞旧称白血球。血液中有好几种类型的白细胞。白细胞的主要功能是清理衰老的细胞及其碎片以及其他异物。白细胞还可以抵御病菌入侵人体。白细胞无固定形状，可以像灵活的布袋一样随时变幻外观。表面一些小的突起可使它们紧紧缚住病菌。白细胞中的淋巴细胞和巨噬细胞能在人体中存活多年。

血浆

血液中的液体成分是血浆，它是由各种溶解成分构成的混合物。血浆的成分很复杂，主要包括葡萄糖、无机盐、激素、数十种矿物质和养分、氧气、二氧化碳以及氮气。

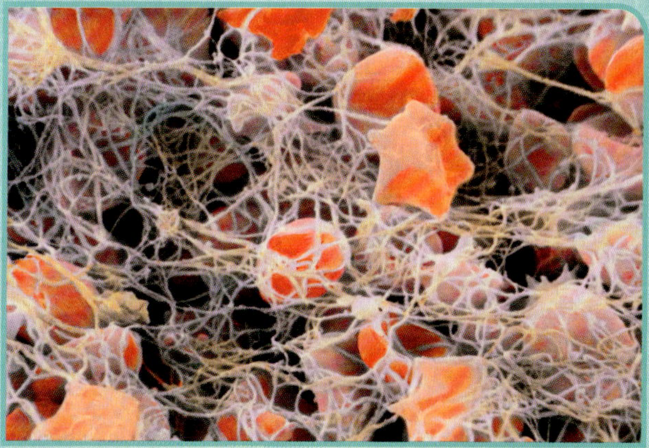

血凝块

人体受伤时血管受损时，血管里面的东西就会流入血液，引发凝血过程，血小板开始凝结成块。有一种可以溶解于血浆然后用黏黏的线状物织网的蛋白质叫做血纤维蛋白。血小板和血纤维蛋白很快会把红细胞缚住，然后随着被缚住的块状物四处扩散，从而止住出血。

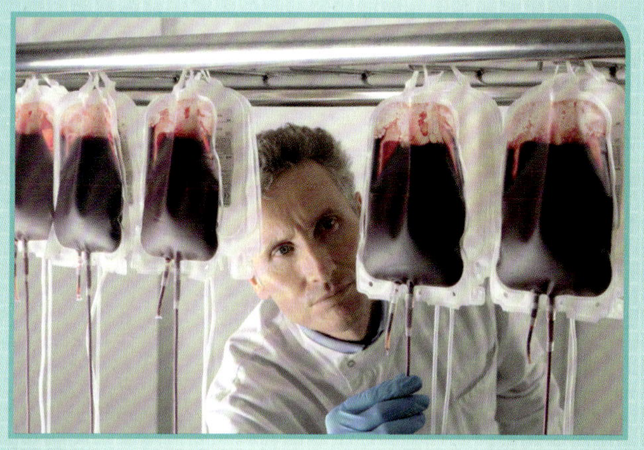

献血

血液可以从人体内被抽出，然后输送给有需要的人。献血后人体内的血液量很快就会恢复。血液采集后经过加工，储存在袋子中（见上图）。因为每个人的血型不同，所以献血者和输血者要先测试是否属于同一血型。如果输的不是同一血型的血，血液就会发生凝结，从而使输血者丧命。

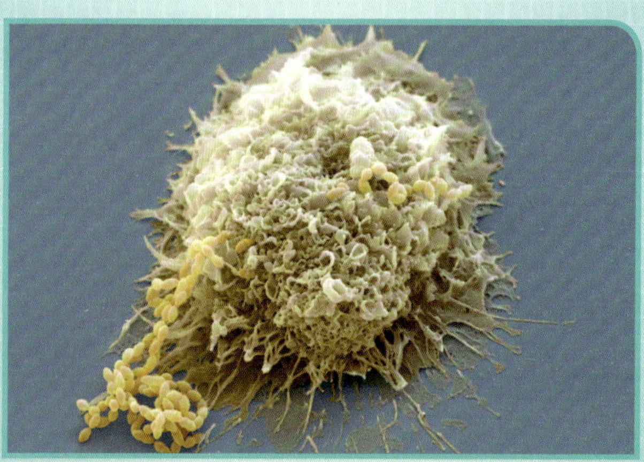

血液中的战争

白细胞中有一种叫做巨噬细胞的成分，其主要功能是吞噬细菌。下图所示为一个四周有很多褶皱但很灵活的巨噬细胞，它抓住了一串病菌（左下方所示的黄色的一团），正在吞噬溶解。每个巨噬细胞一生当中可以吞噬数百个细菌。白细胞中的囊依赖性淋巴细胞可以产生抗体，以抵御和破坏细菌。

心脏

心脏位于两肺之间稍微偏左的位置。心脏像一个强有力的泵，推动着血液流动。心脏平均每分钟跳动70次。这样算下来，人一生中的心跳次数大约达30亿次。心脏实际上有左右两个心脏泵。位于上方、左右两边壁略薄略小的是两个心房，而壁略厚略大的则是两个心室。

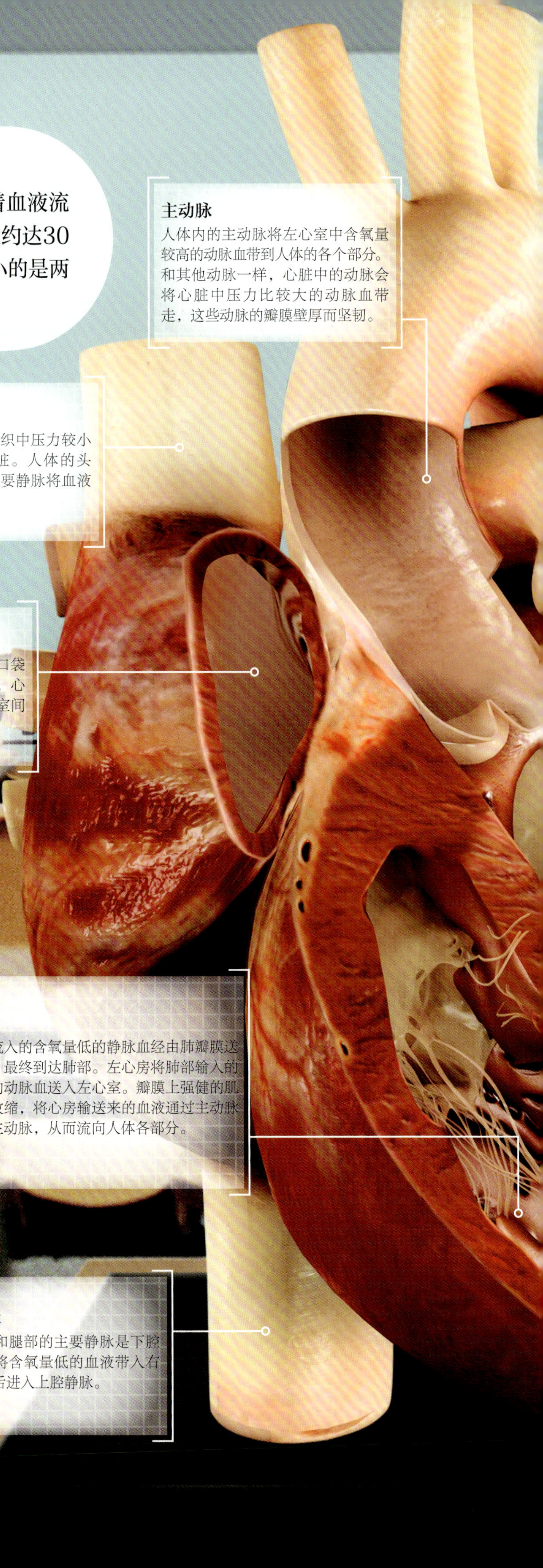

主动脉

人体内的主动脉将左心室中含氧量较高的动脉血带到人体的各个部分。和其他动脉一样，心脏中的动脉会将心脏中压力比较大的动脉血带走，这些动脉的瓣膜壁厚而坚韧。

上腔静脉

静脉将人体器官和组织中压力较小的静脉血带回到心脏。人体的头部、颈部和手部的主要静脉将血液带到右心房。

心房

心房的壁比较薄，就像松散的口袋一样靠在心室上。每次心跳时，心房会收缩以使血液能够穿过房室间的薄膜，到达相应的心室中。

心室

右心室将流入的含氧量低的静脉血经由肺瓣膜送入肺动脉，最终到达肺部。左心房将肺部输入的含氧量高的动脉血送入左心室。瓣膜上强健的肌肉有力地收缩，将心房输送来的血液通过主动脉瓣膜输入主动脉，从而流向人体各部分。

下腔静脉

人体腹部和腿部的主要静脉是下腔静脉。它将含氧量低的血液带入右心房，之后进入上腔静脉。

心脏如何跳动

每一次心跳，心脏舒张，血液涌入心房。人体内已经完成循环的血液会聚集在右心房，左心房中则是由肺部输送来的含氧量高的动脉血。之后心脏收缩，血液流到心室中。心室收缩将血液输送给主动脉和肺动脉。心跳声是心脏瓣膜闭合，以阻止血液流向错误的方向时发出的。

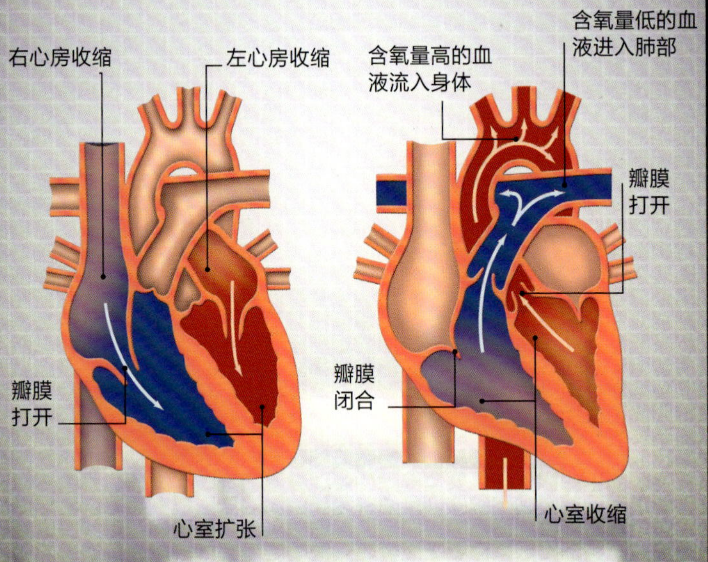

肺动脉

肺动脉是较短的一支，使血液从右心室流出。肺动脉分为左肺动脉和右肺动脉，它们分别将二氧化碳含量高的暗红色的静脉血送入左右对应的肺。

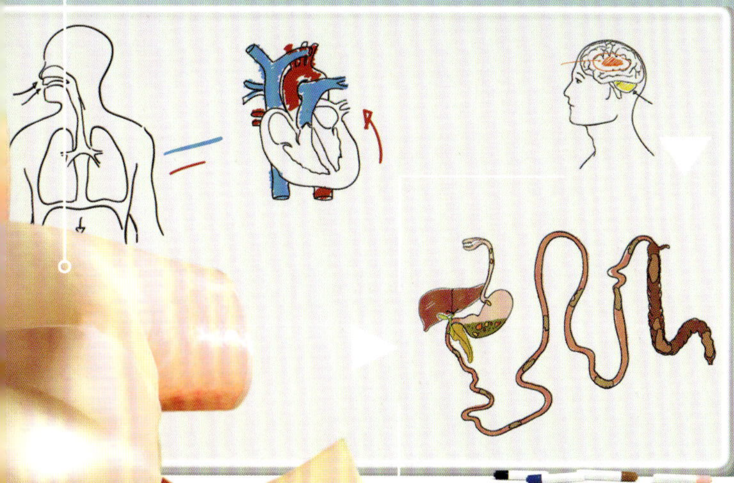

肺静脉

沿着静脉血管经由肺部到达左心房的是颜色鲜红、含氧量高的动脉血。肺静脉分为两种——上肺静脉和下肺静脉。

心脏瓣膜与“心弦”

在心脏两边、位于心室和心房中间的，是一个较大而灵活的心房瓣膜。它有一个片状的垂悬物，可以打开让血液从心房流到心室。心室收缩时，片状的垂悬物在血液的压力下膨胀，使裂缝收合，从而防止血液回流。长长的线状物可以防止瓣膜的垂悬物翻出来。

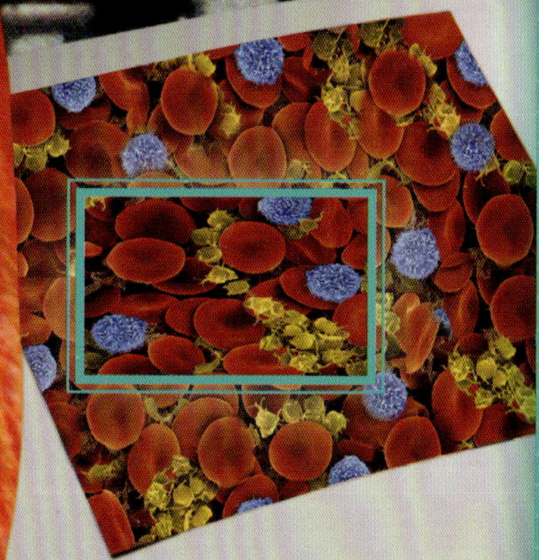

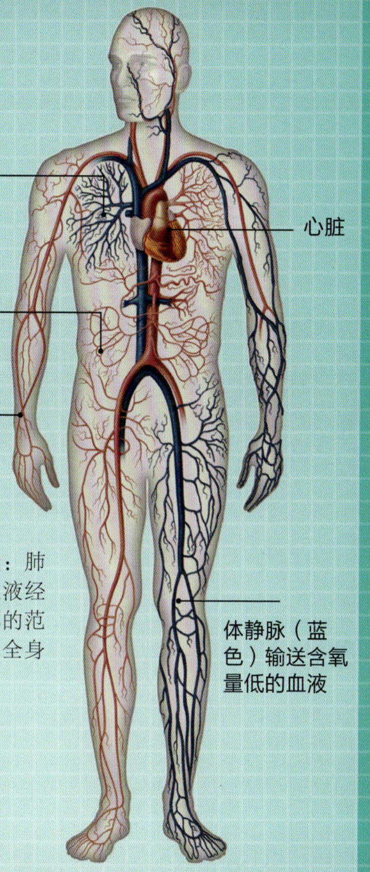

血液循环

人体的血液循环有两条路线：肺循环路线较短，右心室的血液经由肺部回到左心房；体循环的范围较广，左心室的血液经由全身的动脉最终回到右心房。

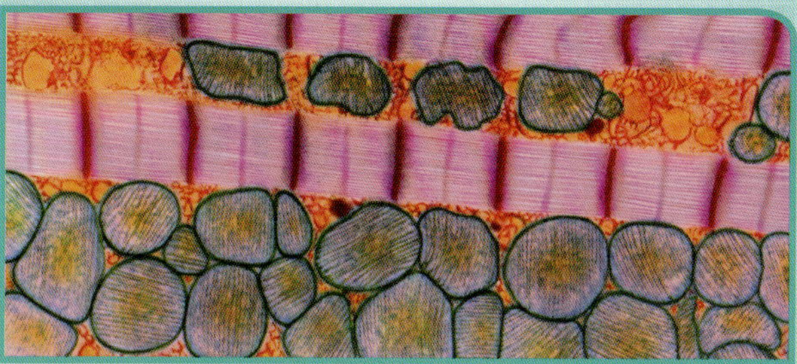

心肌

心脏的肌肉构成了心房和心室的外壁。它由很多分支构成一个比较特殊的结构——Y字形的肌肉纤维。它包含无数可以为人体提供能量的线粒体（如上图所示的椭圆形），其主要特点是耐力好——它要昼夜不停地工作，不能像骨骼肌那样变得疲劳。

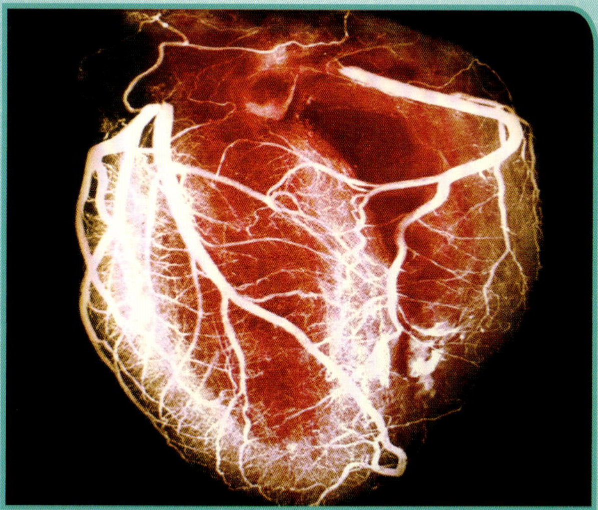

心脏的血液循环

心肌有着自己的血液微循环系统，被称为冠脉循环。冠状动脉分布广、数量多，这样就能保证心肌有充足的氧气、能量和养分供应。这些动脉都是靠近主动脉的分支，在心脏表层分散开来，将这些小的分支分散到肌肉中 。

肠黏膜

小肠内层叠的黏膜上有300多万根绒毛，每根绒毛约1毫米长。它们共同构成了一个约200平方米的巨大表层。这些绒毛负责从消化的食物里汲取尽可能多的营养。

健康饮食

人体摄取足够多的新鲜蔬菜水果（主要是维生素和矿物质）后，消化系统会处于最佳状态。充足的碳水化合物（主要从淀粉中获得）可以为人体提供足够的能量。面包、大米、比萨和土豆里就含有大量的碳水化合物。少量的乳制品和肉类则能为人体提供足够的蛋白质。

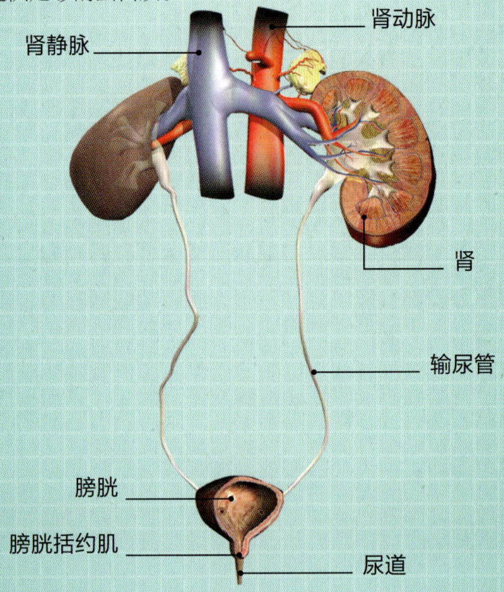

膀胱和肾脏

和内脏一样，肾脏也负责清理人体的代谢物——在肾脏内主要是尿液，尿液是人体内溶解掉的垃圾和从血液中滤出的多余的水，这些水通过输尿管到达膀胱。要排出尿液，需要舒张膀胱括约肌的出口，然后外壁肌肉收缩，这样才能将尿液沿尿道排出。

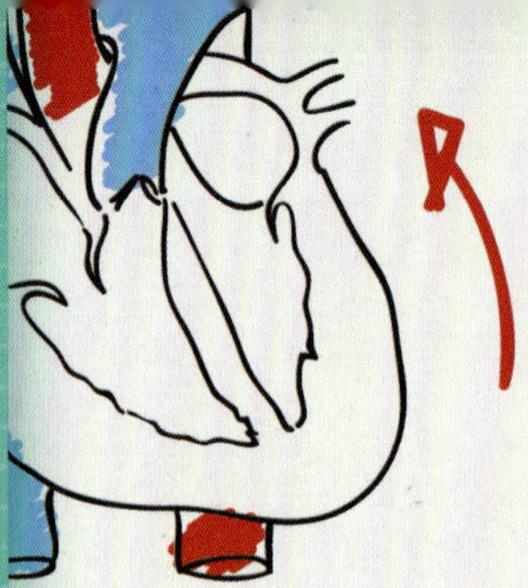

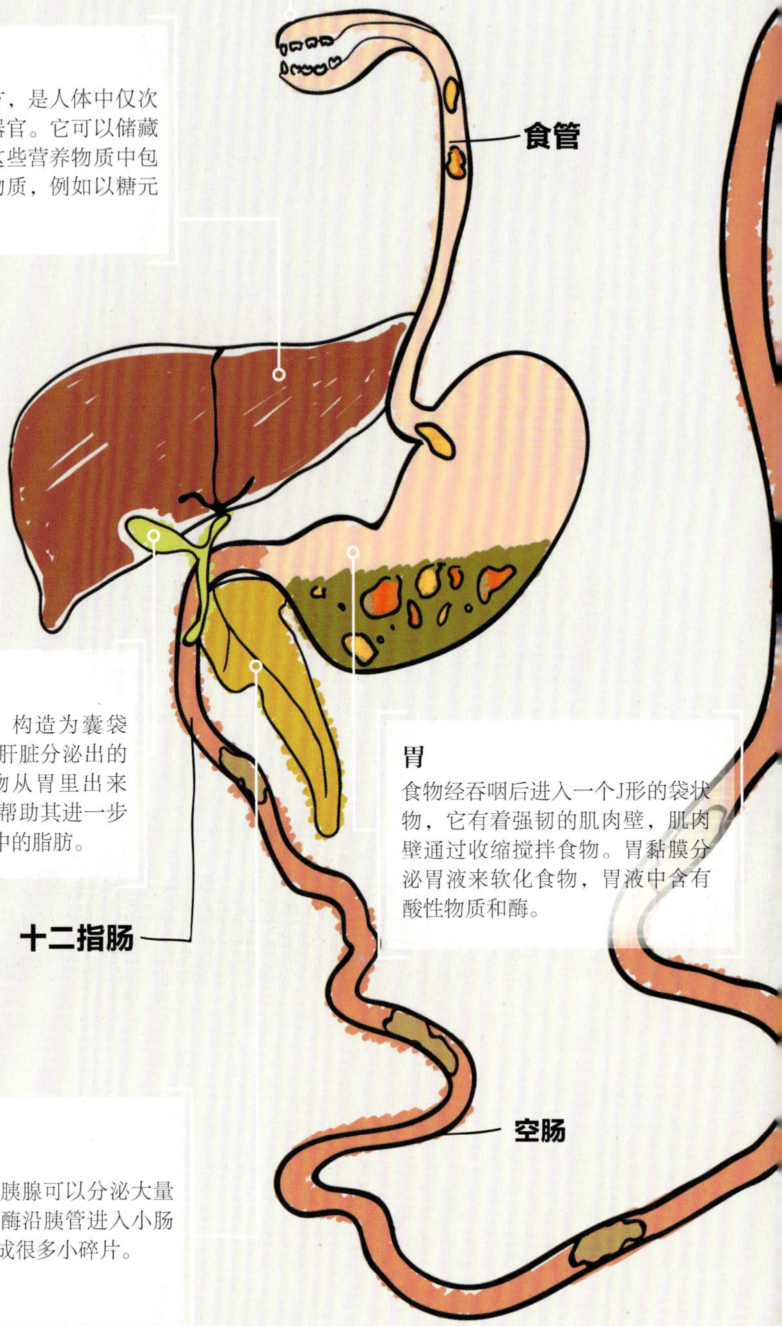

口腔和食管

在口腔里，牙齿把食物咬碎后进行咀嚼。随后，舌头将食物运送到有肌肉壁的食管。食管通过收缩将食物送入胃。

肝脏

肝脏位于肺部下方，是人体中仅次于皮肤的第二大器官。它可以储藏多种营养物质，这些营养物质中包括一些高热量的物质，例如以糖元形式存在的糖。

胆囊

胆囊位于肝脏下方，构造为囊袋状。它主要负责储存肝脏分泌出的胆汁。半消化的食物从胃里出来后，胆汁进入小肠以帮助其进一步分解，尤其是分解其中的脂肪。

胃

食物经吞咽后进入一个J形的袋状物，它有着强韧的肌肉壁，肌肉壁通过收缩搅拌食物。胃黏膜分泌胃液来软化食物，胃液中含有酸性物质和酶。

胰腺

胃下面是胰腺，胰腺可以分泌大量的消化酶。消化酶沿胰管进入小肠后，将食物分解成很多小碎片。

消化系统

人体需要能量足够高的物质来维持自身的正常运行，保证体温的稳定。也需要足够多的营养和原料来保证身体正常发育、运行以及清理异物。消化系统将食物进行消化后会形成许多小的碎片，然后通过血液循环运送给身体的各个器官和组织。

阑尾

作为大肠的分支，食指大小的阑尾在消化系统中似乎无足轻重。但是对于草食动物来说，阑尾却至关重要。

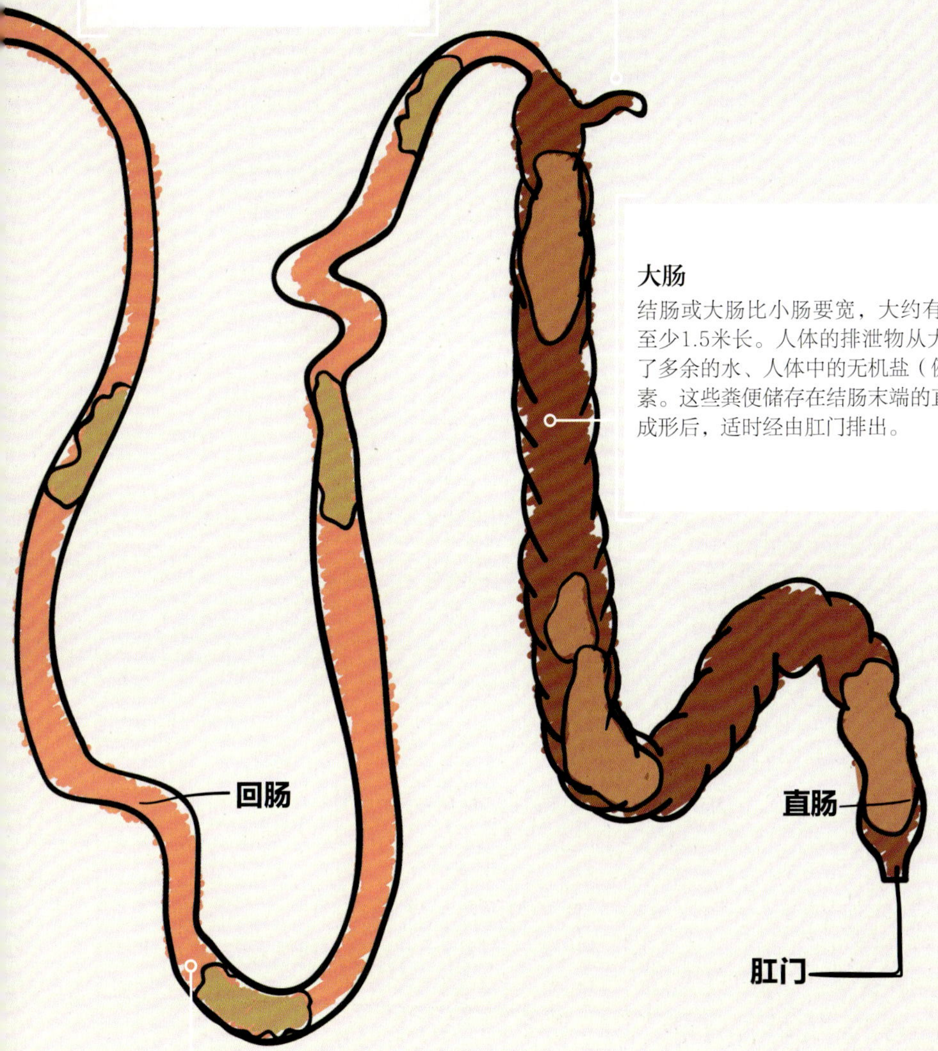

大肠

结肠或大肠比小肠要宽，大约有4～7厘米宽、至少1.5米长。人体的排泄物从大肠排出，吸收了多余的水、人体中的无机盐（例如钾）和维生素。这些粪便储存在结肠末端的直肠中，待渐渐成形后，适时经由肛门排出。

小肠

小肠是消化系统中最长的器官，有5米多长。它盘曲在人体的腹部，可以分为三个部分——十二指肠、空肠和回肠。十二指肠是多数化学分解的发生地，空肠主要消化脂肪，回肠主要负责吸收营养。肝脏分泌的胆汁、胰腺分泌的胰液都会被排到小肠中。小肠壁上有绒毛，可以吸收消化了的营养。

味觉和嗅觉

味觉和嗅觉具有化学敏感性，它们能够检测出化学物质，分辨出食品和饮料中的食用香料和空气中的气味。这两种感官可以检测食物是否变质或者有害。在我们品尝食物和饮料时，嗅觉和味觉往往会结合起来工作，但它们的感知在汇总给大脑之前又是相互独立的。

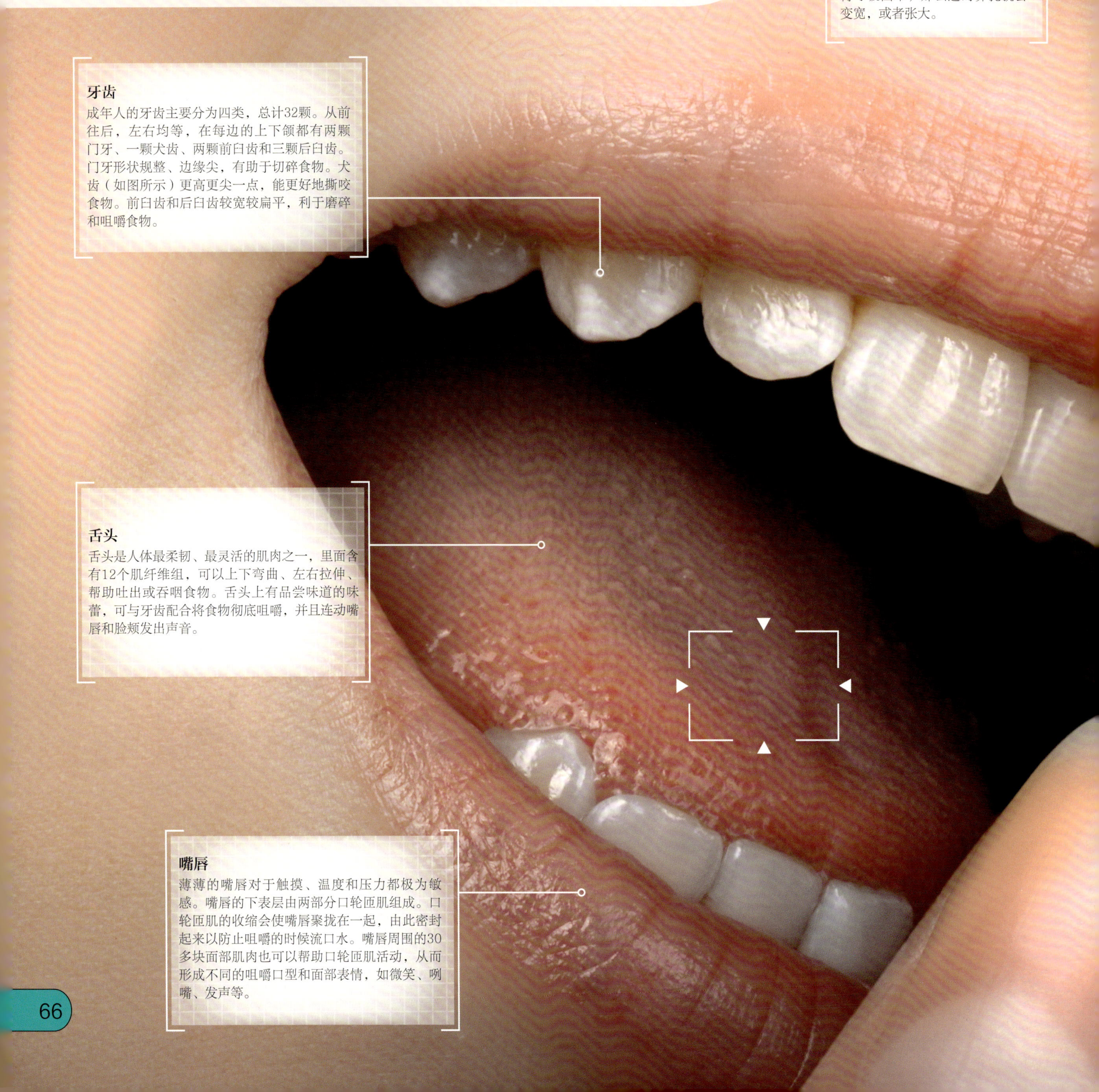

鼻孔

鼻孔是鼻腔的入口。如果闻到异味，鼻子的内壁肌肉会使鼻孔收缩、变窄。如果我们在锻炼后觉得呼吸困难，那么这时鼻孔就会变宽，或者张大。

牙齿

成年人的牙齿主要分为四类，总计32颗。从前往后，左右均等，在每边的上下颌都有两颗门牙、一颗犬齿、两颗前臼齿和三颗后臼齿。门牙形状规整、边缘尖，有助于切碎食物。犬齿（如图所示）更高更尖一点，能更好地撕咬食物。前臼齿和后臼齿较宽较扁平，利于磨碎和咀嚼食物。

舌头

舌头是人体最柔韧、最灵活的肌肉之一，里面含有12个肌纤维组，可以上下弯曲、左右拉伸、帮助吐出或吞咽食物。舌头上有品尝味道的味蕾，可与牙齿配合将食物彻底咀嚼，并且连动嘴唇和脸颊发出声音。

嘴唇

薄薄的嘴唇对于触摸、温度和压力都极为敏感。嘴唇的下表层由两部分口轮匝肌组成。口轮匝肌的收缩会使嘴唇聚拢在一起，由此密封起来以防止咀嚼的时候流口水。嘴唇周围的30多块面部肌肉也可以帮助口轮匝肌活动，从而形成不同的咀嚼口型和面部表情，如微笑、咧嘴、发声等。

鼻子

鼻子的轮廓是由易弯曲的软骨形成的。鼻子里面是鼻腔，它由被称为鼻中隔的软骨板分隔开来。为了更好地分辨气味，我们有时需要将空气用力吸入鼻腔，而不是像平常一样地呼吸。以鼻吸气使鼻腔充满空气，并在其内部反复流转，使更多有气味的粒子接触到嗅觉感受器。

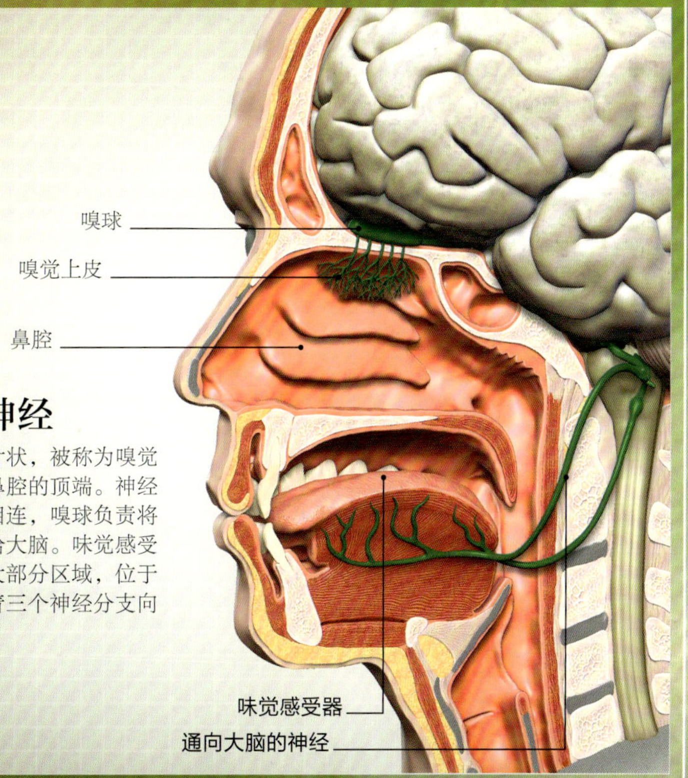

感受器和神经

嗅觉感受器呈薄片状，被称为嗅觉上皮，位于每侧鼻腔的顶端。神经链与嗅球的顶部相连，嗅球负责将信号或信息传递给大脑。味觉感受器遍布舌表面的大部分区域，位于味蕾上方，并沿着三个神经分支向大脑传送消息。

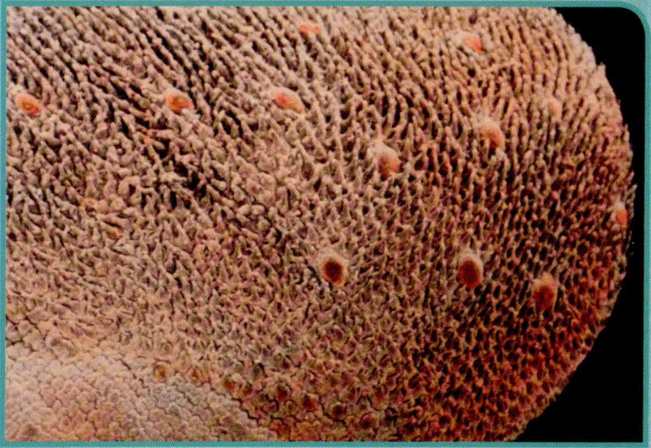

舌表面

舌头的上表面覆盖着数以千计的小突起，被称为乳突。这种粗糙的表面在我们进食时可以有力地操控食物。一些较大乳突（图中较圆润的部分）的周围是数以万计的微小的细胞束，被称为味蕾。味蕾的味觉细胞中含有微小的纤毛，主要负责对食物和饮料中的食用香料做出反应。

鼻腔衬里

像气管和肺部呼吸道的衬里一样，鼻腔衬里也分布着成千上万的微小的黏液腺，它们不断产生黏糊糊的黏液来阻挡灰尘和碎屑的进入。黏液被舞动着的微小纤毛不断扫向后方，然后进入喉咙，进而如自动反射般地被咽下去。如果被感冒病毒感染了，衬里就会产生大量的黏液，此时的黏液通常会比平时的要更稀薄一些。

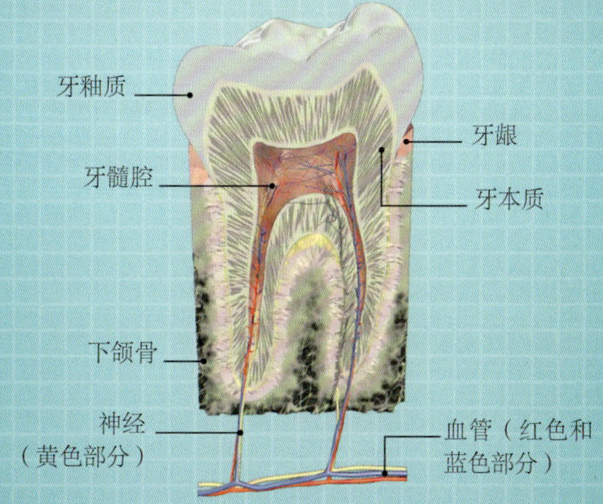

牙齿

每颗牙齿都由身体中最坚硬的物质——牙釉质所覆盖，经受着多年的咀嚼、咬磨。牙釉质下端是稍微柔软点的、具有减震功能（但依然很坚硬）的牙本质。牙齿中心是带有细小血管和神经的牙髓腔。牙齿上端可见的部分是齿冠，而下端较低的部分则牢牢地扎进了颌骨中，那就是我们的牙根。

细胞

很多高大的建筑都是用砖头和石块一点一点地构建成的。生物体也有自己的构件，它们由上亿个细胞组成。通常的体细胞很小，以至于30个细胞连在一起也只有1毫米长。然而并没有所谓“通常”的细胞。生物体中有200多种形状不一、式样不同的细胞在各司其职。

上皮细胞

这里显示的红色表皮上的细胞是上皮细胞，它们彼此连成膜片状，构成上皮组织。这种组织经由身体各部外胚层和内胚层分化而成，包括舌头上皮、内脏内胚层分化的上皮、血管内皮，以及生殖腺的上皮。最大的上皮组织是皮肤。

细菌

这些黄色丝状的物体是细菌。细菌是单细胞微生物，体积比大多数细胞小。它们通过空气、食物摄取、伤口感染进入人体，而后被白细胞抵御。

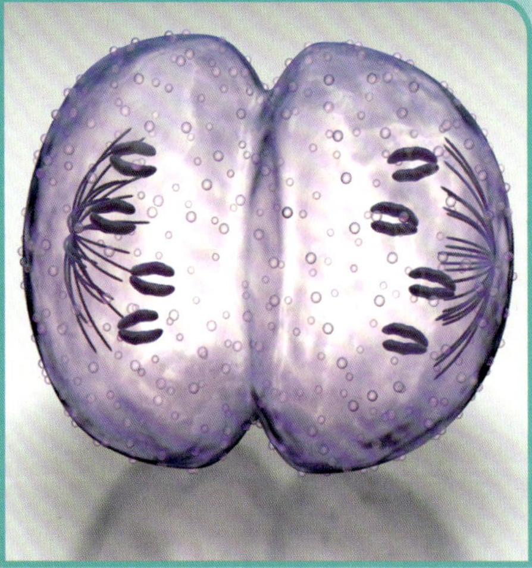

细胞如何分裂

在细胞分裂之前，它的基因组对自身进行复制，从而产生出两个基因组。这些DNA构成螺旋状的染色体并排列在染色体中间。细胞膜在中间形成一道沟，染色体移动到两端（左图）。沟越来越深，最终把一个细胞分裂成两个。这种分裂称为有丝分裂。

肌纤维

肌肉中的肌纤维是人体最大的细胞之一（如左图所示）。事实上，每个纤维都是一个有多个细胞核的多核细胞。在肌肉发育初期，纤维由分散的成肌细胞通过融合而形成。在大块的肌肉里，纤维的长度可达30厘米，但粗细却不及一根头发丝。

死细胞

外表皮上的上皮细胞通常是平滑而坚实的，可以抵御磨损和撕扯。当它们逐渐摩擦破损，就会被新分裂出的细胞所替换。细胞更替是上皮组织的一个显著特征。口腔内表皮的细胞只能维持一到两天的生命，但是身体其他部位的细胞可以维持数月。

细胞结构

细胞核是一个细胞的控制中心，以基因的形式储存着生命的指令信息。细胞膜包裹着细胞质，并且控制着何种物质能够进出细胞。线粒体分解糖，释放其中的能量，提供给细胞的各种生理活动。多层的内质网为细胞合成新的部分及产物。

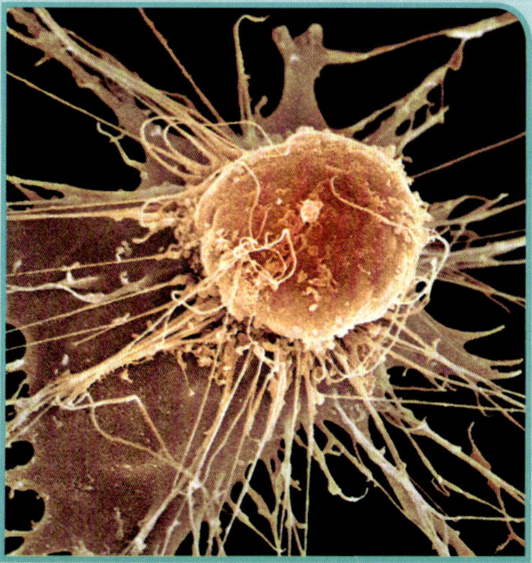

干细胞

干细胞是一种处于早期阶段的未特化的细胞。它们具有相应的指令（或基因），可以生成多种其他细胞，比如神经细胞、上皮细胞或者肌细胞，但是这些指令中的某一组的开关却暂时还未打开。在医学上，可以用不同的化学药物刺激干细胞，使其分裂成特化细胞，比如形成新的皮肤或神经。

脂肪细胞

脂肪细胞是专门储存能量和营养的细胞。脂肪细胞里充满了脂肪，甚至有些脂肪组织里95%都是脂肪。这些脂肪粒是宝贵的资源，当身体无法摄取充足的食物时，它们就会被分解释放出能量。脂肪经常给予像肾脏这样的器官缓冲和保护，同时可以维持身体温度的恒定。

夏威夷群岛

夏威夷群岛位于浩瀚的太平洋中部，是地球上最偏远的群岛之一。像大多数海岛一样，它们由海底火山喷发堆积而成——不过，绝大部分火山都已经熄灭了。也有一些火山上面形成了珊瑚岛，点缀在热带海洋中；还有一些岛屿，是陆地被海水隔开而形成的。

下沉的山峰

考爱岛是夏威夷群岛最古老的岛屿。岛屿上的火山已经熄灭了400多万年了，随着其深处的岩石慢慢冷却，它也在慢慢下沉。考艾岛是地球上降雨量最多的地区之一。

盛行风

夏威夷的风几乎总是从东部吹来，丰富的降雨使岛屿东部的迎风坡比西部的背风坡要更加湿润、葱绿，莫洛凯岛就是这样的。

主岛

夏威夷的人口大多分布在瓦胡岛，尤其是夏威夷州的首府火奴鲁鲁。这座城市位于两座死火山中间的宽阔平原地带的东南部末端。紧挨着火奴鲁鲁西边的是珍珠港，即美国太平洋舰队总部所在地。1941年12月，这里遭到了日军的袭击，美国也因此卷入第二次世界大战。

火山链

夏威夷群岛形成了一条长长的岛链，这是由于地球板块下面的火山热点导致的火山喷发形成的。这些热点是固定的，但是太平洋板块却在缓慢地向东北方向移动。这样就把每个岛屿都从热点上移开了，因此这里的火山都变成了死火山。随着火山的熄灭，岛屿也开始下沉，考爱岛东北部最古老的岛屿目前已经沉到了海平面以下。

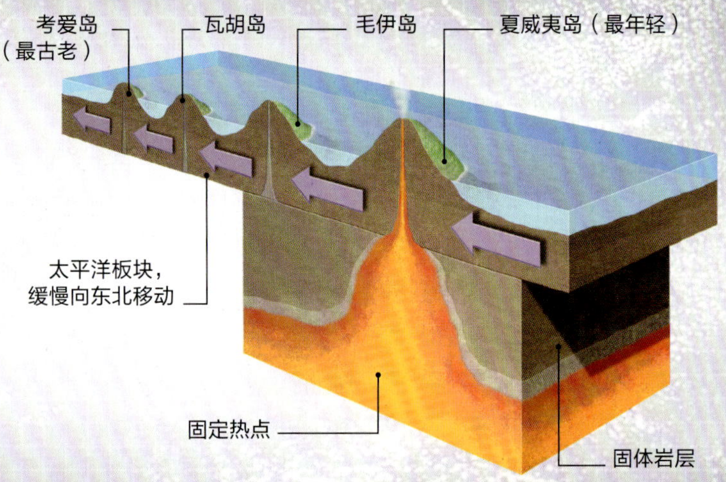

岛屿

毛伊岛是由两座火山形成的，东部稍大的那座火山最后一次喷发是在1790年，但它并未正式熄灭。毛伊岛附近的三个岛屿是同一个火山群的一部分，它们由浅海分隔开来。

热带海洋

这些海洋位于热带太平洋的信风带，常年刮着东风，夹着巨浪冲刷着迎风的海岸。有一些海岸外围还有美丽的珊瑚礁。

巨型火山

夏威夷主岛上有两座巨型火山，这两座火山分别是冒纳凯阿山和冒纳罗亚火山。从洋底的基座算起，冒纳凯阿山有1万多米高，比珠穆朗玛峰还要高。冒纳罗亚山位于岛的中央，是一座遍布密林的山峰。2022年，这座世界上最大的活火山开始喷发，距上次喷发时隔38年。而在冒纳罗亚火山南侧的基拉韦厄火山从1983年起就持续喷发，是地球上最为活跃的火山之一。

陆边岛

大多数距离大陆不远的岛屿其实是大陆的一部分。由于海浪侵蚀掉了一些不太坚实的岩石，使得它们和大陆隔开了。也有的岛屿是由于海平面上升与大陆分离的。爱尔兰南部的这座岛屿的突出部分曾与对面的海岬相连。而在最后一个冰河时代期间，爱尔兰曾与大不列颠岛一起，都与欧洲大陆相连。

珊瑚环礁

在热带地区，火山岛周围往往有珊瑚礁环绕。火山停止喷发之后，火山岛会渐渐冷却，并且开始下沉，但是珊瑚会继续生长，一直保持在海平面上下，形成低矮的珊瑚岛。时间长了，珊瑚就形成了一个环礁，包围着中间的潟湖，只剩下原来的火山最顶端还露出水面，比如这里所示的波拉岛、塔西提岛等。最终，中间的火山峰顶也会消失，只剩下周围环状的珊瑚礁。

岛和演变

岛上的环境有助于珍稀动植物的生存繁衍，随着时间的流逝，这种景象变得寻常可见。岛上的动植物与陆上的种群分隔开来，使得它们无法进行异种交配，所以它们逐渐朝着不同的方向进化。最终，这个过程可能导致岛屿上特殊物种的出现，像图中这只重达150千克的加拉帕戈斯象龟。

火山

这道像瀑布一般倾泻下来的炽热的火山岩浆，从夏威夷岛的底部喷发出来，形成了地球上最大的火山之一。这些火山内部热能积聚，岩浆从地表裂缝或板块断裂、碰撞的地方喷发出来。好多火山岩浆喷发就像图中的情景一样，但还有一些火山喷发则会带来灾难性的后果。

火山

由气体和熔化的玄武岩组成的炽热混合物从基拉韦厄火山喷涌而出，就像汽水从被摇过的瓶子里喷出一样。地壳巨大的压力将岩浆挤向高空。

炽热的岩石

火山口是扩大的裂缝，能够让炽热的岩石从地幔喷发出来。地幔温度虽高，但可以通过超高压维持自身的正常与稳定。如果一旦有裂沟或者裂缝释放出一些气压，那么岩石就会熔化从而被挤到地表。此外，地壳上的水流进地幔也会引起相似的反应，因为水加剧了高温岩石的熔化。

盾状火山

夏威夷火山由从岩浆房喷涌出来的层层火山岩浆形成。火山岩浆顺着山体流下来，逐渐冷却凝固，形成火山岩。一层一层的岩浆形成平缓的斜坡，覆盖住大片的区域，就好像一块盾牌一样。黏性的岩浆、冷却的岩石，还有火山灰，形成了更陡峭的锥形斜坡，其中，最具代表性的地区是中美洲和印度尼西亚。

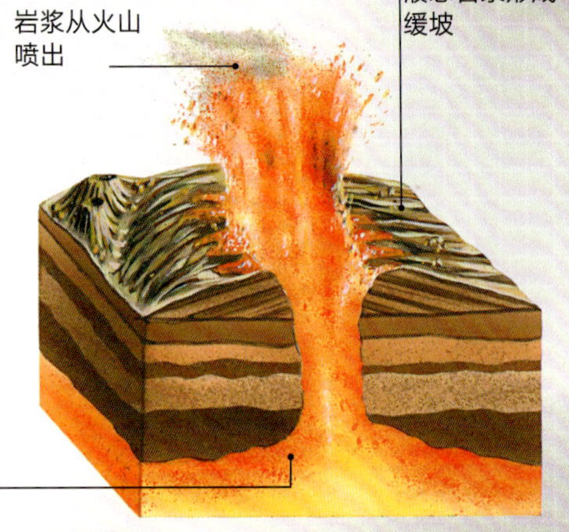

气体云

火山喷发释放出大量气体，大多是混合着水蒸气、二氧化碳、硫磺的挥发物。这里，水蒸气在空中翻滚，遇冷凝结成水珠。

炽热的地球

岩浆在地表蔓延，将一切烧成灰烬。岩浆冷却之后，大洋里的火山热点就变成了黑色的玄武岩，从而形成广袤、荒凉的熔岩区。

炽热的河

从吉拉维亚火山以及类似的海洋火山喷发出来的岩浆，是大洋底部炽热的玄武岩。稠密的岩浆顺着火山两翼流淌成一条火河。火山喷发的时候，岩浆从地下喷发出来，汇成一条沸腾的河流奔涌向前。

火山碎屑流

火山碎屑流是火山爆炸后形成的岩石或岩浆碎块。它们以飞快的速度横扫城市，击碎和烧毁任何生命和财物，比如公元79年的庞贝城和1902年的马提尼克岛都未能幸免于难。图中这场碎屑流像瀑布般从苏弗里耶尔火山倾泻到了蒙特塞拉特岛。

尘云

火山喷发时会向空气中释放大量的火山灰。火山灰受热飘浮在大气中，从而到达世界各地。1915年，印度尼西亚坦博拉火山喷发产生的灰尘和有毒气体引起了世界气候三年里的变化无常，比如夏季寒冷、粮食绝产和饥荒。

热喷泉

在火山活动剧烈的地区，地下水经常冲击着炽热的岩石，而高压阻止了水的沸腾，所以地下水的温度可以高于100℃，直到最后从地表喷涌而出形成喷泉。池子里翻滚的热气腾腾的温泉也是这样形成的。

海底喷发

大洋底部由海底火山喷发出的炽热的岩石构成。每一股炽热的岩浆碰触到冰冷的海水，就会突然凝固。但是，岩石受压会挤压出更多的岩浆，从而形成一系列圆形的“枕状熔岩”，就像夏威夷附近的这些火山一样。

热带气旋

台风、飓风和热带气旋都是产生于热带海洋上空的强风暴。但其形成条件是，海洋温度必须高于27℃。所以，如果飘过温度较低的海洋上空，它们就会消失。

风暴潮

飓风逐渐靠近陆地，推动海水上涨形成风暴潮，它像海啸一样击打着海岸。风暴潮带来的损害，其程度通常远远超过风暴本身带来的损害。

飓风“弗洛西”

从这张2007年8月飓风“弗洛西”的卫星云图上我们能清楚地看到，巨大的云团呈螺旋状地环绕在风暴中心眼的周围，并于8月12日带来暴雨和强风，风速最高达230千米/时。幸运的是，8月14日飓风掠过夏威夷南部海岸时已经减弱，两天内已经向西飘移并逐渐消失。

天气

形成于夏威夷群岛附近的飓风是一种极端天气——大气的动荡带来风、雨、雪甚至更异常的天气，比如雷暴。太阳的热量为天气提供能量，加剧了气流的运动，进而使整个复杂、混沌的机制运转起来。

高压区和低压区

产生飓风的力量也会在全球引起不像飓风那么极端的气候。暖空气上升形成低气压的云雨区，周围的空气向该区域移动形成风。在其他地方，冷空气下沉形成高气压区，阻止湿空气上升，所以云无法形成，天空湛蓝如洗。在世界上某些区域，天气模式是稳定的，但也有些地方天气变化无常，甚至一天能变化几次。

飓风的内部结构

飓风的旋涡是由强烈的热带阳光触发的。热带阳光使海洋升温生成大量的水蒸气，水蒸气上升进而凝结形成巨大的暴风云。空气上升形成一个气压极低的区域，并将周围的空气吸入进去，速度极快，就像把水倒入排水管。空气绕风暴核心（或称风眼）旋转，从而产生一面上升的风墙，它在飓风顶端反向散开并减弱。但在飓风眼处，一切却出奇地平静，低气压中心长期保持。

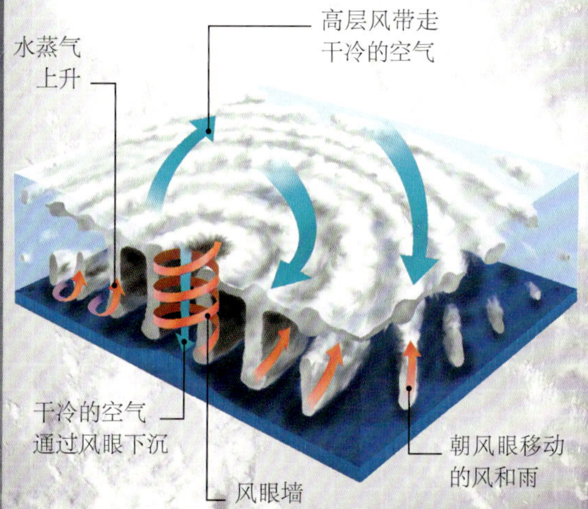

大雪

云中所含的大量水分由微型冰晶构成，微小的微型冰晶相互结合形成雪花。当遇到暖空气时，它们通常会融化成为雨滴，每逢寒冷的气候和季节，就以雪花的形式降落。但如果降雨、降雪过多，就会给人们的正常生活带来影响。

电荷

在太阳热能的作用下，水蒸发生成大量的水蒸气，水蒸气凝结成高达15千米的巨大的暴风云。强大的气流使冰晶在云里翻滚碰撞，产生大量静电并积聚在云里，直到积累到数百万伏特与地面发生感应时便形成闪电。

暴雨和洪水

巨型暴风云携带的水的质量非常巨大，若集中降落在某一区域就有可能导致洪水。有时，水位持续升高会导致河水泛滥、漫过堤岸（如上图所示）。然而，也有可能暴发汹涌的山洪，洪水沿山谷奔流而下，冲毁车辆和建筑，造成巨大的损失。

龙卷风

最剧烈的天气事件当属袭击美国中西部草原地区的龙卷风。龙卷风是由旋转的雷暴将气流向上吸入一个飞旋的涡旋而引起的。随着涡旋旋越旋越快，其风速可以达到500千米/时甚至更快，所经之地满目疮痍。

地球

我们的星球诞生于46亿年前，那时它只是个围绕着一颗新形成的恒星运转的热岩球体。幸运的是，地球引力保证了大气层的存在，另外，与太阳之间的理想距离让地球获得足够的热量以保证液态海洋的存在。在大气与海洋之间，岩石、空气、水和太阳为生命提供了能量和原材料，这也让地球变得如此与众不同。

地球的起源

地球是太阳系中四颗由岩石构成的内行星之一。新生的太阳周围是一团尘埃和岩石，内行星就诞生于此。当这些物质相互碰撞，它们的冲击能量转变为热量。随着体积增大，引力也在增加，最终吸引了大量的物质。其温度升高导致物质熔化，从而形成如今的分层结构。

岩石筏子

大陆由一层层巨大的厚板构成。地壳相对较轻，它们就像漂浮在地球表面的岩石做成的筏子。大陆一直延伸到海岸之外，包括沿海浅水区域下的大陆架。

蓝色海洋

地球表面大部分被水覆盖着，这些水可能来自地球史上早期火山喷发的水汽。洋底由玄武岩构成，也正是玄武岩形成了相对较薄的洋壳。

有生命的行星

地球上的生命始于大约38亿年前，但自那以后的30亿年中，地球上只有简单的微生物，如细菌。第一批复杂的生物体出现在8亿年前的海洋里，但在这之后又过了3.3亿年之久，第一批植物才开始登上陆地。约4.2亿年前，最早的陆生动物进化了，从那时起，多种多样的生命便开始成为地球的掌管者。

至关重要的云团

从海洋蒸发的水在移动的低大气层形成云。这样就将水带到陆地上空，并以雨的形式播撒出去。假如没有天气现象，就不可能有陆地上的生命。

地球内部

地球形成后不久便开始熔化，熔岩中大部分的铁和镍下沉进入地球中心，形成了一个金属内核。它主要以熔融的形式存在，但巨大的压力使之呈现为固态。内核的质量给了地球足够的引力来保持大气不会飞走。大多数剩下的岩石形成了又厚又热的固态地幔。上层地幔熔入相对较薄较冷的脆性地壳形成岩石圈，岩石圈由于靠近内核处上升的热流而持续移动。

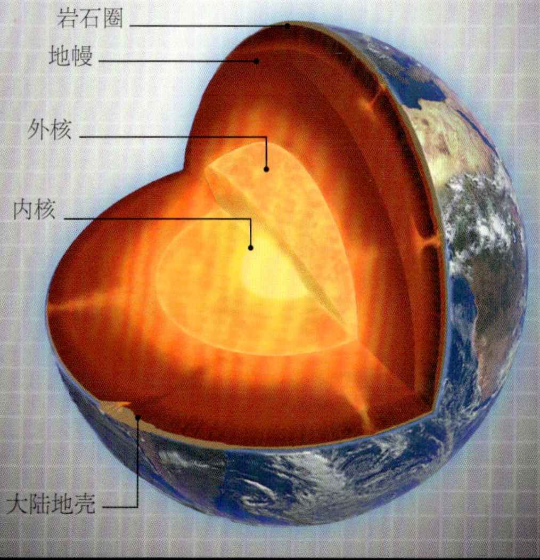

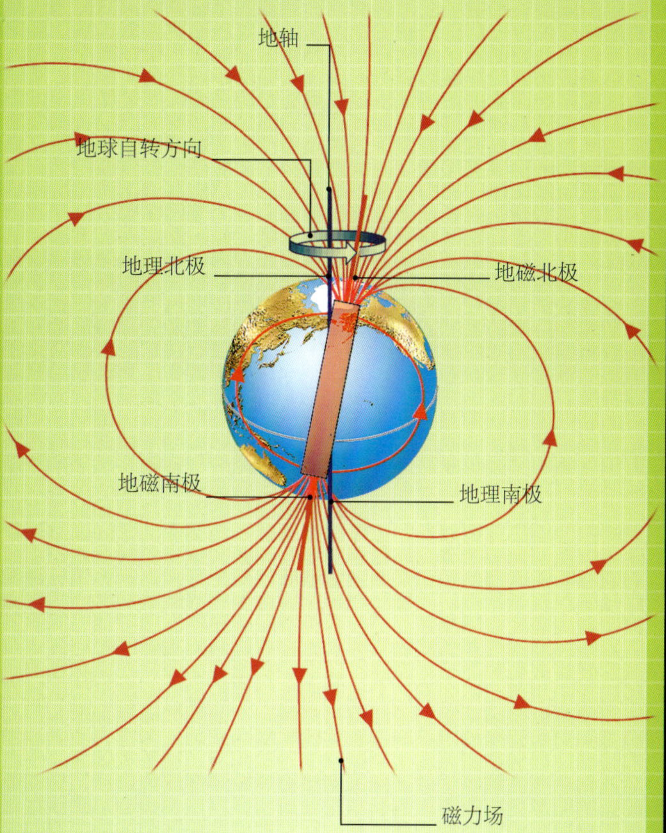

磁场

地球就像一块巨大的条形磁铁，它的磁场环绕着整个地球。这就使得罗盘的指针指北——但这却不是地理北极，因为磁场与地轴呈轻微角度的倾斜。磁性的产生可能是由于地球外核中的熔铁移动，它会产生像电磁发电机一样的作用。

大气

从国际空间站的水平角度来看，图中的蓝色光芒区域是大气密度最大的部分，这也是我们所呼吸的空气。其主要成分是氮气和氧气，还包含着保持热量并给植物生长提供能源的二氧化碳。没有大气这层保温毯，地球的平均温度将会比现在低30℃，那样的话，到了晚上我们就都要挨冻了。

深层热量

埃塞俄比亚的尔塔阿雷火山口有一座熔岩湖，其温度至少达1000℃。自形成以来，熔岩湖的温度一直居高不下。使其保持液体形态的热量来自地球内部——铀等重金属元素发生放射性衰变生成能量，从而使那里就像个巨大的天然核反应堆。

光与热

阳光加热地球表层的水，并为微小的浮游生物提供制造食物所需的能量。温暖的表层水比下面冷水的质量轻，因此浮在上面。对于较冷的海洋而言，表层水每年冬季因变冷而下沉，与较深处的水混合，深水中所含的矿物质也是浮游生物所需要的。这种现象不会发生在热带地区，因为那里的表层水一直是温暖的，所以热带海洋中很少有浮游生物存在。

咸的海水

数十亿年来，大陆上溶解的矿物质盐源源不断地流失，进入海洋中。这就是海水咸的缘故。这些矿物质盐中的一些物质是海洋生命所必不可少的营养物质。

水中漂浮

水是一种非常密集的物质，因而像虎鲸这类动物才能够漂浮其中，而无需用自己的骨骼来支撑自身的质量，这也使得一些海洋生物的体形巨大。举例来说，蓝鲸是现存体形最大的动物，它比已知最大的恐龙还要大一倍。它的质量相当于30只非洲象。但在水里，它几乎就像没有质量一样。

海洋

海洋覆盖了整个地球表面的三分之二，平均深度超过3.5千米。它们形成了一个巨大的三维生活空间，容积达13.3亿立方千米。但是，海洋并不只是一个巨大的水池。洋底——填充大陆之间的空隙——是由从地球内部深处喷涌而出的不同岩石构成的。

光线分区

从海面到水下200米深的区域为亮区。阳光照射到水里，经过一段距离之后，有一部分光进入了这一区域，但还有些光线不能被海水吸收，所以使海水呈蓝色。随着海水深度的增加，光线变暗，最终不足以维持植物类浮游生物的生存。到了昏暗区，生活在这里的动物就更少了，即使有，它们每天也要去亮区活动。1000米以下是暗区，在这里，任何残存的光线都渐渐消失，海水冰冷。生活在暗区的许多动物都具有高度专业化的技能。

洋流

在风力作用下，表层海水随风漂流，形成环绕全球的强大洋流。在极地附近，又冷又咸的表层海水下沉到深层海底，从而推动下层洋流在洋底流动。所有的洋流以一种极其复杂的模式联系起来，使得海水在全球各大洋流通。在洋流作用下，热量不断地从热带海洋传输到极地地区。

海与空

海洋提供了丰富的食物资源，以此为生的大多是海洋生物，如鱼类和乌贼。但它们又是海鸟们的捕食对象，比如这些塘鹅，它们一头扎进水里抓住猎物。跟多数海鸟一样，塘鹅只在繁殖时才回到陆地上去。

风与浪

风从海面呼啸而过，卷起海浪，拍打着海岸。海面越宽广，风力越强劲，所掀起的海浪也就越大。一些巨型海浪出现在狂风暴雨的南大洋，但最大的海浪却是2004年在墨西哥湾测得的，它的纪录是27米。

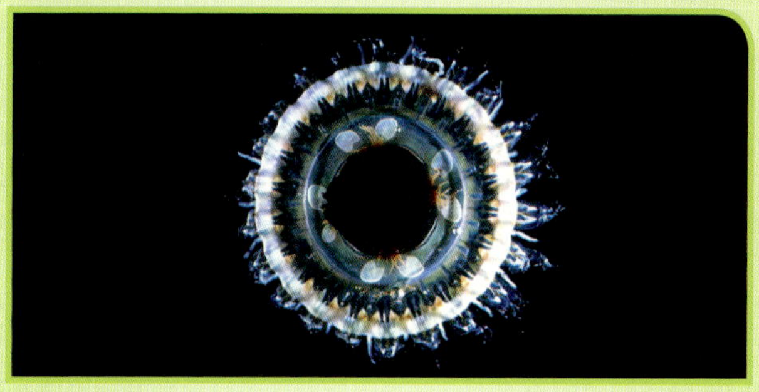

生物光

深海中光线极少，甚至不会透射进去，所以许多海洋生物自身能够发光。像图中这只深海水母一样，一些动物身上分布着特殊的发光器官，包含着一种会产生光的化学物质。它们利用生物荧光传递信息，吸引猎物。

黑烟囱

沿着地壳构造板块，在洋中脊附近，海底被蔓延的裂痕分裂开来。海底火山喷发出大量的玄武岩熔体，并冻结成枕状熔岩，这些热液喷口被称为“黑烟囱”，它们涌出一股股富含矿物质的水，这些水因为与热岩接触而被加热。

永冻层

北极较温暖的地区，表层冰雪在夏季大都会融化，因此植物可以在解冻的土壤中生长。但表层土壤下却终年冰封，融化的水无法渗入冻土层，所以解冻的地表在再次冻结之前只能是沼泽。

冰川

冰川是由已变成冰的雪构成的。尽管如此，其自身的质量也会产生巨大的压力，使冰变形开裂，缓慢地沿斜坡和山谷移动。由于移动极其缓慢，冰与岩石冻结到一起，带着岩石一同继续移动。

冰冷的过去

移动的冰改变了地理景观，在山脉中凿出深深的峡谷。两万年前，在上个冰河时代的高峰期，冰原覆盖着亚欧大陆北部和北美洲的广大地区。最终冰原退去，剩下被冰冲刷过的独特地貌，就像美国俄勒冈州的U形冰川谷地。

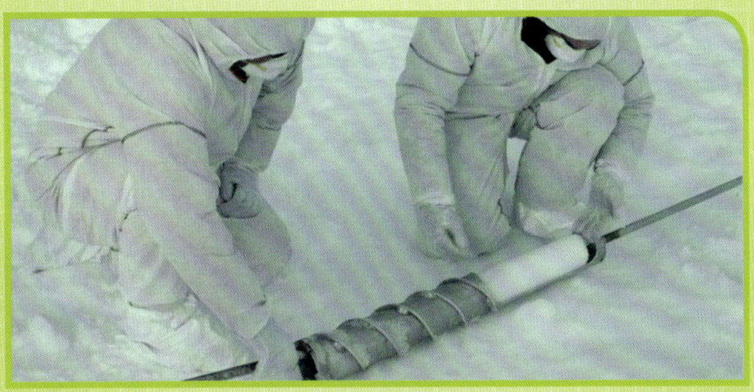

冰芯分析

几千年来的层层积雪形成了极地冰原，留在积雪中的空气泡也随之保留了下来。从冰原深层钻取的冰芯样品记录下了气候的变化情况。对冰芯的分析结果提供了有关空气温度的信息，以及证明大气与气候之间的联系等方面的信息。

冰山工厂

在地球上最冷的地方，许多冰川一直漂向海岸。随着它们在海面上的推进，冰川会渐渐断裂破碎，大块的冰断开掉进海里便形成了冰山。

海冰

荷叶冰是由海洋表层的海水冻结形成的。最终，这些冰筏可能会冻结成一整块的厚冰板，到了冬季就会覆盖住整个极地海洋。

冰

高山及靠近南、北极的寒冷地区是一个冰雪覆盖的世界。有些冰是水遇到冷空气凝结成的，这些冰覆盖在河流和海面上形成薄冰层。但是，地球上大多数的冰形成自压实的雪，经过许多个世纪的累积成为冰川和冰帽。

雪峰

爬得越高，气温越低，所以高山上往往白雪皑皑。这些雪形成了冰川，即使在热带地区也不例外。后来，这些雪向下滑动，随着海拔越来越低，气温越来越高，它们便渐渐融化了。

从雪到冰

在北极——以及冰冻的南极大陆——冬天下的雪只有一部分在夏季会融化。所以，在这些最冷的地区，雪越积越厚、越来越重，深层的雪被压成了固态的冰层。几千年来，冰渐渐形成了冰川，并在自身重力的作用下向低处滑动。在最冷的区域，冰川形成巨型冰块，覆盖了整个地区。

漂移的冰山

从摇摇欲坠的沿海冰川漂移出来的冰川只有九分之一露出水面。这就意味着它们比看上去要大得多。有些冰川的体积超级巨大，尤其是让南极冰架断裂的那些宽阔的平顶冰山。所有的冰山最终都会融入大海，但在冰冷的极地海洋中，融化过程需要很长时间，所以它们在大海中可能要漂移很长一段距离。

山脉

造出世界上各大山脉的作用力，与引发地震、导致火山爆发的作用力完全相同。海床上形成的岩层先是受力变形，而后变得高耸入云。但是，就像美国阿拉斯加的这些山脉，尽管海拔不断上升，也难逃被侵蚀作用无情地打回原形、重新来过的命运。

支离破碎的山顶

由于气候冰冷，山顶和峭壁最高处通常会出现裂痕，岩块逐渐剥落。但是对于那些因地壳运动而升高的山脉来说，它们的实际高度可能还在持续增长。

落基山余迹

长长的黑色碎石痕迹标出了两条冰川向山下运动的过程中交汇的地点。大量的冰块会把碎石带向山谷和海边，堆卸在那里，沉积数层。在压力作用下，这些沉积层最终将变成岩石，还有可能被抬升成高山。它们也会遭到来自冰层及其他侵蚀作用的磨蚀，融入岩石循环永不停息的节奏中去。

最高峰

喜马拉雅山脉是地球上最高大、最雄伟的山脉。印度板块与亚洲板块碰撞后在地壳上形成了隆起的巨大缓冲区，喜马拉雅山脉由此产生。该山脉包揽了世界排名前100的所有高峰，包括珠穆朗玛峰（又称埃佛勒斯峰），其海拔高达8848米，为世界最高峰。

雄壮的半圆顶

像美国加利福尼亚州的哈夫穹丘一样，许多高山最初都形成于地底深处，这令人称奇。随着沸腾的熔浆慢慢固化，在数层软岩下形成了坚硬的花岗岩。日复一日，这些较软的岩层逐渐风化，不易遭受侵蚀的花岗岩层就暴露了出来。

山地野生动物

尽管海拔高的地方食物稀缺，然而像图中北美野山羊和巨角塔尔羊这样的动物却专为山地生活而生。它们不仅皮毛浓密，能抵御严寒，而且登山爬坡脚步稳健。亚洲雪豹等位于食物链高层的捕食者则是它们的天敌。

蔚蓝的湖水

通常来说，形成于高山之上的湖泊寒冷、纯净，其中仅溶有极少量的矿物质，供湖中微生物生命所需。正如图片中秘鲁安第斯山脉高处的这个湖泊，其湖水为绝美的晶蓝色。与众多此类湖泊一样，该湖是因冰川在运动过程中凿蚀地面岩石而形成的。

高处不胜寒
在山区，海拔越高气温越低。在美国阿拉斯加州接近极地气候的地区，尤其是冬天的时候，真的非常寒冷。风吹过北太平洋上空之后，积云中的水分化作雪花飘洒而下，落于高山之巅，常年积存不化。这片寸草不生的雪原孕育了壮观的冰川，它们凿山越岭，侵蚀岩层，直切而下，携石入海。
盎然绿意
山坡上的条件十分艰苦，所以只有生命力最顽强的植物才能生存。冬天，它们被深埋于雪下，但在夏天的数月里，它们会生长、开花和结籽。
熔岩层
阿拉斯加的弗兰格尔山脉是不足500万年前由大型火山的喷发形成的。冰川在山脉侧壁切出数条山谷，露出了构成山脉坡体的层层火山熔岩及火山灰。附近的圣伊莱亚斯山脉中的山峰都是褶皱山，它们由于受到来自太平洋洋底的巨大的构造作用力，洋底钻到北美大陆下，导致岩层弯曲，持续抬升而形成。

河流

绝大多数河流在诞生初期都是溪水，又细又小，流速湍急，后来才合而为一，发展壮大，流速渐缓。它们穿山越岭，众多河谷由此形成。但随着流速减慢，堆积的沉淀物会形成广阔的冲积平原，以及跟阿拉斯加科珀河一样的三角洲。就这样，河流渐渐地冲蚀高地，形成低地，重塑了地形地貌。

冰川河

弗兰格尔山脉冰川的冰雪融水汩汩流下，成为科珀河的源头活水。科珀河的干流由13条支流汇聚而成，河水涨溢，竟发展成了全美排名第十的大河。就在到达三角洲地区之前（如图所示），它从楚加奇山脉穿流而过。科珀河对楚加奇山脉的冲蚀速度与其因岩层运动上升的速度旗鼓相当。

野生动物保护区

科珀河三角洲是一片广达2800平方千米的沼泽野地，还是一个至关重要的野生动物保护区。成千上万的水禽在此捕食、筑巢，盛产于此的鲑鱼（三文鱼）也使得该河闻名于世。

高流速

科珀河在该河段所处地势最低，宽1.6千米，自此入海。相类于大部分山溪，它的流速湍急，平均每小时可奔流11千米。

春季山洪

春天，会有融雪山洪从阿拉斯加山坡和山麓丘陵倾泻而下，裹挟着大量的泥沙奔流入河。经河流冲刷，这些沉积物会在较低的河谷沉淀下来，或者直接入海。

肥沃平原

暴雨过后或积雪融化时，河水定会泛滥。河滩上的洪水停止漫延后，水中挟带的泥沙等沉积物就慢慢沉淀下来。年复一年，如此而形成的河漫滩平原宽广肥沃，铺满了整个河谷。与上述过程相似，数条支流途经地表奔流入海时，也会在入海口处形成三角洲。

雪白浪花

有些河水流到悬崖俯冲而下，形成了壮观的瀑布。其成因多是河水从硬质岩石涌向较软质的岩石。河水冲击软质岩石流速变缓，但硬质岩石保持了河水的流速，于是在悬崖处就形成小瀑布倾泻而下，如上图位于巴西和阿根廷边界的伊瓜苏大瀑布。

陡峭峡谷

所有河流都会形成河谷，但有些河流却极夸张地从边缘陡峭的峡谷穿行而过。或许正是由于峡谷被洪水激流冲蚀，形成了如雕刻般陡峭的岩壁，就像图中的肯尼亚加拉纳河峡谷这样。其他的河谷则是地表慢慢隆起，迫使河水下切冲出河道而形成的。

蜿蜒河流

平原上的河流迂回曲折，水流冲蚀外侧河岸，水中的泥沙巩固了内侧河岸。河流的弯度越来越大，形成诸多曲流。最后，因弯度太大，河流有可能截弯取直，把原有的河道分离出来，形成牛轭湖。图中所示为亚马孙河的牛轭湖。

潮汐河口

大多数河流最终都要汇入大海。水流湍急的河流还会在河口处形成三角洲。但有些河流因流速太慢，涨起的潮水会阻断它们前进的步伐。加之受到海水浓度大的影响，上述河流会把裹挟的沉淀物堆积于此，形成潮汐河口那宽广而微光闪烁的潮泥滩。

土壤

大多数植物，如这些树木，生长在由岩屑与有机残余物构成的混合物中，该混合物我们称为土壤。土壤可以为植物提供水分、可溶性有机物等维持生命所必需的物质。有些类型的土壤所含的植物养分比其他的多，这就会影响到土壤里生长的植物，以及生物景观的整体特征。

先驱植物

河流弃置于此的沉积物造就了这片泥质沙层，图中这些长势低矮的植物正将它开拓成自己的殖民地。它们每逢冬天就会枯死，残体腐解产生的有机质滋养了沙土，慢慢将其转化成幼年土。

落叶层

像图上这种针叶树是阿拉斯加寒冷的北部森林中的典型代表，因为它们受得了严寒的冬季以及贫瘠的土壤。它们在此生长这一事实，证明了这里的土层已经达到了合适的厚度。在较为温暖的气候条件下，针叶树就会逐渐被橡树等树种取代，并在秋天凋零，落叶慢慢腐烂，形成深厚肥沃的土地。

富饶的草原土壤

大草原和干草原有着天然深厚的土层。枯草或其他植被的有机残余物历时数千载才造就了这样富饶的土壤。现在，这些天然的大草原大部分被用来种植农作物，如小麦、大麦、玉米等。但是，由于农作物在腐烂、分解并得以反哺土壤之前就已经被收割完，所以这些草场需要人工施肥。

泥炭沼泽

潮湿气候加之地表覆水，枯死于此的植被不能充分腐解，日积月累就形成了半腐解的泥炭层，而非正常土。若雨水保证地面常湿不干，形成的酸性泥炭沼泽基本上就是不毛之地，只有具有专门适应性的水藓等植物才能存活。图中的这片泥炭沼泽已经枯竭，这些泥炭可以作为燃料使用。

扎根

植物落地生根后，土壤便开始形成，其他植物才能陆续迁入。第一批植物的根系加固了幼年土，它们的残枝枯叶腐败入土，增加了土壤的厚度和肥力。

土壤形成

大多数土壤是由矿物碎片和动植物残骸组成的混合物。矿物碎片不是破碎的基岩就是泥沙、碎石等运输沉积物。大部分的有机残余物来自真菌和细菌分解的植物残骸。有机质先是聚在地表，后被上下翻爬的蚯蚓带入泥土之中。雨水渗透时会带着溶解的养分一起渗入地底深处，地下水上升时又会把养分从基岩处送上来。

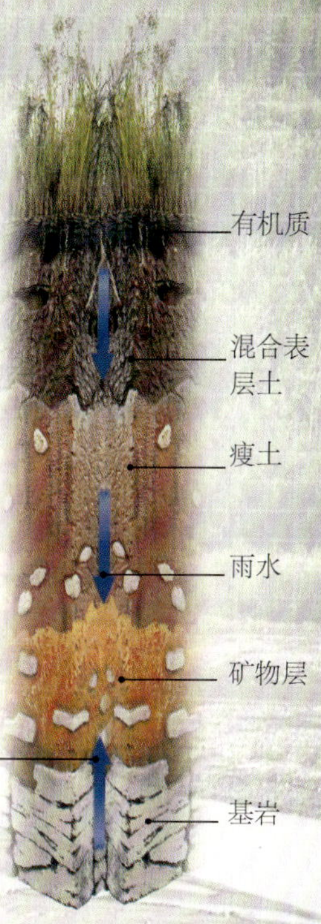

肥力提高

一般来说，悬浮于河水之中的细粉沙颗粒是要落脚于遥远的下游的。但若河水泛滥，就会形成宽广且几乎是静水的浅水湖。这样，粉沙会沉到湖底，而待洪水退去，粉沙颗粒就留了下来。这一过程通常会增加土壤中的植物养分，从而提高土壤肥力，所以它也是河谷中植物苍翠繁茂、郁郁葱葱的原因之一。

重新来过

骤发洪水能冲走土层，剥除地表景观，使土地退化成不毛之地，甚至连岩层都会裸露出来。然后整个成土过程又会重新进行。但剥除的土层说不定正好增加了别处土壤的厚度。

石南土壤

若土壤中含有的沙砾过多，雨水就能轻易渗透，可溶性的植物养分也会随之流失，导致土壤贫瘠、酸化，大部分植物无法茂盛地生长。但专门有植物为此而生，以装点荒芜的大地。在图中这片英国沿岸的荒地上，色彩艳丽的石南和金雀花竞相绽放。天然植被往往是一个地区土壤类型的最佳指示物。

火山土

与石南土壤不同，由矿物质丰富的火山熔岩所形成的土壤通常肥沃多产。这使得火山土成为葡萄等农作物生长的最理想温床。所以，尽管火山斜坡危险重重，却仍是农业密集区。虽被熔岩流毁坏颇多，但意大利西西里岛埃特纳火山山侧的葡萄园仍然是该岛公认最好的葡萄园。

全面崩溃

城市若发生地震，不仅会造成建筑物倒塌，还会导致电线断电、水气管道破裂、运输系统瘫痪等问题，致使搜救工作难上加难。即使房屋完好无损，人们也通常要被迫移居别处。泄漏的煤气管道还会引发灾难性大火，1906年旧金山震后横扫全城的那场火灾就是一个典型的例子。

抗震?

在地震易发城市，新建楼房、桥梁以及其他建筑物都采用高强度的钢框架以防止坍塌。即使这样，地基下陷仍会导致建筑物倒塌。

震后重建

神户大地震虽仅持续了20秒，但它所造成的损失却高达630多亿英镑。单单清除破砖碎瓦就花费了数月的时间，之后重建工作才得以提上日程。

地震

地壳板块时刻处于运动之中，致使断层线的周围很容易发生地颤。但若断层牢牢紧靠，难以相对移动，挤压的张力就会日积月累，直到有一天岩层折断，从而引发灾难性的大地震。1995年发生在日本神户的这场大地震就是一个实例，顷刻之间，这座繁华的港口城市就变成了一片废墟。

毁于一旦

在1995年神户大地震中，20多万座建筑物毁于一旦。对地震毫无招架之力的绝大多数是木结构建筑。有些屋顶铺了厚重的红瓦，震时发生崩塌，导致4600多人死于砸伤。地震发生时，地壳运动本身引起的人员伤亡数极少，大多数的人员伤亡是倒塌的建筑物压埋人体导致的。

余震

神户大地震主震过后，人们由于陆续袭来的诸多余震不敢回家。神户虽已重建，但再难重拾往日风采。

地震原理剖面图

震源是位于地下深处闭锁断层上的一点。图中右侧断层的岩石已经隆起，但此时它岿然不动。突然，它做出让步，于是岩层的上升运动不再数年如一日地缓缓进行，而是一瞬间爆发。由此所产生的冲击波即我们所称的地震。

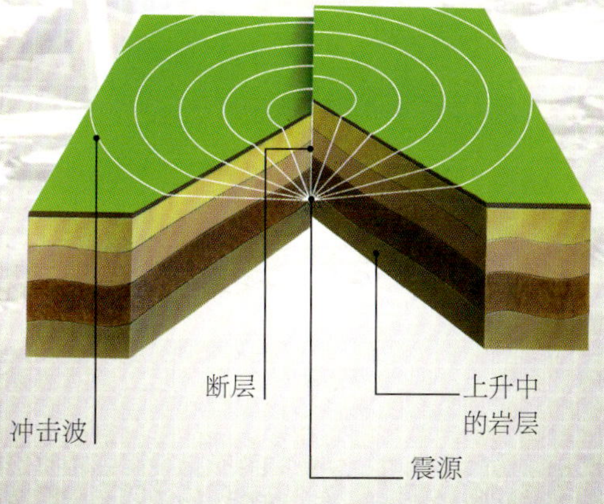

海啸

地震时常发生在海底，导致海床错动。随着海底地壳急剧上升或下降，海水急剧抬升并形成重力长波向外传播，这就是海啸。海啸会淹没沿海的广大地区，造成极大破坏。图为2004年南亚大海啸之后，泰国沿海地区一片狼藉的景象。

地裂

地震发生时，部分地壳沿断层线相对移动。由此生成的冲击波不仅能撼动大地，还会在物理层面上引起地表龟裂。有的地裂缝张得较宽，有的却只是呈线状延伸，抑或因上下错动而形成地面鼓包。

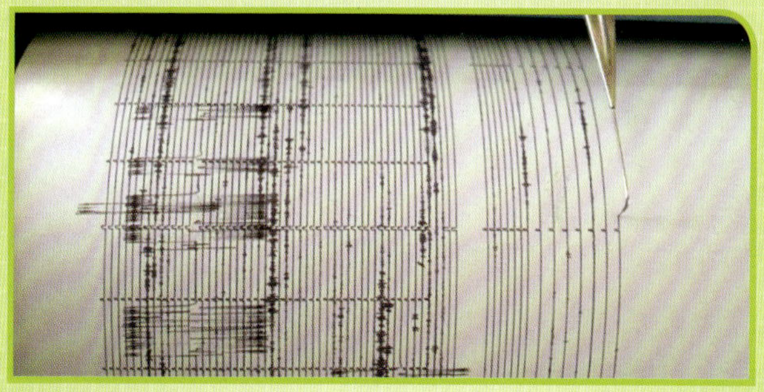

地震波

地震波由地震仪测定并记录。该仪器灵敏精密，甚至可以探测到地球彼端的地震情况。现在，矩震级已经取代了有失精确的里氏震级，用来确定震级。

全新视野

不少地震都在很大程度上改变了地形地貌。在1964年的阿拉斯加大地震中，太平洋洋底板块钻入阿拉斯加地底20米，致使洋岸抬升了10米。1942年曾有一艘轮船撞到离岸礁失事沉没，而在这场地震中，该离岸礁连同轮船竟全部浮出水面。

板块构造论

圣安德烈亚斯断层位于干旱的美国加利福尼亚州卡里佐平原，是地壳上两块移动的板块边界的标志。两块板块相向滑动重塑着地上景观，同时释放出能量，引发地震。数百年来，在类似的板块构造运动的推动下，形成了山峰，造成了火山喷发，并使大陆在地球上运动。

褶皱山

剧烈的地壳运动使构造板块沿断层线本身相互摩擦移动，圣安德烈亚斯断层周围的高地已然被这剧烈的地壳运动抬高。强大的压力挤压地壳，地壳会弯曲并产生褶皱，抬高形成绵延不绝的山脉。这里的褶皱在河床与山谷的侵蚀下变得模糊了，但是在岩层内部依旧可以看得出来。

滑动断层

圣安德烈亚斯断层属于转换断层——两块构造板块相互运动的边界。板块的西面陆地是向西北方向移动的太平洋板块的一部分；与此同时，板块东面则为北美洲板块。在断层缓慢平稳错动的地方，会频繁发生轻微地震；但在板块相互卡住的地方，张力会渐渐累积起来，只有大型地震发生时才会得到释放。

褶皱的地面

在断层运动的推动下，断层线一边的岩石被挤压成山脊，而另一边的岩石也朝相反方向发生同样的变化。

错开的山谷

这条溪流曾经沿断层笔直流淌。但右面的部分被断层运动移动了（朝向相机拍摄方位），所以现在的河床沿断层线拐了个大弯。

板块边界

地壳板块由下地幔热流拖动。在大洋中脊，板块被撕裂开，形成扩张的断裂谷。而在其他地方，板块相互撞击，一个板块俯冲到另一块的下面，形成俯冲带，从而推高山脉和火山。板块与板块之间也存在转换断层相互滑动的现象，例如圣安德烈亚斯断层的形成。

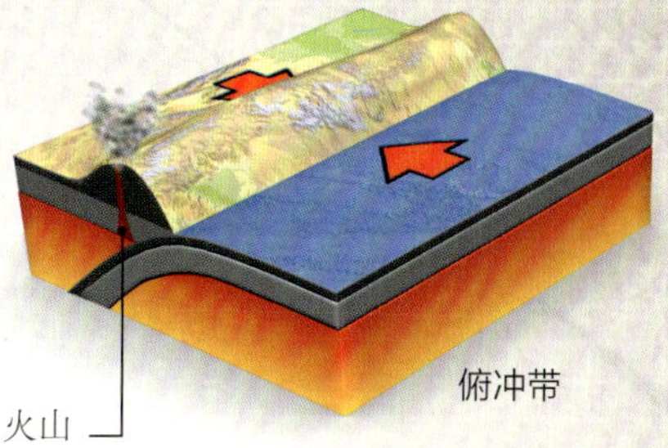

大陆漂移

构成地壳的板块在全球范围内携带着大陆缓慢移动。数百年来，板块相互撞击、撕裂，改变着整个地球的面貌。2.5亿年前，板块汇聚在一起形成一个超级大陆，被称作盘古大陆（又称“超大陆”“泛大陆”）。在恐龙存在的时代，板块分裂，最终形成我们今天所知晓的大陆模样。

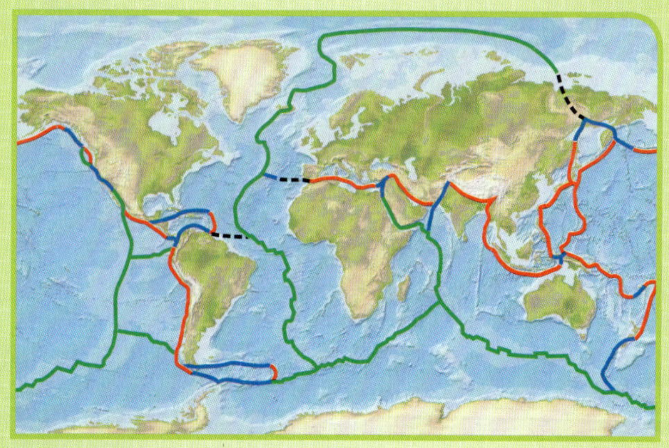

构造世界

地壳就犹如构造板块的移动拼图。有的板块巨大，也有许多则小到无法在这张地图上展示。图中绿线表示板块在扩张裂谷分开的边界，红线表示板块碰撞在一起的区域，蓝线则表示相互错动的转换断层的边界。

扩张裂谷

冰岛的岩墙是大西洋中脊一侧的标志，而大西洋中脊作为海底的扩张裂谷将美洲与欧洲、非洲分离开来。这里，海底已经被不断上升的热柱抬升，高出了海平面。而不断上升的热柱同样是岛上的火山及间歇喷泉的能量来源。

俯冲带

这张从太空拍摄的图片展现了阿留申群岛链的部分图景。从图片中可以看到，阿留申群岛链作为太平洋洋底俯冲到白令海峡下部的板块边界，从阿拉斯加州到西伯利亚的部分呈弯曲状。板块间的俯冲诱发了火山的喷发，并形成弧形列岛。

气候带

世界上的不同地区，气候也千差万别。这种现象一定程度上是由于太阳光在热带地区的照射最强，使其温度远远高于两极地区。温差驱动大气层中的气流运动，从而使得有些地区非常湿润，而其他一些地区，比如这张图片中所显示的北美沙漠地带，几乎难以获得足够的雨水供生命生存。

约书亚树

约书亚树的叶子具有很强的锁水能力，这是沙漠植物的典型特征，因为它们要在没有雨水的情况下存活数月。约书亚树仅生长在莫哈韦沙漠区域，这是内华达山脉将湿润的太平洋气流阻断后形成的雨影效应下的沙漠。其他一些沙漠，比如撒哈拉沙漠，则是由它们所在的区域造成的——全球大气环流造成干燥的下沉气流，阻碍云层形成，从而无法获得足够的雨水供给。

沙漠里的多刺生物

与其他沙漠不同，莫哈韦沙漠可以得到少量的降雨。如此一来，一些生长缓慢的木本类灌木，例如蒿属植物、石炭酸灌木以及约书亚树等，就可以在此生存。美洲沙漠同样以仙人掌类植物闻名遐迩。仙人掌类植物在鲜有的暴雨时节吸收水分，并将水分储存在肥厚的茎叶上。此类植物为部分动物，例如长腿大野兔和乌龟等，提供了食物。

热带雨林

靠近赤道地区，海水被酷热难耐的温度大量蒸发后，形成巨大的暴雨云。暴雨云在陆地上空形成大雨，倾盆而下。由此生长出了如左图所示的婆罗洲的枝繁叶茂的热带雨林植被。这些浓翠蔽日的森林同样可以产生大量水蒸气，从而形成更多的云层以及降雨。在温暖湿润的环境中，生命繁荣生长，使得热带雨林成为了世界上大于一半的动植物物种的栖息地。

海洋空气

从大西洋吹来的湿润海风在西爱尔兰形成凉爽多雨的气候，这种气候促进了青草的生长。向东，温带海洋性气候下长成的自然植被则形成落叶林地，橡树、山毛榉、榛树是其中的代表。这样的森林区域跨越欧洲一直延伸向东，直到海洋的作用渐渐退却，景观才继而变为贫瘠的草地。

荒漠天际

白天云量较少，日照强烈，土壤中的水分大量蒸发。夜晚无云，热量会散入空间，因此沙漠在夜间极其寒冷。

裸岩石砾

大多数的沙漠都覆盖着大面积的裸岩，有些地带则形成了如同沙海一般的漂流沙丘。此类地区由于气候干旱，不适合植被生长，因而形成了较为稳定的岩土。

世界气候带

世界气候带在全球形成不同的植被带。热带雨林植被分布在赤道附近，两侧分别为热带草原植被和热带沙漠植被。温带地区则以森林为主，到了干旱的地带演变为草地。北方地区主要发育常绿阔叶林，逐渐向北转变为荒芜的苔原，北极高纬度地区则形成永久冰原。

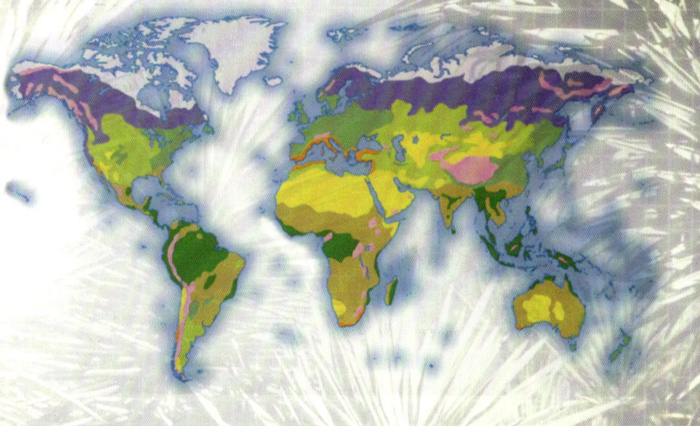

干草原和草原

在气候过于干旱的地方无法发育出浓密的森林，地区自然景观主要以草原为主。在热带气候外围，干草原和草原则深入大陆内部，例如地处亚洲内陆的蒙古草原。这种草原覆盖面积广大，但许多国家已经将其开垦为耕地。夏季，草原气候炎热，冬季，由于大陆温度降低，草原气温也随之骤降。

北极苔原

常绿针叶林带以北的地区为苔原带，本地区冬季气候寒冷且黑夜漫长，高大的植被无法生长。大部分地区土壤贫瘠，但是部分生命力旺盛的苔藓、草本植物以及矮小的“北极高山”植物却可以在夏季生长甚至开花，只是时间较短。在纬度更高的格陵兰岛，地表终年被冰川覆盖，任何植物都无法生存。

岩石

地壳是由我们称为岩石的矿物质混合而成的。随着熔岩或岩浆的冷却和结晶，许多岩石因此形成。其他岩石，例如美国莫哈韦沙漠中的岩石，则是由沙子等沉积物硬化形成的。还有一些岩石则在热量和压力的作用下改变为镶有晶体的变质岩。

天然水晶

由天然化合物组成的岩石被称为矿石。这些矿石如果慢慢溶解、分解而后冷却风干，就会形成宝石般的晶体。这些天然晶体也就是石英，石英是陆地上岩石及沙子的主要成分。

火成岩

熔岩或者岩浆冷却凝固后，会形成坚硬的岩石——咬合晶体。火成岩冷却越久，晶体越大。图片中花岗岩上的硕大粉色长石晶体表明，这块岩石冷却的速度缓慢，且位于地表深处；同时，此长石晶体中包含大量石英和黑云母。

胶结颗粒

沉积岩由许多分离的颗粒黏合而成，而非由咬合晶体构成。因为黏合物质远远不如矿物颗粒结实，所以沉积岩很容易被侵蚀，就像图片中美国犹他州布莱斯峡谷表层所显示的那样。此类岩石会随着时间的流逝而变得越来越结实，所以远古时期的沉积岩更加坚硬。

热量和压强

火山运动或者巨大的地球运动使岩石遭受高温高压后发生改变。这些变质岩包括大理石和极其坚硬的片麻岩。大理石起初为石灰岩，而片麻岩起初则为松软分层的沉积岩。图中的暗带为压扁后的地层。

岩层

沉积岩起初的形状是如同泥和沙子等松软沉积物的层状，通常由其他岩石在侵蚀作用下形成。沉积物的形成方式多种多样，可以在风力作用下形成，而较为普遍的是在流水的作用下，下沉至海床形成。随着情形不断改变，一层层的沉积物不断堆积在其他层之上，数百万年后，这一层层的沉积物被压实成坚石，就有了我们看到的岩层。

水系沉积物

图中显示的这层红岩，以前是远古河流的沙床。我们通常会从这样的水道沙石中找到其形成的蛛丝马迹，比如在水流作用下形成的波痕。

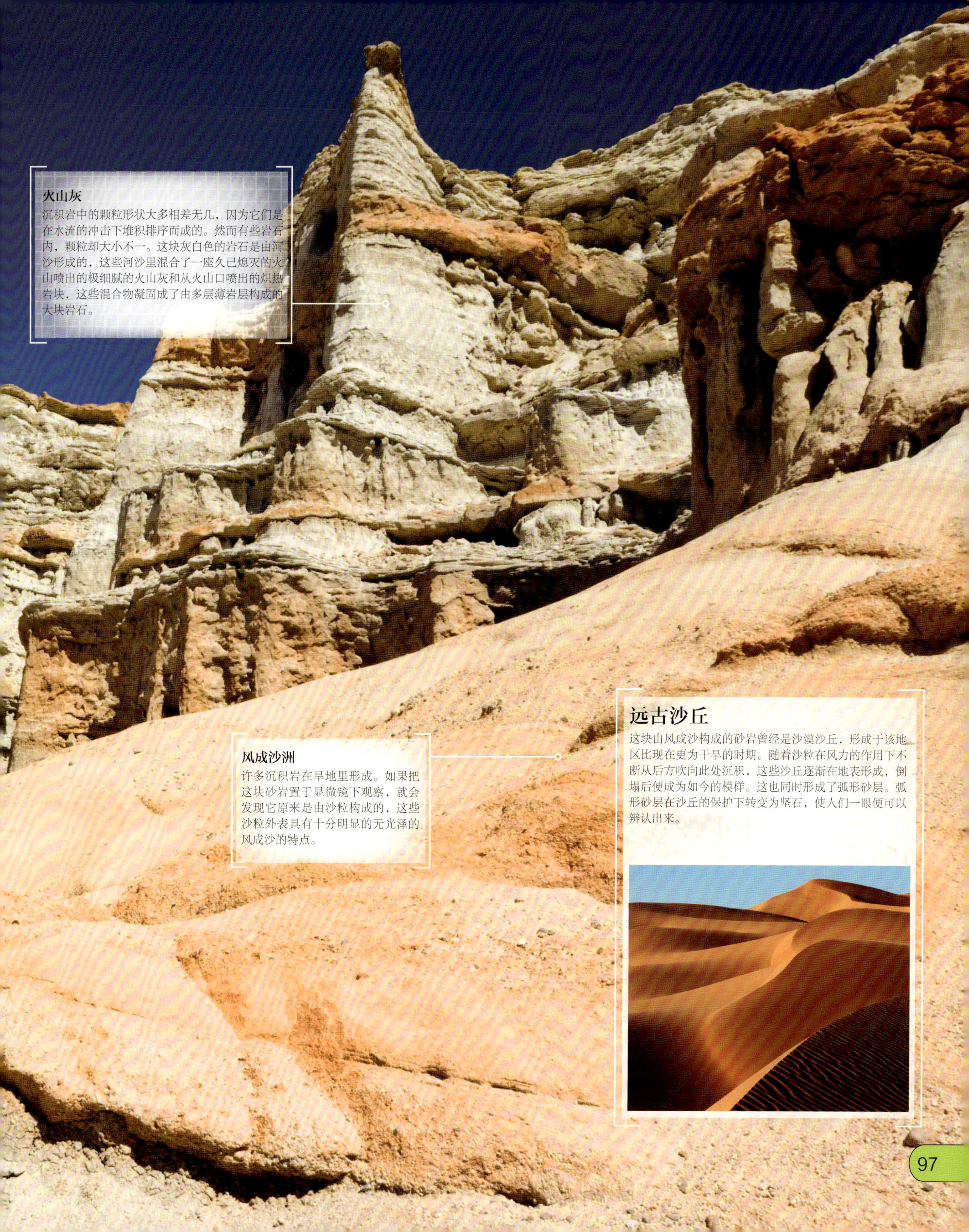

火山灰

沉积岩中的颗粒形状大多相差无几，因为它们是在水流的冲击下堆积排序而成的。然而有些岩石内，颗粒却大小不一。这块灰白色的岩石是由河沙形成的，这些河沙里混合了一座久已熄灭的火山喷出的极细腻的火山灰和从火山口喷出的炽热岩块，这些混合物凝固成了由多层薄岩层构成的大块岩石。

风成沙洲

许多沉积岩在旱地里形成。如果把这块砂岩置于显微镜下观察，就会发现它原来是由沙粒构成的，这些沙粒外表具有十分明显的无光泽的风成沙的特点。

远古沙丘

这块由风成沙构成的砂岩曾经是沙漠沙丘，形成于该地区比现在更为干旱的时期。随着沙粒在风力的作用下不断从后方吹向此处沉积，这些沙丘逐渐在地表形成，倒塌后便成为如今的模样。这也同时形成了弧形砂层。弧形砂层在沙丘的保护下转变为坚石，使人们一眼便可以辨认出来。

化石

所有的化石均是死去的动物或者植物的遗骸，或者是其遗留下的痕迹，这些动植物躲过了正常的毁灭和腐烂过程。化石通常存在于沉积岩中，这些岩石是历经几百万年形成的石头。正常情况下，只有一些坚硬的组织，比如这个已灭绝的海洋爬行动物的头骨等，才会形成化石；但有时候，软组织也会成为化石。

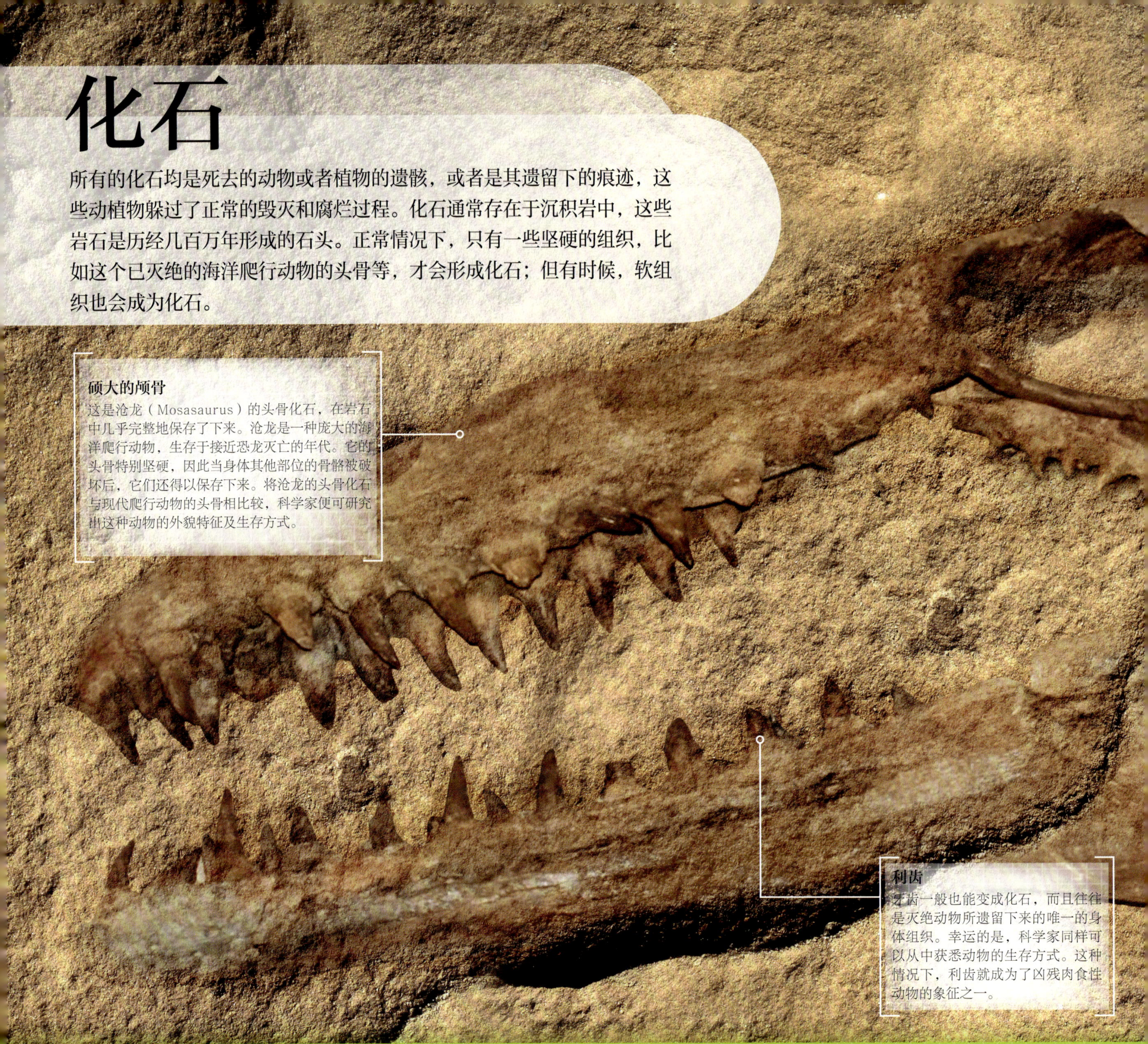

硕大的颅骨

这是沧龙（Mosasaurus）的头骨化石，在岩石中几乎完整地保存了下来。沧龙是一种庞大的海洋爬行动物，生存于接近恐龙灭亡的年代。它的头骨特别坚硬，因此当身体其他部位的骨骼被破坏后，它们还得以保存下来。将沧龙的头骨化石与现代爬行动物的头骨相比较，科学家便可研究出这种动物的外貌特征及生存方式。

利齿

牙齿一般也能变成化石，而且往往是灭绝动物所遗留下来的唯一的身体组织。幸运的是，科学家同样可以从中获悉动物的生存方式。这种情况下，利齿就成为了凶残肉食性动物的象征之一。

化石记录

已经发现的大多数化石均是海洋生物，例如这个已经灭绝的鹦鹉螺——墨鱼和鱿鱼的壳类亲缘动物。这类化石极其常见，地理学家可以看出它们的躯壳如何随时间而变化，然后根据这方面的知识确定含有该化石的岩石的年龄。1815年，世界上第一张地质地图便是通过这一方法确定哪些岩石的年龄相同、哪些更新或更古老而绘制成的。

遗迹化石

许多化石并非生物的尸骨，而是它们生存处所的遗迹。像这个起初留于软泥中、现位于西班牙东北部的恐龙脚印则是这类代表之一。类似的印迹不仅会告诉我们动物的脚掌模样，连它们步幅多大、可以走多快，我们都能够知道。我们甚至可以从有的化石中看出大小恐龙一起移动的痕迹，从而推测出这有可能是一个恐龙家庭。

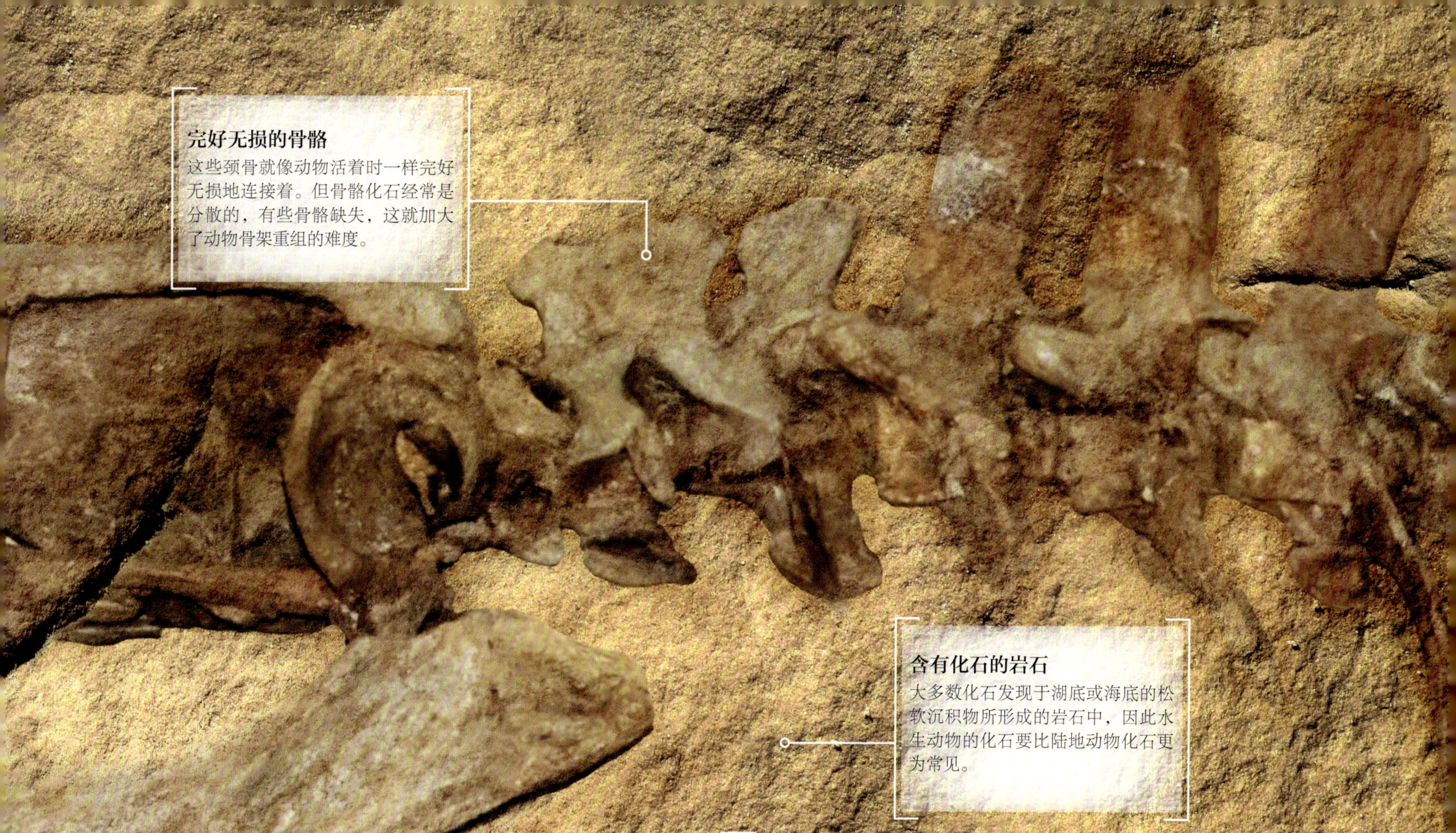

完好无损的骨骼

这些颈骨就像动物活着时一样完好无损地连接着。但骨骼化石经常是分散的，有些骨骼缺失，这就加大了动物骨架重组的难度。

含有化石的岩石

大多数化石发现于湖底或海底的松软沉积物所形成的岩石中，因此水生动物的化石要比陆地动物化石更为常见。

转变为石头

大多数动物的遗骸会被其他动物或者微生物分解掉。但是有时，动物死亡后，其尸骨很快就被埋在泥浆或类似的沉积物里。在无氧环境下，腐解过程较为缓慢，矿物质溶解渗入到动物的组织内后，尸骨逐渐变为石头。随着时间的流逝，它们周围的松软沉积物也逐渐变成岩石，从而对化石起到保护作用，直到岩石受到侵蚀，化石又暴露出来为止。

沧龙

沧龙曾是一种最大的掠食者，是现代巨蜥类的海洋近亲，身长至少可达15米。沧龙与雷克斯霸王龙生活在同一时期，它巨大的嘴巴及牙齿无疑使它成为跟霸王龙一样令其他动物畏惧的掠食者。沧龙可能的猎物有其他海洋爬行类动物、大型鱼类以及其他海洋生物。

又厚又扁的侧尾使此类爬行动物成为强大的游泳健将
长而有力的口中分布着宽大锋利的牙齿

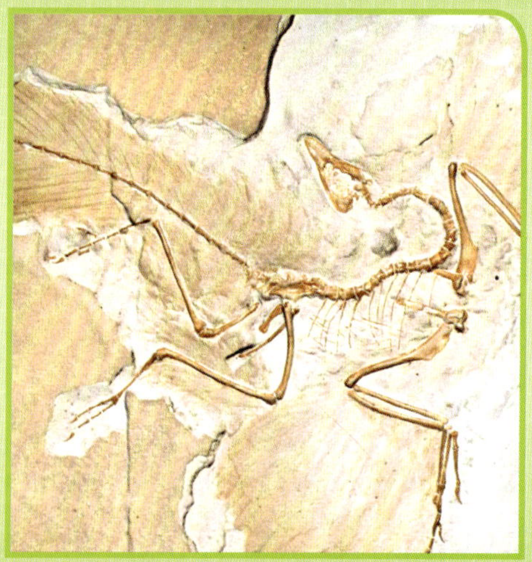

幸存者

动物体内的软组织通常会在变为化石前腐烂。但有时候也会被保存下来，尤其是当动物死去后落在软泥中时，因为软泥里是没有氧气供微生物生存的。从这块始祖鸟化石中，我们可以清晰地看到羽毛的痕迹，它们的形状使科学家十分确定这种动物会飞翔，并且认为始祖鸟是世界上最早的鸟类之一。

重现往昔

大多数化石被储存在箱子和橱柜里，博物馆里展出的都是保存最好的。有些化石，如这个壮观的雷克斯霸王龙，能够重新组装成完整的骨骸模样。倘若对骨骼进行细致检查，会发现骨骼间的拼接方式；另外，骨骼的拼接也能揭示出肌肉组织的结构，科学家据此能够重现其原本的模样。

侵蚀

法国科西嘉岛海岸耸立的悬崖是侵蚀作用的杰作——侵蚀是土壤磨损的过程，它甚至能将最高的山脉逐渐夷为平地。在这里，大部分的侵蚀是由海水造成的，但是除此之外，流水、冰甚至风也能侵蚀土壤。

被冰粉碎

在寒冷的气候条件下，水会渗进岩石裂缝，在夜间结冰，然后膨胀将裂缝撑开。白天的时候，冰会融化，因此更多的水会流进岩石，然后结冰和膨胀，直到最终把岩石粉碎。冰川中镶嵌的岩石随着流动着的冰前进，具有更强的侵蚀能力，会给自然景观凿出巨大的裂痕。

风和沙

沙漠中的风会卷起沙砾，然后将它们掷在裸露的岩石上，就像一个工业喷沙机。较软的岩层更容易被风侵蚀，从而塑造出一个个奇怪的岩石雕塑，比如图片中所示的美国犹他州的这些岩石雕塑。风本身没有这种能力，因此风蚀现象只在干旱和多沙的地带才会出现。

翻滚的水

流水侵蚀出深谷，特别是水流快的地方，但是流水的侵蚀力大部分来源于流水中漂浮和翻滚着的岩石和沙子。图中所示的南非河床中的坑槽，就是石头在洪水激流中不停地打转研磨而形成的。

土壤侵蚀

不仅岩石会受到侵蚀，暴雨和洪水也能冲走土壤。植被裸露的地方土壤侵蚀得更厉害，而植被能保护土壤。人们砍伐树木，破坏热带雨林，这是巴西土壤受侵蚀严重的直接原因。

落石

悬崖上的水平层是由不同的沉积岩层构成的。沉积岩层的硬度各不相同，较硬的沉积岩层抗侵蚀时间更长。久而久之，较软的岩层就会被磨损掉，剩下的较硬的岩层会突兀出来，并最终因缺乏支撑力而坍塌，从悬崖跌落到下方的海岸上。即使是最硬的岩石，也会逐渐被这个过程所破坏。

破碎的地层

较软的地层经常会变成细沙，海浪不断拍打岩石，细沙也就逐渐消失。较硬矿物构成的化石也会随着周围岩石的破碎而逐渐裸露出来。

海浪能

起风暴时，海浪拍打岸边的力度可以达到每平方米25 000千克。海水进入岩石裂缝，并压缩缝内的空气。每次海浪退去时，空气就会再次膨胀，其爆破力足以把岩石碎片从缝隙壁上炸下来。海浪会卷起碎片然后将它们掷向悬崖，这也加剧了悬崖的被破坏程度。

岩石和鹅卵石

巨石在风浪中被磨成较小的岩石。风浪不断地打磨着它们的尖角，因此石滩上到处都是圆圆的鹅卵石。

海岸

海岸的形状一直受海水运动的影响，因此它的边界是呈动态的。在某些地方，海岸受海浪的侵蚀，沙土也就少了，地中海海岸正是如此，风暴经常席卷那里。在其他一些地方，海浪将水中的碎屑带到海岸延伸的滩边和岸边，这些碎屑便形成了新的陆地，将之前的海岸与大海分割开来。

野生动物栖息地

盐雾会杀死大部分植物，而海边悬崖上生长的海洋植物格外能适应这种盐雾环境。春天和初夏的时候，悬崖就成了海鸟繁殖的领地。

岩石悬崖

硬质岩石，如这种石灰岩，往往会形成悬崖峭壁，而海浪会慢慢地侵蚀悬崖。岩石碎片落入海中，最终会被海浪带走，然后在别处堆积成海滩。

浅海

海浪侵蚀着悬崖，海底的岩石会形成海蚀平台，平台上到处都是碎片。数百万年来，这一过程形成了陆地周围的大陆架。大陆架上的海水离海岸越远就越深，但是最深也不会超过150米。浅海由于阳光照射，野生动植物较多，而深海由于阳光不足，野生动植物较少。

栈和石拱

冲击的海浪很快找到了悬崖的弱点所在。浪潮首先瓦解质地较软或是有裂隙的岩石，所以质地较硬的岩石就凸显出来，变成了岬或海角。海岬更突出，所以它们首先受到海浪的冲击，质地较软的那部分岩石破裂，所以海岬有时候会留下栈或石拱。栈和石拱是海鸟的栖息地，因为狐狸等陆地上的捕食者无法进入。

潮汐海岸

在大多数沿海地区，水位一天涨落两次。这些潮汐主要是由月球的引力作用引起的，而引力作用将海水拉成一个椭圆的形状。地球围绕着地轴旋转，当海岸上每个点经过月球的引力范围的时候，海水就会上涨，因此每天就会有两次涨潮和两次落潮。随着水位的涨落，这些因素可以极大地改变海岸的形状。

磨损的海岬

海岬上到处都是非常坚硬的岩石，它们在海岸上显得很突兀，即使有惊涛骇浪的拍打也依然矗立在那里。巨浪冲刷着岩石，把巨石抛得到处都是，因此海岸上一切软的、破碎的东西全都没了，只剩下抵抗力最强的海洋野生动植物。这些海岬为一部分海岸提供了庇护场所，它们是安静的避风港，也是天然良港。

避风港

海浪在硬质岩石的一面打开缺口，然后侵蚀了其后较软的岩石，因此才有了英格兰南部海岸这个美丽的港湾。有些坚硬的岩石留了下来，成了两个庇护着港湾的海岬。由于港湾内波能较少，因此沙子和鹅卵石都沉积了下来，从而形成海滩。这里的海水平静、较浅，港湾可以避风，因此是小船停泊的好地方。

必败之仗

软质岩石的悬崖很容易被海浪侵蚀，这对于沿海居民来说可能是一个问题。以前，图中这种房子都建在离悬崖很远的地方，但是多年来由于悬崖逐渐滑塌，房子也就离崖边越来越近了，直到最后坍塌入海。建造巨型的混凝土防波堤可以预防这种情况发生，但是它们造价昂贵，因此像这种孤立的房子通常就会被遗弃。

溶解的岩石

所有的雨水都略呈酸性。当它通过碱性石灰的裂缝向下渗透时，会慢慢地把岩石溶解成凹坑。流水流进这些凹坑，并一直在下面流淌，久而久之，裂缝扩大，就会形成复杂的洞穴。狭窄的通道连着张着大嘴的洞穴，富含矿物质的水流进洞里，创造了壮观的自然雕塑，从而装饰了这些洞穴。

黑漆漆的避难所

在最后一个冰河时代，许多洞穴被人类用作避难的场所。我们得知这一点是因为当时的人在洞中留下了工具和其他物品，而且洞穴的岩壁上还有些奇妙的图画。

洞穴

一些最引人入胜的自然风景常常位于山洞中不见阳光的地方——山洞幽深的地底下。像图中这种石灰岩洞穴就是一个不同寻常的地方，这里很大、有回声，还有各种奇怪的岩层。像硬质岩石、冰，甚至从火山喷发出的熔岩等，都可以形成洞穴。

洞内

石灰岩洞通常会有深深的地下空间，但是随着时间的推移，部分洞穴可能会朝外打开，使阳光得以照射进来。有时，整个洞穴网络会崩塌，形成一个深深的石灰岩峡谷。

化学反应

水侵蚀石灰岩洞穴，使洞里到处都是溶解的石灰石或方解石。当水滴滴进通风良好的洞穴时，会与空气发生反应，沉积一部分方解石使之成为固态矿物。这个过程逐渐形成了如图所示的耸立于地上的石笋、从洞顶垂挂下来的钟乳石、流石或其他形态的沉积物。这个过程非常缓慢，可能需要几万年的时间。

水晶洞

富含矿物质的水流进洞里可能会蒸发，只留下闪闪发光的纯方解石晶体或其他矿物质。在墨西哥奇瓦瓦的奈卡矿里，矿工们发现了一个天然洞穴，里面有一个50万年前的巨大的石膏晶体，高达11米，这是迄今为止所发现的最大的石膏晶体。

海岸洞穴

这类洞穴通常位于岩石岸边，由海浪侵蚀悬崖而成。涨潮时，它们会被潮水淹没，但当退潮时，许多洞穴在沙滩上就可以看见。由于洞穴形成时海平面已经下降了，因此有些海蚀洞即使涨大潮时也能看得见。

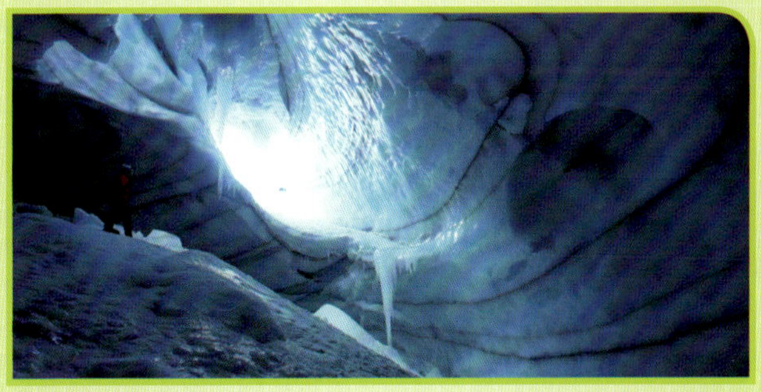

冰川洞穴

融水在冰川下面流淌形成了冰中的长隧道。阳光透过冰层照射进来，冰川洞穴的洞就变成了半透明的蓝色。因此，它们是所有洞穴中最漂亮的一类。然而，由于洞中有浮冰和融水激流，因此在洞内勘探也非常危险。

熔岩管

熔岩从火山（比如图中所示的夏威夷火山）喷发出来，像流火一般从坡上倾泻而下。当液态的熔岩流流动时，由于表面冷却较快，形成固体硬壳，在表层硬壳的保温作用下，其内部温度高、流速快，从而形成管道。如果所有的火山岩浆流出，就会留下长长的熔岩管。

安尼施·卡普尔创作的云门雕塑，展现了芝加哥繁华的城市场景。

城市与国家

由于人类具有惊人的适应能力和创造力，因此我们几乎征服了这个星球上的每一个角落。而在这个过程中，我们创建了犹如万花筒一般的色彩缤纷的国家，每个国家都有着自己的特色和习俗。

城市

城市是政治、文化和经济的中心，也是世界上超过一半人口的家。上海拥有2000多万居民，是世界上人口最多的国家——中国最大的城市。20世纪80年代，上海的浦东地区大部分还只是农家田园，经过不断发展，现在它已经成长为了一个超级现代化的商业区，耸立在住宅区附近。

超级现代化时代

东方明珠是上海著名的极具未来特征的天际线的一部分，它高达468米，里面拥有观景台、博物馆、餐厅，以及环动多媒体秀。

地理优势

城市大多临河而建。上海位于长江口，这样的地理位置是其成为如今的国际贸易枢纽以及世界上最繁忙的港口之一的重要原因。

国际遗产

20世纪初期，上海如磁石一般吸引了很多欧洲贸易公司的投资，这些投资人也带来了自己的建筑师。这座海关大楼就是以英国的大本钟塔楼为原型建造的。

绿地

城市规划者正在开发更多的绿地以提高上海居民的生活质量。绿树等植物可以过滤污染物，降低城市温度，并吸收更多的二氧化碳。

繁华的外滩

城市是由很多区域组成的，每一个区域都有自己的特色。如今的外滩就已经发展成了一个特色旅游区，走在两千米的滨江大道上，浦东的景色一览无余。

建筑大发展

每年上海的房屋高楼占地都会增长出几乎一个阿姆斯特丹大小的面积。其中，浦东新区的扩展速度最快，这里到处都是忙碌的起重机吊塔。

国家级开发区

陆家嘴金融贸易区是中国的国家级开发区，很多公司在这里设立了总部，使这里成为了世界上最富有的地区之一。

城市的垂直空间

城市用地十分昂贵，所以获得更多空间的最好办法就是建设高楼大厦。上海天际线的特色就是30多座超级摩天大厦，这些摩天大厦的高度都超过了200米，其中很多是极具未来风格的设计。高达127层的上海中心大厦于2017年投入试运营，它是目前世界第二高楼。虽然外形看似与扭曲的三角形相像，但该建筑采用的是双幕墙设计，它的两层玻璃幕墙像热水瓶一样可以减少能量的使用。九个超大空中花园用来种植树木和植物，以此收集雨水供空气调节系统使用。

扭曲的边缘控制风流

中庭，九个空中花园之一

双层幕墙

出去走走

很多人居住于城市的郊区，因此出行就成为城市生活中必不可少的一部分。快捷又实惠的公共交通系统保证了城市交通的运行畅通无阻，东京的地铁每天可承载800万人的出行量，戴着白手套的工作人员保证乘客有序搭乘列车。

污染陷阱

大量的人口使城市容易受到污染的威胁。恶劣的空气质量目前已成为墨西哥城面临的一大问题，这里大量排放的汽车尾气危害着公众的健康。很多城市都在通过创建步行、骑行区，以及投资有轨电车等绿色交通工具来解决污染问题。

文化之都

从街道上琳琅满目的时尚店铺到各具特色的展览馆、剧院以及艺术展览，城市往往是文化的前沿、新潮流的风向标。芝加哥云门雕塑的抛光表面映射出城市的天际线，原来备受争议的豆子形状现在也深受市民和游客的喜爱。

城市创新

新兴的一些城市为了解决人口拥堵的问题找到了创新方法。韩国一些城市将住房、办公楼、商店以及一些休闲设施都修建在一座山形的建筑中，并在其中植入布满植物的梯田，将户外风景带入了城市中心。

国家

每个国家都有自己的政府、相对固定的人口，以及与邻国相互承认的边界。联合国有193个会员国，每个国家都有属于自己的特色，在它们境内也充满着多样性。经过4000多年历史的洗礼，中国山河壮丽多姿，东部城市繁华，西部地区多高山，人们的生活方式也丰富多彩。

世界屋脊

只有不到450万人定居在青藏高原。为了适应恶劣的气候，藏族人形成了特殊的生活方式以及独特的民族文化。很多藏族人都饲养牦牛，靠游牧为生。

难以逾越的边界

喜马拉雅山脉主要分布在中国和尼泊尔的交界处，是中国与印度、尼泊尔、不丹、巴基斯坦等国的天然边界。

北京之光

每个国家都有一个首都，在这座城市里有着这个国家的主要政府机关，以及一些使这个国家得以运行的组织机构。中国的首都——北京是一座庞大的城市。这里高楼林立、商业区遍布，拥有宽阔的八车道公路系统。世界上最大的城市广场——天安门广场也坐落于此。北京是世界知名的历史文化名城，拥有3000多年的建城史。

拥挤的海岸

中国的大部分公民居住于国家的东部，也就是一些沿海经济发达地区，比如山东等省份。沿海地区吸引了许许多多外来务工者前来找工作。

中国的粮仓

中国肥沃的河流平原都用来发展农业，大面积种植谷物，如水稻、小麦和玉米，以满足中国14亿人口的粮食需求。

特别行政区

香港是中国的两个特别行政区之一。香港拥有自己的货币、法律以及政治行政系统，反映着其曾经作为英国殖民地的历史。

创造新的国家

在过去20年间，有超过30个新国家陆续成立。欧洲国家黑山，在与塞尔维亚共同作为南斯拉夫联盟的成员国90年之后，于2006年宣布独立。时任黑山总理久卡诺维奇领导了此次独立运动，得到了过半数的公民的支持。

谁拥有海洋

联合国《海洋法》规定，沿海国家可以将其国界线最多扩展到海洋里22千米的范围，也就是12海里。在领海范围以外，国家间可以商议划分各自的经济区，从而各自控制渔业并开发资源，如石油。

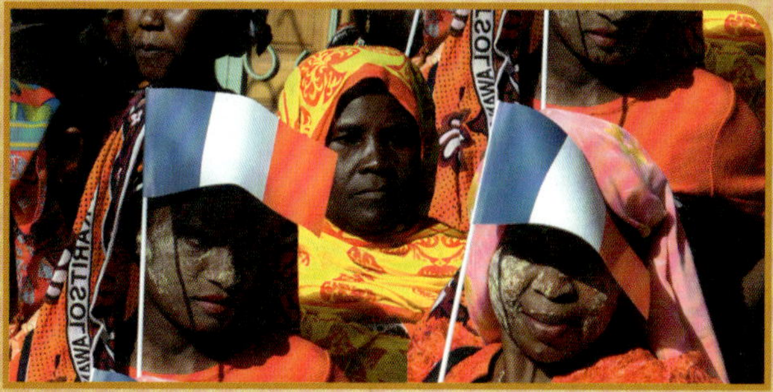

海外领土

在过去，很多非洲、亚洲及南美洲国家都受到欧洲国家的控制。而如今，这些国家只有极少数领土还未得到收复。留尼旺岛距巴黎1.9万千米，但是这里跟法国的任何一个地区一样，拥有同样的风俗人情，这里的居民也庆祝法国的节日。

最小的独立国家

世界上最小的独立国家梵蒂冈只有0.44平方千米，仅有500位公民。像其他国家一样，它也发行护照，并被国际法承认。被推选出来的罗马教皇（当前是教皇方济各）领导着梵蒂冈，他也是天主教教会的领袖。

大洲

类似“欧洲的”和“非洲的”这样的描述都让人们想到各组国家的文化特性，而不仅仅是那些大陆。亚洲拥有世界上三分之一的大陆，以及几乎三分之二的人口。虽然亚洲人口民族多样，但与其他大陆的民族相比，他们彼此间拥有的共同点却更多。

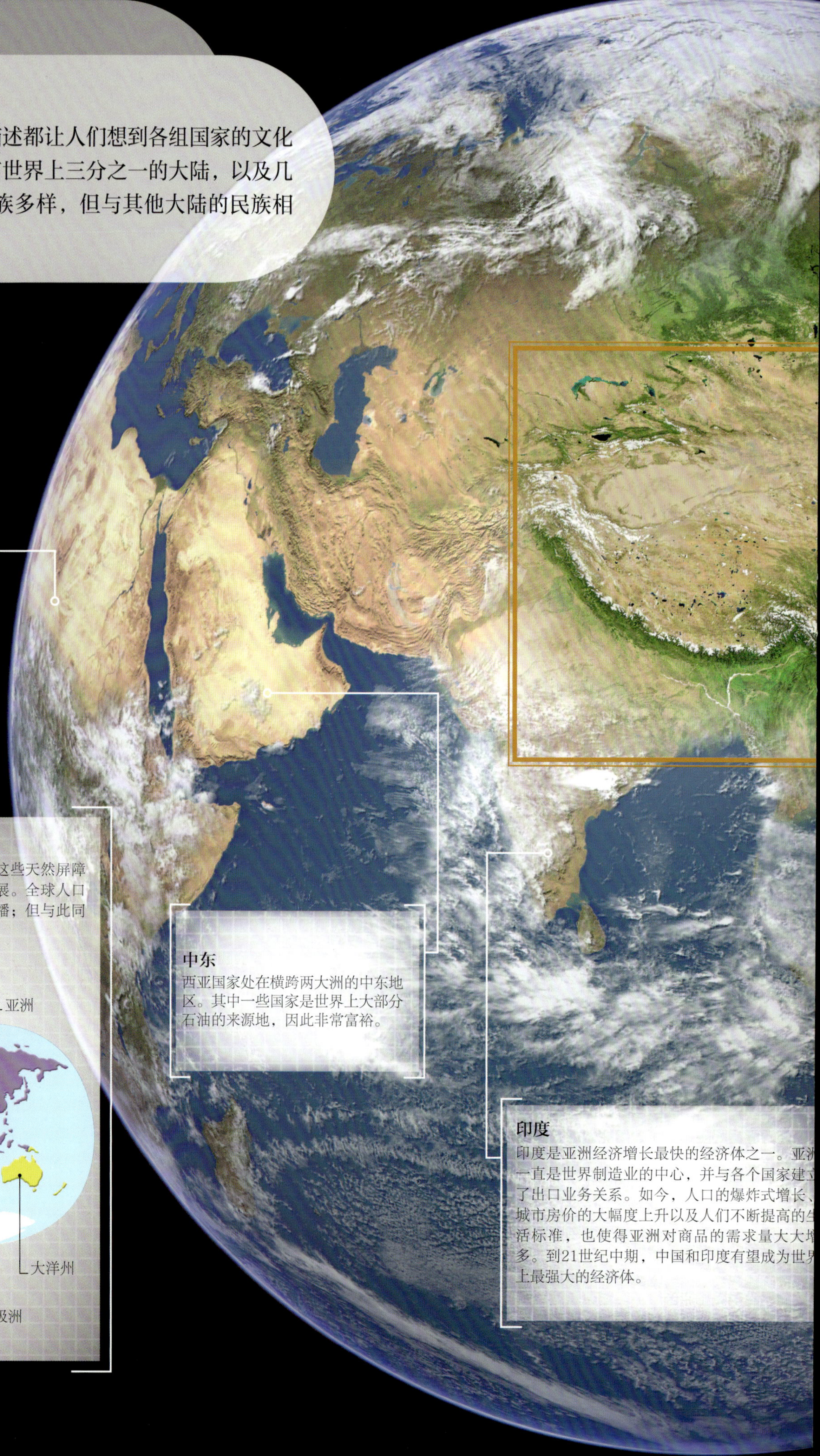

非洲

撒哈拉大沙漠将非洲分为两个部分，北非人民与中东人民共享部分文化。撒哈拉南部的国家拥有众多少数民族，以及世界上最古老的文化。在这些国家，人们依然靠耕作为生，自给自足。非洲拥有大量的自然资源，但其工业化进程却远比其他大洲缓慢。

中东

西亚国家处在横跨两大洲的中东地区。其中一些国家是世界上大部分石油的来源地，因此非常富裕。

印度

印度是亚洲经济增长最快的经济体之一。亚洲
一直是世界制造业的中心，并与各个国家建立
了出口业务关系。如今，人口的爆炸式增长、
城市房价的大幅度上升以及人们不断提高的生
活标准，也使得亚洲对商品的需求量大大增
多。到21世纪中期，中国和印度有望成为世界
上最强大的经济体。

世界上的大洲

世界上的七个大洲几乎都被海洋围绕，几千年前，这些天然屏障使得令人惊奇的多样文化在世界上不同区域各自发展。全球人口迁徙、货物运输以及媒体的力量，使得文化得以传播；但与此同时，世界的多样性却在渐渐减少。

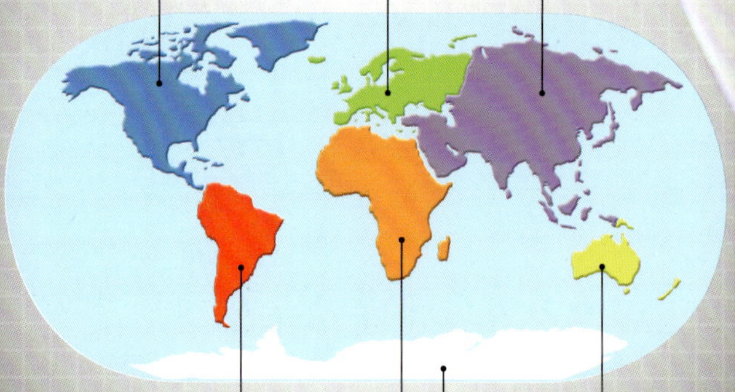

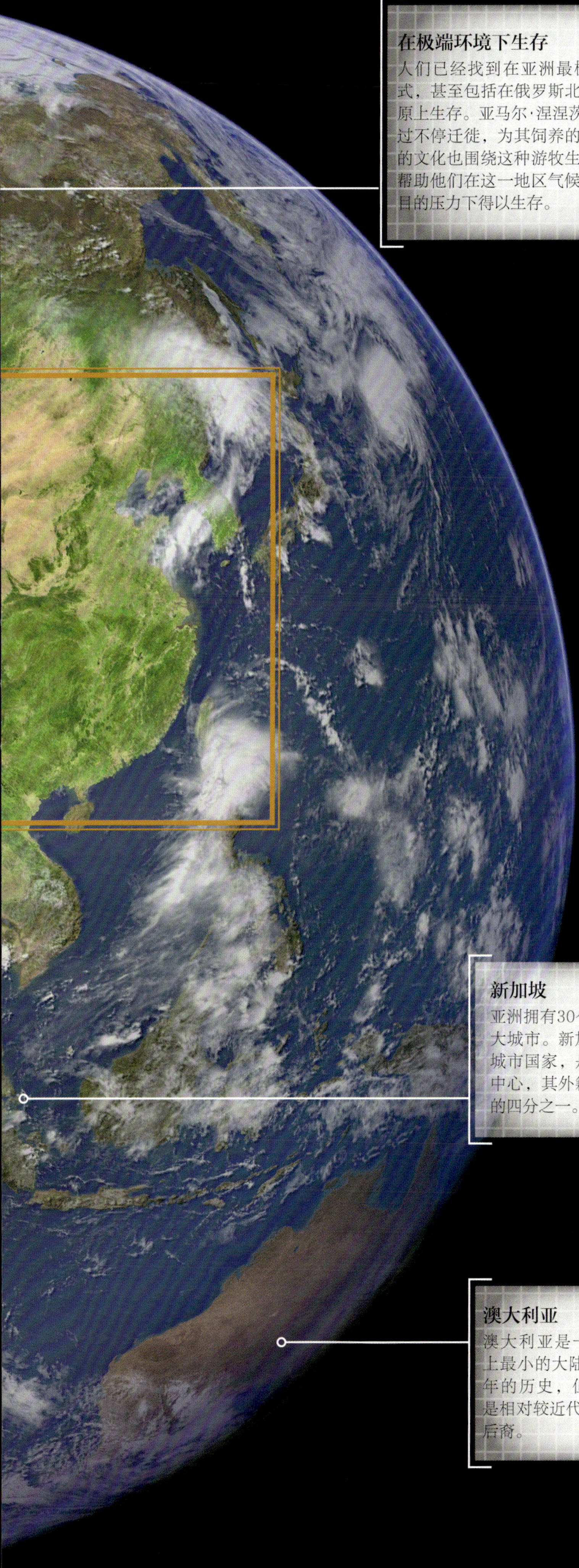

在极端环境下生存

人们已经找到在亚洲最极端环境下生存的方式，甚至包括在俄罗斯北部西伯利亚的冰冻平原上生存。亚马尔·涅涅茨自治区的涅涅茨人通过不停迁徙，为其饲养的驯鹿寻找牧场。他们的文化也围绕这种游牧生活方式得以演化，这帮助他们在这一地区气候变化和天然气钻探项目的压力下得以生存。

新加坡

亚洲拥有30个世界排名前50的最大城市。新加坡是一个半岛上的城市国家，是世界上重要的金融中心，其外籍雇员几乎占了人口的四分之一。

澳大利亚

澳大利亚是一个国家，也是世界上最小的大陆，其土著居民有5万年的历史，但大部分澳大利亚人是相对较近代的欧洲和亚洲移民的后裔。

南极洲

南极洲比美国还大一些，但其温度却可达到-80℃，所以南极洲没有常住人口。来自29个国家的科学家们会经常来到设在这里的研究站工作，在此做一些实验，经常一待就是一整年。每年南极洲也会接纳超过4.6万名的探险旅游者。

横跨大洲

欧洲和亚洲的边界并不明确，土耳其的城市伊斯坦布尔横跨了两个大洲。欧洲虽然面积小，但其44个国家和地区拥有各具特色的民族和语言，很多国家也加入了欧盟，使用同一种货币——欧元。

大洋洲

大洋洲包括几千个小岛，分布在广袤的太平洋上。帕劳群岛是由许多拥有各种各样奇特植物和动物的小岛组成的，世界各地的戴水肺潜水者经常来这里潜水。

巴拿马运河

人工挖掘的巴拿马运河将美洲分为了北美洲和南美洲，这两个大洲都拥有多样化的文化，既包括过去和外界很少交流的亚马孙的土著，也包括大都市纽约市的居民，后者大多是最近500年来移民的后裔。

生活质量

不同地方的医疗水平、受教育程度和收入水平都有很大差异。尽管最近几年很多巴西人都脱贫了，但巴西仍是世界上贫富差距最大的国家之一。经济收入和生活质量的差别在圣保罗显而易见，豪宅四周满是贫民窟。然而，近距离观察之后你就会发现，经济状况的差异只是贫富差距的一个缩影。

缓解压力

研究表明，亲近自然、参加类似羽毛球之类的休闲活动有助于舒缓压力，促进身心健康。毗邻富裕区的莫伦比体育场，在设计时就包含了很多大型的公共场地。

拥挤的世界

圣保罗有三分之一的人口住在杂乱的棚户区（贫民窟）里，这些人通常是从农村过来找工作的。在圣保罗贫民区帕赖索波利斯，17000座房子挤在只有17个足球场那么大的地方上。

自力更生

在低收入地区，生活质量和基本需求紧密联系在一起。在圣保罗，有8万居民住在没有任何基础设施的地方，比如没有垃圾回收站和下水道，这种情况非常普遍。因为缺乏规划和管理，这些地方的房子都是由废弃的木材、锡罐甚至硬纸板搭建成的，一大家子人常常挤在狭小的房子里。高犯罪率让生活在这里的人们缺乏安全感。

高墙林立

莫伦比是圣保罗最富裕并且发展最迅速的郊区之一。对于这里的居民来说，安全是他们非常关切的一个问题，所以很多公寓区四周都环绕着超高的围墙，并且几乎很少见到有人步行。

改革

随着政府和各种社区机构不断改进服务设施以及增设学校，贫民窟人们的生活水平在不断提高。很多住户都用上了自来水，通了电，还能收看卫星电视。

奢华生活
豪华住宅区每平方英尺的售价高达1250英镑。得益于巴西经济的增长，这些购房者的生活质量得到了极大改善，他们从空气污染严重的城市搬到了绿树成荫还带着游泳池的郊区豪宅。

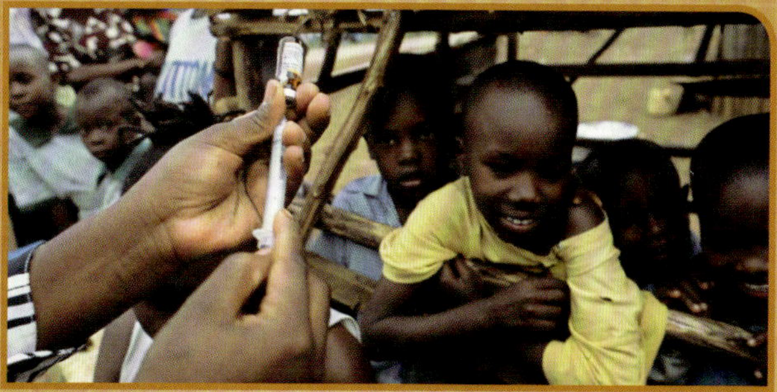

感觉舒适

健康水平是判断生活质量的关键指标，目前全世界人们的健康水平都在不断提高。与五十年前相比，人均寿命增加了十五年。但是在发展中国家和发达国家之间，健康水平的差距依然较大。目前推广的公共健康计划，比如肯尼亚的麻疹计划，就是旨在缩小这种差距的。

终身教育

受到更好的教育可以过上更好的生活。这种教育不仅是指个人受到良好的教育，还包括他们的家庭和社会群体。全民受教育仍是目前世界上面临的最大挑战之一。在很多发展中国家，像尼泊尔，很多孩子因为需要工作贴补家用而错失了上学的机会。

自由与公平

如果人们觉得自己能够主宰自己的生活，他们就会很开心。这种幸福感不但包括安全地穿行于市区街道，还包含拥有言论自由的权利。在开放的社会里，比如法国，公民可以抗议政府的决策而无需担心受罚。政府机构和法律系统还是很公正的。

社会纽带

拉丁美洲的国家，比如古巴，他们的国民要比那些只指望自己工资生活的人更快乐。由家庭和社会群体构建的强大纽带在影响生活质量方面占据重要一席。大多数古巴老人都和家人生活在一起，而不是在养老院。社区活动在他们的生活中处于核心地位。

工业

工业指的是将原材料制造成有用的东西。制造出来的可能是人们想买的商品，或者是类似电力之类的能源。在发达国家，大多数的工业活动都是在大型工厂里进行的，比如这个印刷厂，原材料通过加工变为成品。

印刷工艺

作为一种制造业，印刷意味着将原材料加工成制成品，比如将纸加工成书。在很多现代化的工厂里，用同样一种机械可以制造出各种类型的产品。这台印刷机可以印刷各种类型的海报、书籍或杂志，只需要转动一下调墨盘，在纸上印上油墨即可。

大宗采购

生产每个广告牌的费用是由生产过程中投入的纸张、油墨、能源、劳动力以及各种因素的花费所决定的。大批量购买这些东西可以使价格降低。

工厂职工

从采购原材料到设备的安装、维护，再到运送货物，工厂的工人在生产过程中各司其职，从而保证了生产的顺利进行。

原材料

采矿业、农业和林业一直被认为是第一产业。它们提供的原材料经过加工可以变成有用的商品。砍伐后的原木，可以加工成木材用于建筑领域，也可以加工成纸张用于印刷业，或者是通过能源公司将其燃烧用于发电。自然资源丰富的国家可能也会有相关的大型制造业，或者是将原材料出口到其他国家进行加工。

大量生产

汽车厂的工人在既定时间内生产的汽车越多，每辆汽车的总成本就会越低。这种现象被称为规模效应，这一点对于所有的产业来说都至关重要。为了加速生产，工厂采用流水线的方式，一系列生产流程由工人或机械执行。汽车通过传送带从工人或机器人的手里被传给下一位，这样就可以在每辆车上重复进行相同的任务。

自动化任务

工业机器人可以完成许多过去须由人工完成的工作，例如修边、包装制作好的海报，这不但能降低劳动力成本，而且使大规模生产也成为可能。

终端产品

在将木材制成贴在墙上的海报的过程中，制造业只是其中一环。很多企业和个人，从设计师到会计再到运货司机，他们都为这一流程做出了巨大贡献。

家庭手工业

以家庭为单位的小型制造业被称为家庭手工业。在19世纪工业革命前，它是主要的工业形式。至今，家庭手工业在世界上一些地区，如印度的拉贾斯坦邦，仍旧占据重要地位。干旱的气候使得这一地区不宜建造高耗能、高耗水的大型企业，因此当地的各个家庭选择制作手工产品，比如花纹纺纱棉地毯，然后将其销往全世界。

配送

货物生产一般靠近原材料、能源、高技能人才或劳动力资源丰富的地方，而购买产品的人则住在别处。物流专家要确保生产好的产品在合适的时间被送到合适的地点进行销售。大部分的货物都被装在集装箱里，从而便于火车、卡车和船只的装卸。每年有2.2亿个集装箱装载着各种原材料和货物运往世界各地。

节日

生活、家庭以及社会都可以作为节日庆祝的内容。很多世界上最古老的节日都是庆祝宗教事件或是节气。在印度历的十二月份（公历二月或三月），人们会在满月时庆祝胡里节。整个印度次大陆的大街小巷上，人们会唱着圣歌，挥舞着彩带，来庆祝春天的到来。

节日庆祝

在钟表和日历进入人们生活中之前，庆祝节日是标明季节的一个重要途径。生活在亚洲东部和北部的人们庆祝春节，也就是中国的新年。春节的日期随着中国农历而变化。人们认为舞龙、舞狮可以为新的一年带来好运。

愚者之舞

很多节日是为了纪念某个历史事件。日本的民间舞蹈节日——阿波舞表演始于1587年德岛城建成之日的庆典。四个多世纪过去，每年8月份，至少有1000个舞蹈团会边敲鼓边弹奏传统的乐器在德岛巡演。

著名集会

当代的一些节日或集会将拥有共同兴趣爱好的人们（比如在音乐、美食或电影方面）聚在一起。他们通常庆祝的都是些经久不衰的文化。英国的格拉斯顿伯里音乐节举行为期三天的派对，超过10万名的音乐粉丝和700名演员会聚集在这里进行狂欢。

丰收盛宴

几乎每个文化里都会有感恩丰收的庆祝活动。许多这类古老的节日被世界上一些宗教所采用。德国的一些基督徒用盛宴来庆祝丰收，草地上面摆满了当季收获的食物，并用装饰过的花车进行游行，来纪念这一古老的收获节日。

克里希那的色彩

很多印度传说都跟胡里节相关，但是对克里希那神的信徒来说则有着特别的含义。扔彩带的传统来源于克里希那神的神话。传说，顽皮的克里希那将彩色的水洒向少女（印度教中神的挤奶女工），这象征着克里希那和朋友拉达之间的爱情。一些印度人用彩色粉末给克里希那的塑像染色来宣告胡里节的开始，这同时也是一种朝圣行为。

古拉彩粉

胡里节期间，市场上会出售大量叫古拉的各色彩粉。印度人在屋顶上撒彩粉，制作各种水弹，或是在脸上和衣服上涂上彩粉来欢度胡里节。

森林之光

胡里节用的彩粉通常在家里制作。印度人将泰苏树上春天开的火红色的花晒干，然后碾成粉末。如今这些天然染料再度流行起来。

节日色彩

狂欢的人们通常会身着白色的无领棉布长衫或无袖的宽松外衣。这些白衣服非常凸显胡里节的鲜明色彩，这样的打扮也掩盖了财富与地位的差别。在这一天，人人都是平等的。政客、电影明星、老板还有孩子们都会加入到撒彩粉的欢乐中。唱着“Bura na mano，胡里节你好”的人们，无论什么样的恶作剧行为都会得到原谅。不要生气，这可是胡里节啊！

胡里节的篝火

胡里节前夕，社区居民会用枯叶、树枝以及生活垃圾来生起一个大大的篝火。热量和火焰昭示着冬天的结束。人们将霍利卡的塑像烧掉，以此来纪念印度传说中正义战胜邪恶的故事。

旅游业

从古时候起，人们就喜欢游览新地方，如今每年有近10亿的游客出国旅游。旅游业是个商机无限的行业，每个国家都想从中分得一杯羹，所以众多旅游局互相竞争。游客可以到重要历史遗址留下难忘的体验，也可以在假期参加刺激的冒险。

旅游经济

全世界有7%的人从事旅游业，每天能为全球经济创造20亿英镑的巨额财富。加勒比南部有个偏远的名叫库拉奥的热带小岛，游客比岛上的居民还要多，二者的比例几乎达到了3:1。旅游业是当地主要的收入来源和就业形式。

脆弱的星球

旅游业如果管理不善就会危及当地的文化和环境。可持续旅游有一句宣传语：带走回忆，只留脚印。不过，即使是脚印也会对一些非常脆弱的地方造成巨大伤害。每天2000名游客的脚印就在逐渐侵蚀秘鲁15世纪的马丘比丘遗址。

世界之外

如果想要一睹地球的风采，资金充裕的游客还可以去太空景点观看。旅行社出售去地球大气层边缘的旅行，在那里，太空游客可以体验五分钟的失重感。如果想度过更长一点儿的假期，游客还可以选择花十天的时间在国际空间站上度过。

终极逃脱

随着旅游变得越来越容易、越来越多的人都能负担得起，想体验与众不同旅行的人们也在不断增长。现今，寻求刺激的游客更喜欢找个地方和鲨鱼潜水，而不是在沙滩上放松。像是蹦极这种能刺激大量肾上腺素分泌的活动，能让我们感觉彻底从日常生活中脱离出来。

痴迷文化

全球有40%的游客因为对不同的生活方式和风俗习惯感兴趣而选择出游。例如，在对印度多姿多彩的胡里节做宣传时，广告上称其为一生中难得体验一次的冒险。

绿色出游

生态旅游是一个蓬勃发展的产业。贴上"生态"的标签，意味着人们的旅行或是冒险之旅不会对环境造成破坏，还可以为当地生态机构提供帮助。不少生态游的游客还承担着慈善的工作。

标志性建筑

法国巴黎是世界上游客最多的城市之一，其中最大的看点是在埃菲尔铁塔上观看巴黎全景。从1889年向游客开放以来，多达两亿多游客已经参观了这座地标式的建筑。

缩微景观

缺乏历史遗迹和自然资源的地区，可以通过建造吸引人的建筑来发展旅游业。乐高主题公园的微型建筑可以让游客在数分钟内“环游世界”。

宗教旅游

游历宗教场所是最古老的旅游形式之一。对信仰基督教的游客来说，意大利是一个非常受欢迎的旅游圣地。包括描绘得异常美丽的罗马西斯廷教堂在内，意大利拥有3万个宗教旅游景点。

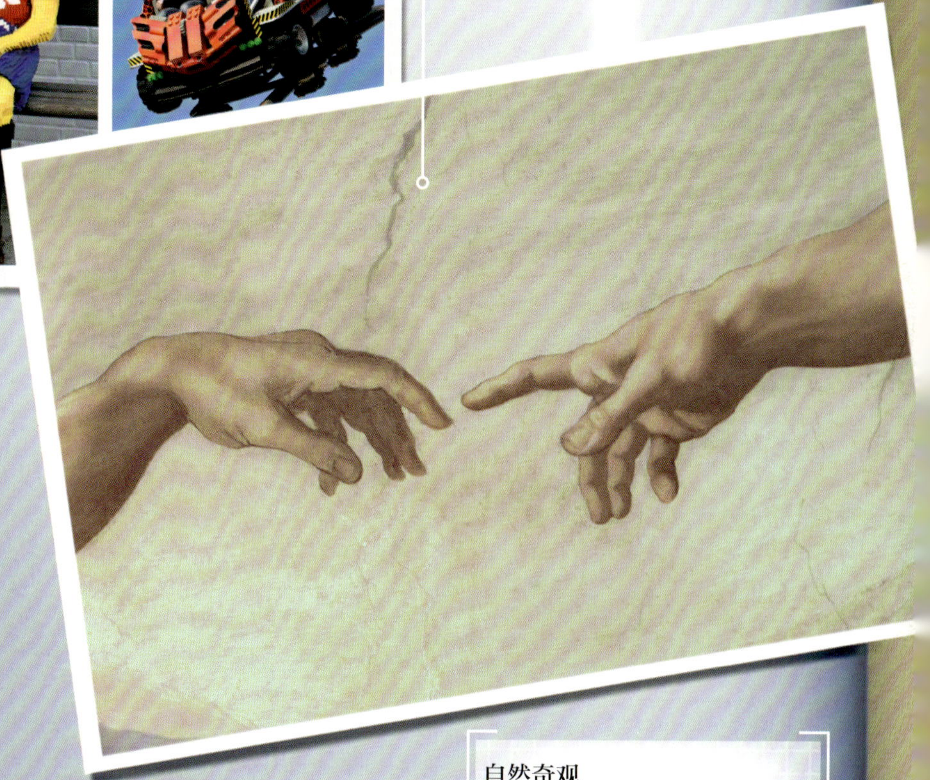

自然奇观

令人惊叹的自然景观，比如乌鲁鲁，是最著名的旅游圣地之一。大多数游客都不会去攀登这块形似圣像的巨石，因为当地的阿南格族人将其奉为神明。

历史景点

历史遗产旅游业是英国第五大产业。著名的历史遗址和历史事件，比如伦敦白金汉宫前的换岗仪式，能为英国的酒店、餐饮业和零售业带来数十亿英镑的收入。

国家机构

国家的一个关键职能是制定和执行法律，但每个国家却有各自不同的执政方式。在美国，中央政府分为三个部分，分别是行政机构、司法机构和立法机构。它们在位于华盛顿特区的政府大楼里办公，加州乐高乐园这里所展示的就是联邦政府大楼的景象。

华盛顿纪念碑
在一个民主制国家中，个人和团体都有对政府行为进行抗议的自由。而华盛顿纪念碑早已成为很多公众进行抗议的场所，比如反战游行。

宪法
美国第一部宪法制定于1787年，现今与若干其他的建国文件一起被保存在美国国家档案馆里。宪法规定了美国政府中各个部门的职能。同样，该宪法也将权力下放给50个独立的州，且允许它们像一个国家或联邦那样合作共事。美国宪法还清楚地规定了“分权制衡”，从而保证每个分支机构都不会拥有太大的权力。

行政机构
白宫既是美国总统的官邸又是他的办公场所。总统是政府的首脑。行政机构包括副总统、海陆空三军以及许多专门的部门和机构，它们的职责是执行法律并按程序保证政府的运作。总统也可提名司法机构的成员，司法机构可以保证政府的法律得以公正实施。

林肯纪念堂
不论在国内还是国外，美国总统都拥有巨大的政治影响力。每当竞选新总统时，全民都会参与投票。为了纪念以前的总统，国家会修建诸如林肯纪念堂这类的纪念设施。

立法机构

国会及其配套的一些机构组成了美国的立法部门。国会负责起草、讨论和通过新法律，它由参议院和众议院两部分组成。国会同样有权决定对他国发动战争，以及控制金融资本。美国的每一个州都会竞选出自己的国会议员，当选者在国会大厦开会。

君主立宪

君主政体是一个由单个领导统治下的政府，该领导人通过从自己的家族世袭而得到权力。在君主立宪制度下，国王或女王依然是国家元首，但选举出来的政府负责管理国家。英国女王伊丽莎白二世履行一些礼仪性的职责，例如国会的开幕大典，但是她没有政治权力，首相是政府的最高首脑。

国家的变动

那些试图采用新型政府体系的国家处于过渡状态。过渡发生在一个新国家创建后，或是出现在一场推翻了旧政府的战争后。在萨达姆被推翻之前，伊拉克是一个独裁国家，独裁者通过使用武力来进行统治。现在，伊拉克正试图建立一个民主型政府。

经济

我们生产、销售、购买、交换和消费的一切都是经济的一部分。它包括商品，如食物，以及那些在工厂进行原料生产、并把成品卖到超市的工作。此外，消费者也是经济的组成部分，他们影响着卖什么东西以及卖多少价钱。

规模效益

地方经济和国民经济在不同的规模上运作，但运作方式是一样的。它们的活动涉及到生产、销售和购买。在一些小规模经济体中，社区自行生产自己使用的东西。在阿曼的本地经济活动中，渔民直接将自己的捕获品卖给当地的顾客。

全球经济

数个世纪以来，许多国家互相出售原材料，由此产生了全球经济。如今，通信技术使得远距离推销服务成为可能。一个美国公司可以在印度建立呼叫中心，为英国的客户提供服务。

银行和货币

古时候，人们仅仅是以一种形式的货物或服务交换另一种。货币和银行的出现使得更复杂的经济活动成为了可能。在大多数国家里，中央银行印制发行纸币并控制货币的流通量，这是政府调控经济的一种方式。

政府的角色

关于政府对经济产生的影响，每个国家都不一样。在少数几个指令性经济体中，政府控制着从原材料的生产到货物的出售价格在内的所有环节。古巴人全都有定量供给簿，里面列出了他们能以低价购买的特定食品。

广告的威力

品牌，也就是产品的身份，对消费者的选择有着巨大影响。电视或杂志上的创意广告会让人们在超市货架上留意那些令人难忘的包装。

请选择我吧！

出售同种产品的不同公司竞相争取客户。这有益于经济，因为它把选择权交给了消费者。这样不但能使公司提高产品质量，还降低了产品价格。

食物 & 饮料

乐意效劳

在英美等许多发达国家，越来越多的人选择从事服务业而非其他经济产业（如农业和手工业）。他们不直接参与原材料的生产或制作，而是出售服务。包括教育和保健在内的服务业，有时会通过提供法律或理财咨询来为顾客提供服务。

消费者最清楚

产品的价格取决于企业的生产成本和消费者的喜爱程度。倘若某产品脱销，那么商店便会提高其价格，因为需求表明了买家愿意花更多的钱购买该产品。

赚钱

当商家卖出产品的所得多于生产它们的原料花费时，便会盈利。将所得利润用于投资，将有助于企业发展壮大。

令人毛骨悚然的菜肴

有些地方认为是佳肴的食物可能在其他地方却不被认可。在柬埔寨的斯昆集镇，油炸狼蛛是很受欢迎的小吃，尤其是把养殖的蜘蛛涂上糖和盐，然后把它们炸得金黄酥脆。这种高蛋白的肉据说尝起来像生土豆，然而它们的腿和明虾的质地一样。

标志性食谱

贴上了世界文化遗产标签的传统地中海食谱，因其颇负盛名的烹饪技巧和使用橄榄油、新鲜蔬菜和烤鱼等健康的原材料而闻名于世。在希腊、意大利和西班牙，食物在社会和家庭生活中处于核心地位，也是许多歌曲和故事关注的焦点。

一天一条鱼，医生不找你

由于饮食里海产品丰富，日本人的平均寿命是全世界最长的。日本人平均每天要吃85克鱼。寿司是他们最喜欢的食物，像这个包含欧米伽-3脂肪酸的蓝鳍金枪鱼，被认为可以预防心脏病。

不健康的饮食

智利人喜食快餐，因此肥胖率不断攀升。由于钟爱精加工的零食，如脂肪、白糖和含盐量过高的热狗，智利的水果和蔬菜消费量不断下降。智利人有一半以上超重，其中四分之一的成年人过度肥胖。

食物

从培育、购买、准备食材到一日三餐，食物与我们的生活息息相关。饮食习惯折射出生活在不同地区的人们对于生活的看法。在包括摩洛哥在内的不少国家，街头小吃是生活的核心。当地的农产品和宗教，对于塑造当地的传统饮食起到了一定的作用。

户外宴会

每天晚上，多达100家街边的美食摊将马拉喀什的吉马广场装点成了一个巨大的厨房。当地人和游客围拥在每个货摊的搁板桌周围，看着炭炉上烤着的食物。在这里能买到摩洛哥所有受欢迎的菜品，从辛辣的香肠、剁碎的烤肉到炖羊头泡面包，应有尽有。

国菜

摩洛哥的国菜是辣肉配西红柿汤，叫做哈利拉（harira）。传统上讲，这道菜是在穆斯林斋月期间解除每天斋禁的第一顿饭。

文化影响

伊斯兰教徒不吃猪肉，因而北非所吃的摩洛哥香肠都是用牛羊肉做的。它们加入红色的哈里萨辣酱，经过烧烤，然后被就着蒸粗麦粉吃下去。

北非炖菜

自从选用圆锥形的陶罐进行烹饪后，摩洛哥炖菜改名为塔吉锅炖菜（tagines）。把肉和蔬菜堆积在一起，放在明火上或是炭床上，用文火长时间慢炖就可以了。

全球影响

与某些地方的小吃不同，像这样不含酒精的饮料在世界各地都能买到。可口可乐是世界著名品牌，其产品销往近200个国家。

主食

蒸粗麦粉是北非地区的主食，如今已流传到世界各地。它源自摩洛哥，当时人们发现这些粗面粉中的微小团块能够保鲜数月。

旗帜

旗帜是一种简单而高效的交流工具。大多数人都能立即认出这些热气球上的各种图形和颜色。这里所展示的国旗代表着各个国家，它们是民族自豪感和民族身份的象征。很多国家甚至会举办全国性的“国旗纪念日”来庆祝。

旭日东升

日本国旗上的红太阳标志有1000年的历史，一直被商贾和武士们使用。它在1999年成为法定国旗之前，就被看作日本国家的象征。

儿童戏

一个14岁的小男孩帮助设计了澳大利亚的国旗，与他同时参与设计的还有另外四位国际竞赛的小赢家。五位小明星用南十字星座象征澳大利亚位于南半球，七角星代表着澳大利亚原来的州和领地。国旗中还包含英国国旗的设计元素，说明澳大利亚曾是英国的殖民地。

三种颜色

红、白、蓝是国旗上最流行的颜色组合。包括法国国旗在内，有30个国家的国旗上出现过这三种颜色。

标志性符号

世界各地的大多数组织——从最小的侦察队到庞大的联合国——都有它们自己的旗帜。其中最容易识别的就是国际红十字会会旗，它的符号象征着希望和为难民、灾难受害者及其他需要帮助的人提供安全保护。旗帜上的这一标志在战区能够很容易地被认出来，有它在的地方就有医疗人员，就是避风港。

警告信号

在一个以卫星电话和无线电信标为标志的高科技时代，有2000年历史的由简易纺织物制作的旗子继续延续着其作为可靠的远距离交流工具的功能。在世界各地的海滩上，旗子用来告诉人们在这里游泳是否危险。轮船用旗子传达求救信号。旗子跨越了语言障碍，它不需要电源，而且所有人都能操作。

过去的辉煌

星星是国旗上最流行的标志，至少有50个国家的国旗上有星星。美国星条旗上的星代表着全国的50个州，13个条纹则是为了纪念原来的那些殖民地，蓝色代表着忠诚、友谊之类的品质，红色象征勇气。月球上插有6面美国国旗，象征着这个国家在太空探索方面取得的成绩。

国家统一

英国的国旗以蓝色为背景，把英格兰、苏格兰和爱尔兰的正十字守护神结合起来。许多国家的国旗都从这一设计和颜色上受到启发。

谁知道呢

国旗颜色的意义常遗失在历史中。有些意大利人说他们国旗上的红、白、绿三条带子代表着本国的风景，另一些人则将其与米兰的传统颜色联系起来。

富有争议的改变

马拉维的国旗是世界上最新的国旗之一，于2010年才出现，代表着国家的进步。设计的变更曾引发了抗议，这表明人们对原有的国旗十分依恋。

利用风力

很多世纪以来，五彩缤纷的经幡一直飘动在藏传佛教徒的家门外和寺庙里，经幡上印有祷文。中国西藏、尼泊尔和印度北部的僧人认为，每当经幡被风吹动，这些祷文都会被一遍遍地重复，从而为众生带来幸福、和平和智慧。

暂停

旗子能被快速识别并迅速理解，这对于快节奏的比赛是绝佳的工具。足球场上的裁判员们可以在远处通过旗子来交流意见，不需要让比赛暂停就能让任何国家的球员看出判决。F1赛车比赛时，黑白相间的方格旗即使快速挥动，也能非常容易地被人看到，这让其成为理想的终点线信号。

同盟

各国经常通过共同协作来促进世界发展。联合国是最大的国际同盟，它拥有许多不同的机构、基金和项目，帮助了数百万计的人们改善生活和健康状况。这项工作通过多种方式实现。比如，联合国近东巴勒斯坦难民救济和工程处（UNRWA）正在资助一个项目，该项目为中东地区难民营的学龄儿童提供手提电脑。

教师培训

通过培训，地方教师能够使用新技术使课堂教学真正有一些变化。联合国巴勒斯坦难民救济和工程处正在开发电子课本，从而为地方课程注入新的活力。

每个孩子一台手提电脑

联合国近东巴勒斯坦难民救济和工程处同“每个孩子一台手提电脑”组织（OLPC）一起为巴勒斯坦难民营的每个孩子提供了一部手提电脑。这样做是为了使教育现代化，使儿童与网络联系起来，让他们能够获得最新的学习资讯。联合国近东巴勒斯坦难民救济和工程处希望通过提供丰富多彩、引人入胜的教育，促使儿童个人及整个地区的未来更加美好。

多任务技术

手提电脑的屏幕上装有一个特殊铰链，可以旋转、倾斜和折叠，因而它不仅可以用作学习工具，还可以作为视频播放器、电子书甚至游戏机。

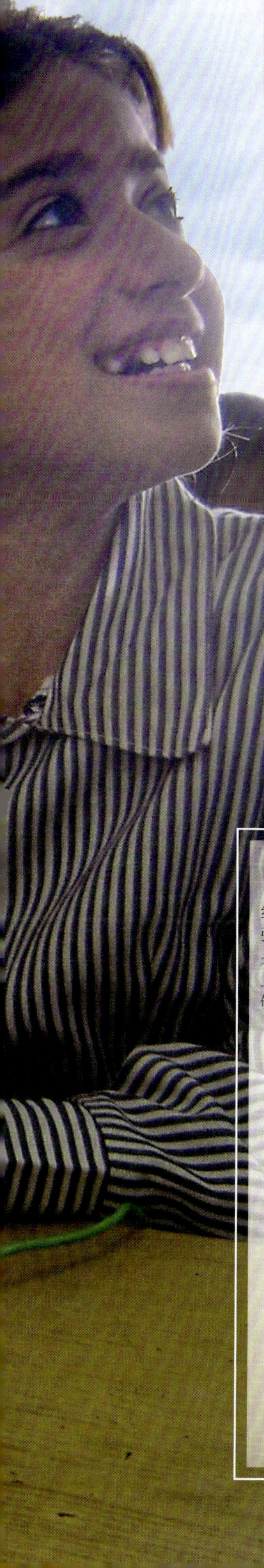

未来的希望

这些孩子是巴勒斯坦难民的第四代子孙，中东地区冲突使这些难民无家可归。联合国近东巴勒斯坦难民救济和工程处致力于为这些难民营造一个更加美好的未来，他们的预算有一半以上用于教育事业。为了给中东多个地区的难民提供免费的基础教育，联合国近东巴勒斯坦难民救济和工程处建造学校，培养教师，并购买了教学设备。

100美元电脑

结实耐用的100美元电脑是专为发展中国家学校提供的。其屏幕在强光下依然清晰可读，封闭式键盘可以防水防尘。电脑内置摄像头和麦克风，因而孩子们使用时不需要连接其他外接设备。并且，100美元电脑还可以通过太阳能板充电，即使在偏远地区也能够通过可折叠天线接收网络信号。

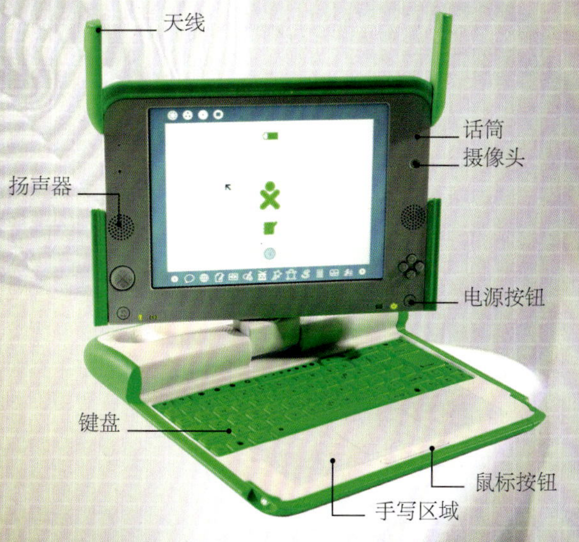

维护和平

第二次世界大战后，为了“团结所有国家”，建立了联合国。国际和平与安全依然是联合国最重要的目标。图中的白色坦克和戴蓝色钢盔的军人隶属苏丹西部达尔福尔地区的联合国维和部队。

灾难救援

及时的国际救援对于应对灾难和紧急状况大有裨益。2010年海地发生地震后，联合国为其设立了食品分发点。如今联合国还在帮助海地政府重建机构，安置150万无家可归的人民。

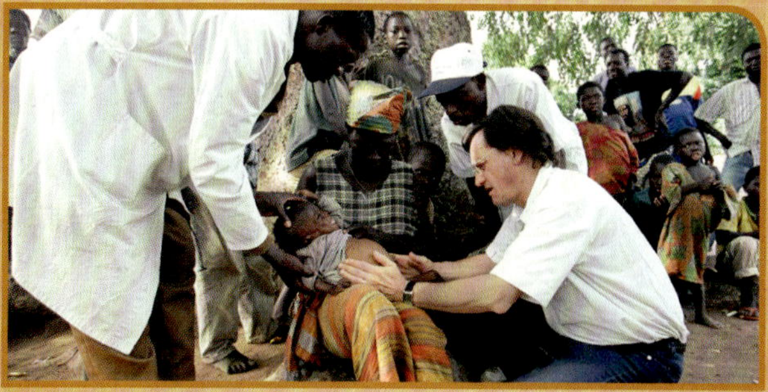

让世界更健康

世界上最贫穷的国家面临最大的传染病和健康负担，同时又缺乏解决上述问题的资金。联合国世界卫生组织（WHO）倡导全世界共同努力来改善贫困地区的健康状况，其中就包括在乍得进行的治疗由舌蝇引起的失眠和疾病的实验。

联合国成员

联合国的各项工作是在其193个成员国自愿捐款的基础上进行的，各国的旗帜飘扬在美国纽约联合国大楼前。这些国家通过参与联合国大会，制定新的项目和计划。

被这么多用以创造艺术的生动色彩覆盖，画家的调色板本身就是一幅画作。

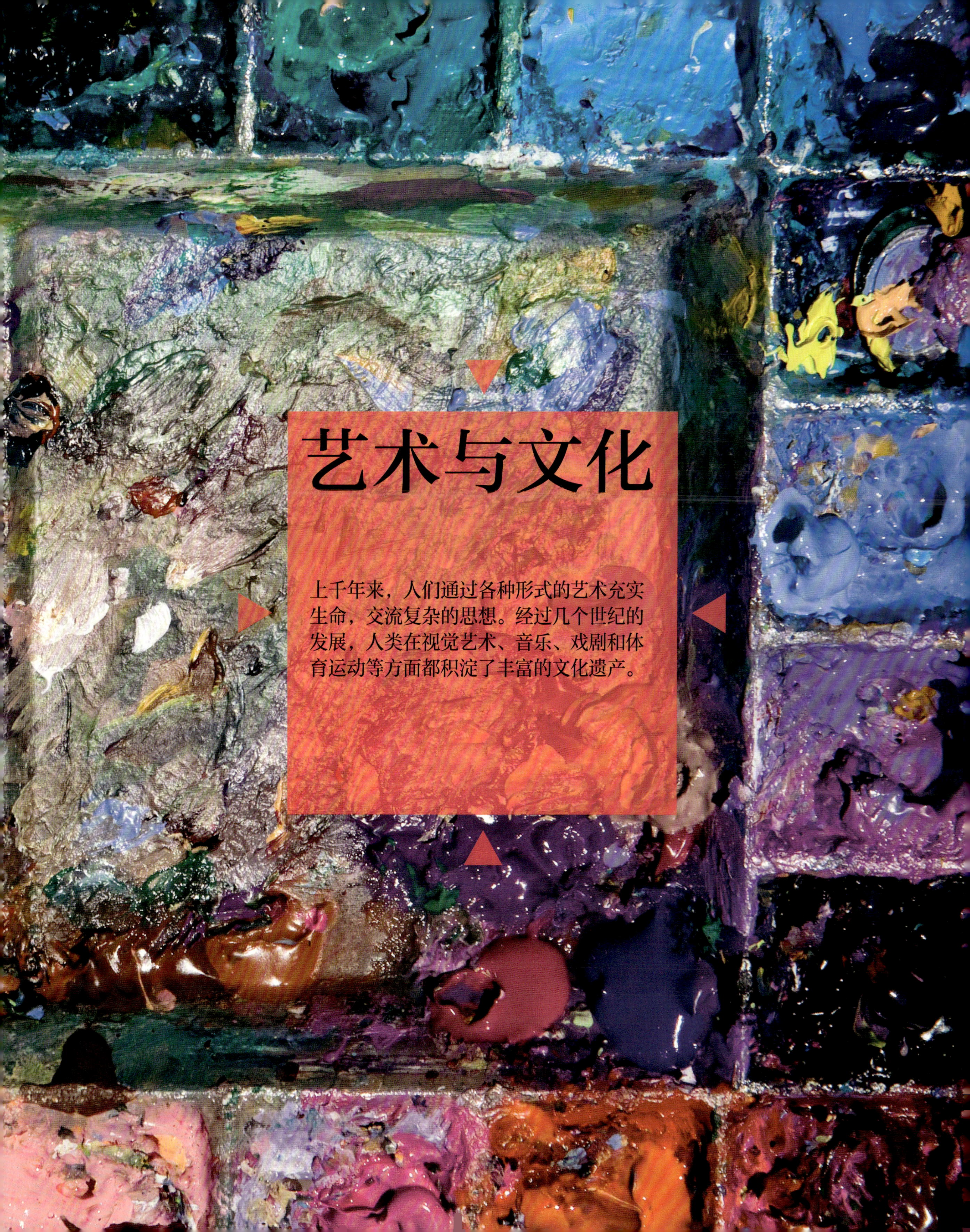

艺术与文化

上千年来，人们通过各种形式的艺术充实生命，交流复杂的思想。经过几个世纪的发展，人类在视觉艺术、音乐、戏剧和体育运动等方面都积淀了丰富的文化遗产。

艺术

很多人认为艺术就是人们喜闻乐见的美丽绘画、雕塑等创作。而对于另一些人而言，艺术则来源于想象、质疑、震惊或是困惑的刺激，从而引导人们用新的眼光去看待自己曾见过的事物。每一件艺术作品都是艺术家思想和感情的一种独特表达。

巨型雕塑

这个雕塑是一个巨型蜘蛛，高9米，由法裔美籍雕塑家路易斯·布尔茹瓦创作。雕塑是立体的艺术作品，可以使用各种材料进行制作，例如石头、木头、金属、塑料或者编织物。这是一件具象派艺术作品，人们很容易看出它是一个雌性蜘蛛。

母性形象

这个雌蜘蛛正在搬运其身下液囊中的卵。布尔茹瓦将她的作品命名为“Maman(母亲)”，因为这个雕塑的灵感来源于她的母亲——一位织毯工。

青铜雕塑

这个雕塑是由青铜铸模或浇铸的。青铜是一种铜和锡的混合金属。它坚固、不易锈蚀，且不像大理石和其他石头那样易碎，因此是雕塑制作中很受欢迎的一种材料。就像图中所示，青铜冷却后会膨胀，从而能够填满精细复杂的模子，展现出很多细节。路易斯•布尔茹瓦制作了许多蜘蛛的青铜雕塑，并在世界各地进行展出。

户外艺术

图中蜘蛛比过往行人高出了很多。大型雕塑通常在开阔的户外空间进行展示，以便每个人都能看到，从而把艺术带给更多的人。

风景画

在油画《麦田与柏树》中，荷兰画家文森特·凡·高通过明亮丰富的色彩和自由流畅的线条来展示风在林间的动态美。尽管凡·高生前仅卖出过一幅画作，但他仍然坚信自己的作品将流传于世。

思维艺术

这幅作品《奇幻旅行》（2008年）是由英国概念派画家达米恩·赫斯特创作的，展示了一具化学药物保存的斑马的尸体。概念派艺术认为，作品背后的思想远比其成品甚至名字更重要。像赫斯特这样的画家，倾向于刻意追求激发即使是认为他的作品算不上艺术的观赏者的反应。

混沌时代

对澳大利亚土著而言，艺术如同本土和传统社会，是一种精神的寄托。在这幅现代土著画家的丙烯点画中，点、螺纹以及圆圈代表着世界形成之前的混沌时代。点状艺术作品为澳大利亚的土著居民增加了一项他们急需的收入来源。

建筑

几个世纪以来，建筑物的设计和构造都受到当时人们所关心的居住地、建筑材料以及建筑物用途的影响。现在，随着新型材料和计算机技术的发展，建筑师比以往有了更自由的发挥空间，从而使建筑物本身也成为了一件艺术品。

毕尔巴鄂古根海姆美术馆

位于西班牙毕尔巴鄂的这座现代艺术博物馆于1997年开馆。它是由建筑师弗兰克•盖里设计的。其建筑风格非常新颖，以看似随意的曲线为特色。

船舶式设计

从内尔韦恩河上看去，博物馆的外观就好像一艘风帆摆动的船舶。这是毕尔巴鄂作为重要港口和造船中心的历史标志物。

位置

这座博物馆吸引了数百万计的游客来到这座城市，因而振兴了毕尔巴鄂市内尔韦恩河边这个原本破败的工业区。内尔韦恩河折射出闪烁着银光的建筑物，而步行通道则绕过或越过河水，这是建筑物与周围环境融为一体的成功范例。

作为雕塑的建筑

盖里将博物馆设计成了从任何角度看都像是一座城市雕塑的作品。高耸的墙壁形成奇幻的形状，钢铁框架上覆盖着极薄的钛板，闪烁着微光，就好像在捕捉阳光。为了构造建筑物的流畅曲线，盖里使用了最初被应用于研发战斗机的3D计算机程序。

让阳光照进来

博物馆的中央是50米的玻璃中庭。盖里用玻璃覆盖中庭，为的是让自然光能够照射进来，从而减少人工照明的使用。

巨大的石柱

许多古希腊建筑，例如雅典的帕特农神庙，就是因为用石头建造而成才经受住了时光的考验。古希腊和古罗马的建筑物通常会使用高大的石柱，并强调平衡和对称，这对西方的建筑学产生了重大影响。

优美的圆顶

拥有八角形穹顶的佛罗伦萨教堂于1436年完工，被认为是文艺复兴时期的辉煌成就之一。这项奇迹般的工程是由菲利普•布鲁内莱斯基（1377—1446年）设计的，他在教堂内外各使用了一层轻薄的壳来减轻其结构的质量。

混合风格

1616年，在土耳其伊斯坦布尔建造的苏丹艾哈迈德（蓝色）清真寺，融合了伊斯兰和罗马帝国晚期的设计元素。用来向祈祷者发出召唤的六个高耸的尖塔是伊斯兰的建筑特色，而它的圆顶则模仿了古罗马人于公元6世纪建造的圣索菲亚大教堂。

白鹭城

用来抵抗侵扰的巨石建筑姬路城位于日本兵库县姬路市，由三条护城河环绕。因其外形好似一只展翅高飞的白鹭，所以有时也被称为“白鹭城”。

书籍

作者写书可以传递有价值的信息、记录重大的事件，或者仅仅是为了向读者叙述激动人心的故事。如果人们没有发明文字，那么写作就是不可能的。正是由于有了文字，我们才得以阅读古籍，并从中获得教益。据估计，世界范围内已出版的书籍有1.3亿种，涵盖了大量不同的主题。

休闲书

某些主题的大开本图书，如艺术和建筑学领域的书，配有彩色插画和照片，这样的图书被称为休闲书，因为这类书通常供人们在闲暇时阅读。

虚构作品

小说属于虚构类作品，侧重于描写人物和事件，其跌宕起伏的经过被称为情节。小说分为很多不同的种类，包括历史小说、言情小说、悬疑惊悚小说、科幻小说等。小说按篇幅又可以分为短篇小说、中篇小说、长篇小说等。

传记

所有书籍都可以分为虚构和非虚构两大类。关于某人生平和事业的书籍被称为传记，它是非虚构类作品，因为书中记录的事件是真实发生过而非凭空捏造的。传记会对目标人物的主要经历给予评定，并对这些经历对他或她产生的影响作出总结。当作者编写关于他们自己事迹的作品时，这样的作品就称为自传。

参考书

词典和百科全书被称为参考书。人们使用参考书是为了核对单词的拼写或意思，或是查明某个事实。参考书通常会定期更新。

儿童小说

专门为儿童和青少年创作的小说常侧重于表现低龄读者生活中所熟悉的或愿意体验的冒险情境。

诗歌

许多作者借助诗歌而非散文来表达他们的思想与情感。诗歌借助韵律和字词的发音来激起读者感情上的共鸣，并传达思想。

旅游指南

旅游指南可以为游客提供关于度假地的各方面重要信息。它们通常以平装版的形式印刷，便于携带和使用。

法典

古代美索不达米亚（今伊拉克）的苏美尔人通过用楔形的芦苇笔在湿黏土上刻画图形而发明了楔形文字。图中的泥土碑块记录了巴比伦国王汉谟拉比的事迹，他遗留下了世界上现存最早的成文法典之一。

玛雅文字

这本被称为法典的折叠书是用树皮制成的，来自危地马拉。该书由一位抄写员创作，记录了有关玛雅日历的信息。该书的手稿以黑色的符号形式环绕在书页边缘。玛雅人是古代美洲唯一拥有书写体系的人。

印刷品

这是一部早期版本的《圣经》，时间可追溯至15世纪后期。书中的黑色文字用印刷机印成，彩色的图案和文字却需要手工添加。约1450年，约翰内斯·古登堡印刷出了欧洲的第一本书——《圣经》。

电子图书

这种便携式的电子设备被称为电子图书，下载后可以以印刷体的形式显示在屏幕上，很容易阅读。电子设备上可以储存成千上万本电子书。许多人认为，电子书对长期存在的纸质图书构成了威胁。

语言

世界上大约有6800种语言。语言学家把它们分为了不同语系，由具有共同历史来源的诸语言所组成。含最多语言的语系是尼日尔-刚果语系，它包含了1000多种非洲语言。而印欧语系包括大多数欧洲语言，以及伊朗、中亚和印度北部的语言。

汉语

世界上使用人数最多的语言是汉语，大约有14亿的使用者。它是中国的通用语言，也是新加坡四种官方语言之一。

阿拉伯语

在整个中东和北非，阿拉伯语是犹太家族（包括希伯来人）使用的最广泛的语言。伊斯兰教的经典《古兰经》就是用阿拉伯语写成的。

英语

由于英国的殖民历史和美国经济的主导地位，全世界约有5.1亿人说英语，其中3.5亿左右的母语非英语者将英语作为第二语言。超过110多个国家将英语定为官方语言。正因如此，英语也成为了网络和国际间交流的通用语言。

西班牙语

同法语和意大利语一样，西班牙语也属于印欧语系罗曼语族。全球约有4.5亿人以西班牙语为母语，它是世界第二大语言，文字采用拉丁字母。

俄语

拥有2.54亿使用者的俄语，属于使用最广泛的印欧语系斯拉夫语族。俄语书写采用的是基于希腊字母发展而来的西里尔字母。

印地语

作为印度北部和中部的主要语言，印地语仅仅是这个国家所使用的445种语言中的一种。英语是印度的官方语言，但同时每个州又有自己的语言。

自创语言

《星际迷航》系列中的外星人克林贡勇士说着一种完全属于他们自己的语言，这种语言是由美国语言学家马克•奥克兰德发明出来的。克林贡甚至还拥有自己的词典。此外，《指环王》的作者J.R.R.托尔金也为他的中土世界设计了一个使用小精灵语言的完整家族。

消失的语言

当一种语言消失并被人们遗忘时，人类就失去了自身文化历史的一个重要组成部分。现在，印第安人、西伯利亚人和澳大利亚土著居民所使用的上百种语言正濒临消失。死于1829年的肖纳迪特，据称是最后一位使用加拿大纽芬兰贝奥图克语的人。

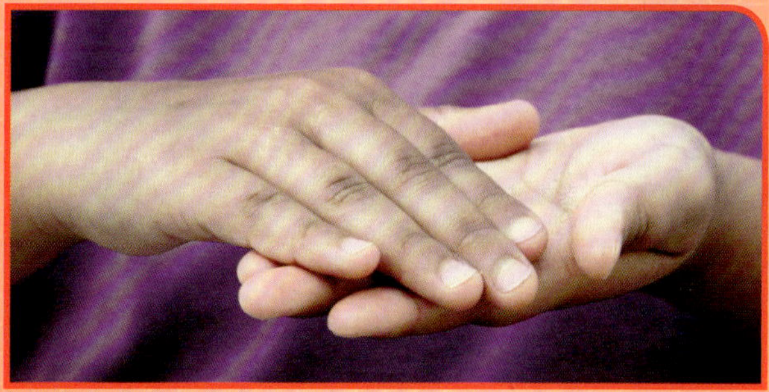

符号语言

许多聋哑人通过比划一种复杂的手势进行交流，借助手势变化、面部表情和嘴唇动作来传达信息。在语言交流不便的地方工作的人，例如戴水肺的潜水员，也会使用符号语言进行交流。

皮金语

巴布亚新几内亚有超过800种语言。当地儿童学习一种包括英语在内由多种语言的词汇组成的皮金语（又称“皮钦语”）。皮金语允许人们使用非共同语言进行交流。现在，皮金语在巴布亚新几内亚大部分地区流行。

舞蹈

不同年龄、文化各异的人们，对于舞蹈都有着一种天然的欲望。舞蹈有多种形式。有些舞蹈专门为观众表演，例如芭蕾舞，这种舞蹈需要经过许多年的专业训练。其他一些非正式的舞蹈则通常用来庆祝某些特殊事件，如婚礼，或者仅仅是为了释放自己。

街舞

这种城市舞蹈风格始于20世纪70年代，在美国纽约市布朗克斯区的年轻非洲裔美国人中很流行。他们相遇在空间开阔的街角，配合着嘻哈音乐，即兴编出复杂的日常舞步。这种舞蹈没有固定动作，舞团成员之间相互斗舞发明新动作，创造出一系列由姿势、跳跃和旋转头部组成的舞蹈形式。

霹雳女孩

街舞的另一个名字叫霹雳舞，因为它的动作最初表现在器乐或歌曲间的冲击停顿。霹雳舞的舞者通常被称为霹雳男孩或霹雳女孩。

街头风格

颜色鲜艳的服装、名牌牛仔裤和夹克，运动鞋也是其造型的一部分，还有必不可少的跳跃、翻滚，以及在坚硬的混凝土表面着陆。

音响系统

舞者使用收音机或CD播放机来播放嘻哈音乐。嘻哈音乐起源于非洲裔美国人的蓝调和爵士乐，包括饶舌。

舞蹈动作

与大多数舞蹈相比，有四个基本动作的街舞受到的限制更少。定格（Freezes）是一种戏剧性的舞蹈动作，像是舞者在半空中突然停住不动。直立舞步（Toprock）指的是站着进行的一连串动作。倒立舞步（Downrock）是舞者的手脚放在地面上，同时完成高速的脚部结合动作。旋转动作（Powermoves）对于个人的素质及力量要求很高。

舞会

作为全世界受欢迎的一种社交和竞赛活动，交谊舞是由两位身着正式礼服的舞者伴随着乐团音乐一起表演的舞蹈。这种舞蹈起源于维多利亚时代的华尔兹，但现在它还包括充满活力的拉丁舞，例如探戈、桑巴和摇摆舞。

弗拉门戈舞

这种热情的舞蹈来源于西班牙南部的安达卢西亚地区。没有人知道它的确切起源，但它可能受到了吉普赛人和阿拉伯音乐的影响。这种舞蹈节奏感强烈，舞者通过移动手臂和跺脚来配合吉他的节奏。

林波舞

该舞起源于加勒比地区的特立尼达和多巴哥，传统上在葬礼上表演。舞者们排成一条线，摇摆着通过一个水平放置的横杆（通常不点燃），在这一过程中，身体要保持平衡且不得接触横杆。横杆逐渐降低，直到距离地面只有几厘米。

宝莱坞

这种多彩的舞蹈融合了多种不同的风格，如迪斯科和肚皮舞，并在现代印度的宝莱坞电影中得到发扬。同时，它也受到印度北部古典舞蹈中通过面部表情和手部动作表现有关众神故事的一种卡塔克舞的影响。

电影

电影通过移动的影像为故事赋予生命。电影制作者拍摄单幅影像（即“帧”），或使用动画技术创造影像。当连续快速地播放帧时，一幅幅静止的画面就可以演变为反复播放的连贯动作，电影的魔力就此呈现。电影的拍摄需要依靠一群人的合作，演员、摄影师及导演，一个都不能少。

悬挂式麦克风

悬挂式麦克风是一根顶端安装了麦克风的吊杆。收音员要小心地避免麦克风入镜，又要拿稳麦克风，使其可以近距离收录声音。

场记板

在拍摄每组镜头之前，摄影机都会记录下场记板上所写的场次。场记板可以发出清楚的响声，用以剪接时保持声画同步。

无声电影

最早的电影都是黑白片，而且因为当时并不具备在电影中添加声音的技术，所以20世纪20年代之前的电影都是无声的。演员表演时肢体动作简单明了，面部表情夸张，关键处屏幕上还会打上字幕以解释剧情。许多默片都是喜剧，且涌现出了一些明星，如图中留着标志性小胡子的查理•卓别林等，这些演员以夸张的特技和视觉噱头来娱乐观众。

特效

很多电影将不可能变得近乎现实，但要做到这一点必须得借助特效。虽然化妆和服装起到了很大作用，但是计算机成像技术（CGI）也许是最重要的特效。图片所示是电影《超人》中的一幕准备场景，拍摄背景是一片绿幕。在计算机技术的帮助下，绿色背景随后会被替代，最后呈现出来的将是超人高高地飞翔在纽约上空的场景。

摄影机

摄影机用胶片记录影像。它配有逐格拍摄装置，能够在镜头前方控制快门、曝光胶片，从而捕捉到远远小于一秒钟时间内发生的影像，多数摄影机每秒曝光24帧。如今，数码技术正逐步取代胶卷，许多好莱坞电影拍摄时采用数字图像，它可以保存于计算机磁盘或其他媒介中。

灯光

强烈的灯光照亮了摄影棚。大灯位于摄影机后方，高高地架置在移动摄影车上，随着特写和远景镜头的切换而前后移动。

创作管理

导演是影片的创作统领。他掌控剧本，指导演员、摄像和音响等工作，还要在每个镜头拍摄前后喊“开拍”和“停”。

动画

传统动画片需要顺次拍摄数千张手绘图画，然后快速回放才能制作完成。如今，计算机软件使得这一工作变得更加简单——但是使用黏土或塑料模型（如图中的狗）拍摄的动画电影仍需要花费大量的时间和金钱。许多大牌电影明星会为动画电影配音，使得这些虚构的角色更加栩栩如生。

三维世界

3D电影能在同一时间内以不同的颜色和角度呈现两种影像。观众通过特制眼镜看向屏幕时，影像合为一体，在一般二维平面的基础上呈现出一种深度感，形成了立体合成图像。3D技术并不是什么新鲜事物，但随着以科幻片《阿凡达》（见左图）为代表的多部3D大片的上映，它变得更加流行起来。

媒体

几个世纪以来，人们对自己所处社会之外的世界知之甚少。如今，借助印刷媒体、无线电、电视及网络等媒体的力量，我们已经可以获得来自世界各地的资讯。以图中新闻网站为例的数字媒体甚至允许用户们向全世界传达自己的观点。

印刷媒体

印刷术的发明和使用，使书籍和报纸成为信息储存和传播的重要媒介。印刷时代开始之前，人们除了依靠自身经验外，很少能从外界获得信息。报纸最早出现在17世纪的欧洲，从此世界开始改变。我们现在仍然非常依赖书面文字，但是这些文字一般呈现在计算机屏幕上。

无线电

广播改变了我们的娱乐和学习方式，尤其是无线电广播，它不依赖高质量的图像，具有速度快、响应度高、互动性强的特点，而各类广播电台更是迎合了人们的各种口味。不管在车里还是在海滩上，人们都能收听到广播，而且只需要拨打一下电话，就可以参与到广播讨论之中。

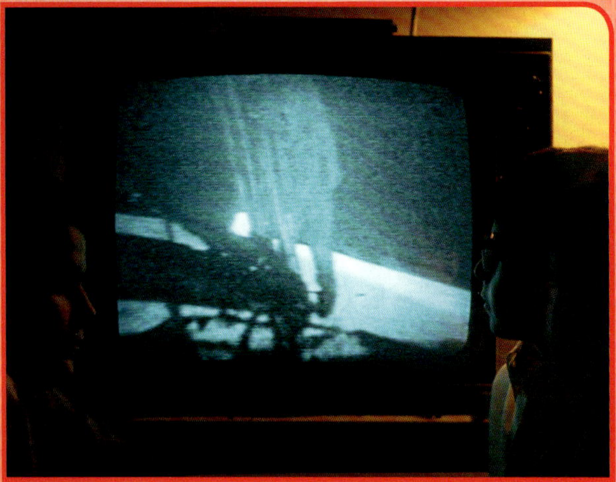

电视

电视自从20世纪30年代问世以来，极大地改变了民众的日常生活。尽管最初只有模糊的黑白影像，但电视仍然迅速成为了最受欢迎的媒体形式。借助最新的技术，人们可以随时回放电视节目、观看高清电视，并参与到直播节目的互动中。

滚动新闻

电子媒体能够不间断地提供最新的消息。它们对事件发展进行跟踪报道，甚至能向事件的可能参与者提供关键性信息，借此来影响事件进展。

保持联络

由于小型电子设备及无线技术的发展，有联网功能的计算机小到可以装入人们的口袋。这些个人数码设备可以提供多种多样的信息，从新闻消息、通信资源到音乐和视频，不一而足。很多设备配备了录音录像功能，而且每天都有新的应用程序被开发出来，内容涵盖了生活的方方面面。

GO
search
minute ago
com
CE ARTS SOCIETY FINANCE FEATURES EDUCATION
hat throws new light on human origins ... READ MORE>
000s stranded by floods
The devastating floods that have claimed at least 10 lives and left 41 people missing have hit the capital city, where thousands of residents have been attempting to flee their homes ahead of the surging floodwaters.
Film news
Dynamic dance
Filming ends on the most highly awaited movie debut of the year
Based on the biggest names in hip-hop, with urban dancers chosen ... >
Weather
weather: sunny intervals
temperature: 18° C (64° F)
wind: SW, light 2 - 3
Outlook for next 5 days
Have your say
Watch Sammy the waterskiing squirrel as he sends the crowds nuts!
FLOOD APPEAL
make a donation

搜索引擎

在搜索框中输入关键词，如洪水，就能在数字媒体中查询到相关内容。软件会找出所有与该关键词有关的结果，使用户能够即时获得所需信息。

用户交互

交互式数字媒体使得用户能够对报道发表自己的看法，也能够对他人的评论作出回应，从而引发热烈的讨论。用户个人也能发布信息，如今很多人都有了个人网站，这为人们采用文字和图片形式表达自己的观点提供了广阔的空间。此外，还有许多人使用社交网络与兴趣相投的人沟通交流。

广告

一些媒体形式是免费的，它们从广告商那里获得资金，而广告商则通过购买媒体版面来宣传自己的产品。这是一个公益广告，它被放在一则相关报道旁边。

音乐

用唱歌或演奏乐器的方式创作音乐是人类与生俱来的能力。音阶中只有十二个音符，但音符却有无数种演奏方式，从而可以创造出成千上万种音乐风格。虽然我们可以选择听已经录好的音乐，但更令人兴奋的莫过于听现场演奏，如图中所示的摇滚音乐会。

文化遗产

音乐在许多传统社会中扮演着重要角色。澳大利亚的土著居民以群体演奏音乐的方式来传递宗教信念及文化历史知识。“迪吉里杜”(didgeridoo)（见上图）是一种长管状乐器，吹奏时会发出低沉的嗡嗡声，主要用来伴奏。

印度之声

图中的演奏者正在弹的是西塔琴，这是一种流行于印度的弹拨乐器。西塔琴的弦是金属的，部分弦弹奏主旋律，其他弦则用于共振，发出持续的低沉的共鸣音。西塔琴的演奏一般都有塔布拉鼓伴奏，它是一种用双手演奏的对鼓。

墨西哥街头乐队

街头乐队音乐是墨西哥独有的音乐类型。典型的墨西哥街头乐队的乐器编制包括小提琴、小号和吉他，乐队成员通常身着墨西哥牛仔的传统服饰。街头乐队的起源可以追溯到墨西哥独立战争时期，许多歌曲带有革命风格。

古典管弦乐团

管弦乐团由众多演奏者组成，包含四个乐器群组——打击组、木管组（吹奏乐器，如长笛和单簧管）、铜管组（金属吹奏乐器）以及弦乐组。指挥随着音乐的节拍挥动指挥棒，带领乐团演奏。

电子键盘

键盘可以惟妙惟肖地模仿许多乐器和声音，只要一按琴键，声音就会自然而然地流出。每个键都是音阶中的一个音符，组合在一起也就形成了和音。

基调强节奏

鼓手负责节奏部分，这是推动音乐进行的有规律、有节奏的拍子。鼓和钹是打击乐器，靠双手或鼓槌的敲打来发出声音。

音乐会场地

大型摇滚乐演出的舞台通常设在配有灯光效果和背景幕布的专门场地，其他类型的现场音乐会可能会在音乐厅里举行。

主唱

主唱负责带领整个乐队，唱歌时在舞台上四处跑动。许多摇滚乐队的主唱同时也会弹吉他，他们弹奏歌曲的主旋律，不时还增加一些即兴乐句和吉他独奏。主唱经常创作歌曲，表演时会穿上演出服跳舞或与观众互动，使得气氛更加热烈。

享受音乐

摇滚演唱会上乐迷们用尖叫、鼓掌或随音乐起舞的方式来表达激动之情。古典音乐会的观众则与此不同，他们只在演出结束时才会鼓掌。

低音吉他（贝斯）手

低音吉他手属于乐队节奏乐器组，和鼓手一起掌控着节奏。低音吉他与六根弦的主音吉他不同，它只有四根琴弦，而且声音更加低沉。

声浪滚滚嗨翻天

舞台前方及侧方的扩音器接收乐器和麦克风发出的人们几乎听不到的声音，然后通过扬声器放大后播放出来。

摄影

轻轻一按，摄影师就能记录下历史的某一瞬间。壮丽的景色或者复杂的情绪，这一切只需要一部相机和一双善于发现精彩时刻的眼睛。那一刻的灵光闪现，可以展现一个人对于美好和有意义事物的见解，有时更会诞生闻名世界的影像作品。

视野
反光相机可以安装各类镜头来实现视野大小的转换。长焦远摄镜头能够放大远处的物体，适于拍摄体育运动和野生动物。短焦广角镜头视野更加宽阔，视角夸张，能拍摄出建筑物的奇特图像。图片中展示的变焦镜头可以变换焦距，有的变焦镜头甚至能够在广角和远摄范围内变换焦距。

稳定
拿稳相机是拍摄照片时非常关键的一步，这一点在光线弱的情况下尤为重要，因为此时相机需要更长的时间来曝光。如今许多相机都具有稳定系统来辅助拍摄。

移动的影像
很多人使用小型摄影机拍摄电影。数字技术的发展使得用计算机剪辑影片变得更加简单，可以将大量的素材剪辑成具有专业水准的影像故事。

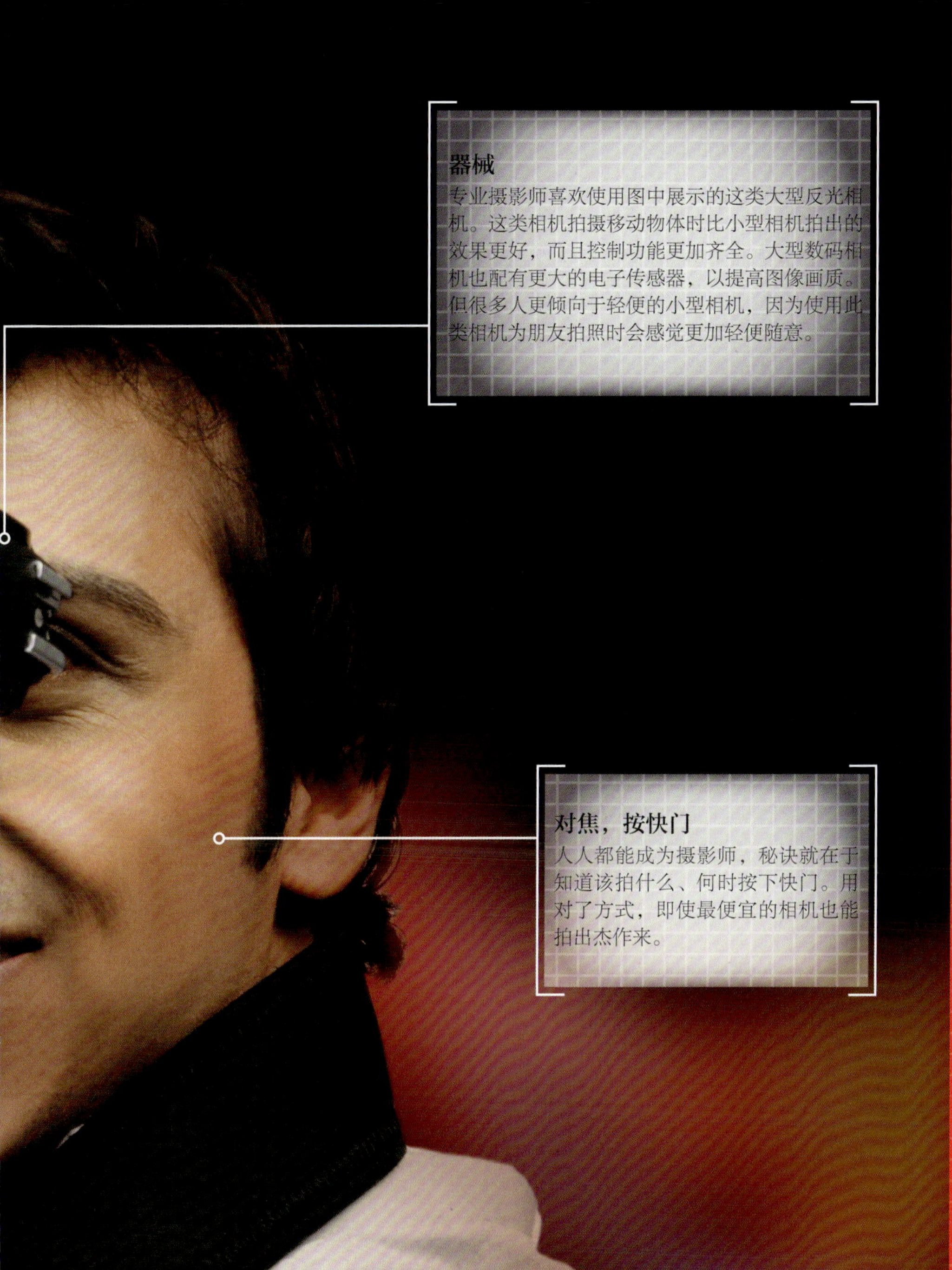

器械

专业摄影师喜欢使用图中展示的这类大型反光相机。这类相机拍摄移动物体时比小型相机拍出的效果更好，而且控制功能更加齐全。大型数码相机也配有更大的电子传感器，以提高图像画质。但很多人更倾向于轻便的小型相机，因为使用此类相机为朋友拍照时会感觉更加轻便随意。

对焦，按快门

人人都能成为摄影师，秘诀就在于知道该拍什么、何时按下快门。用对了方式，即使最便宜的相机也能拍出杰作来。

摄影史

摄影的起源可以追溯到19世纪初期，当时人们发现在金属板上涂一层碘化银后将其放置在盒子中，通过透镜就可以在上面记录影像。下图的伦敦街景是世界上最早的照片之一，由法国物理学家路易•达盖尔拍摄。柯达公司于1935年率先推出了可供普通相机使用的彩色胶片，迅速赢得消费者的青睐。但如今多数用户倾向于使用数码相机，因为数码相机可以录音录像，有些还能够拍摄3D照片。

光影作画

尽管摄影有实际用途，但它也是一门艺术。上图看起来像一幅抽象画作，但实际上它是一张照片，拍摄的是蓄水的中国稻田（梯田）。把真实场景化作赏心悦目的图案是基本的摄影技巧，这就是这幅照片的关键所在。

新闻制作

从最初摄影设备小到可以随身携带开始，人们就将其应用于时事报道中了，新闻也因为照片的加入而发生了转变。这幅照片拍摄的是1963年约翰•肯尼迪遇刺后，林登•贝恩斯•约翰逊宣誓就任总统时的场景。

狗仔队

公众对于名人的好奇，为拍摄这类照片的狗仔队创造了巨大的盈利空间。他们使用长焦远摄镜头，试图拍到名人们在毫无防备状态下最真实的一面。但狗仔队常常因侵犯他人隐私甚至触犯法律而遭到起诉。

恒星“幼儿园”

摄影改变了我们对于世界乃至宇宙的认知。这张由哈勃空间望远镜在2003年拍摄的照片，展现了欧米伽星云内部大型热氢气云团聚集的壮丽景象，这里是孕育大量恒星的摇篮。

运动

运动可以是任何形式的身体活动，既包含一系列的规则，又含有竞技的元素。有些体育运动很专业，需要一些职业运动员的参与。诸如奥运会一类的重大体育赛事，通常会汇聚来自世界各地的顶级运动员同台竞技，角逐各个项目的冠军。不过，多数人参加体育运动的目的只是为了愉悦身心，而更多的人则喜欢待在赛场边观看精彩的比赛。

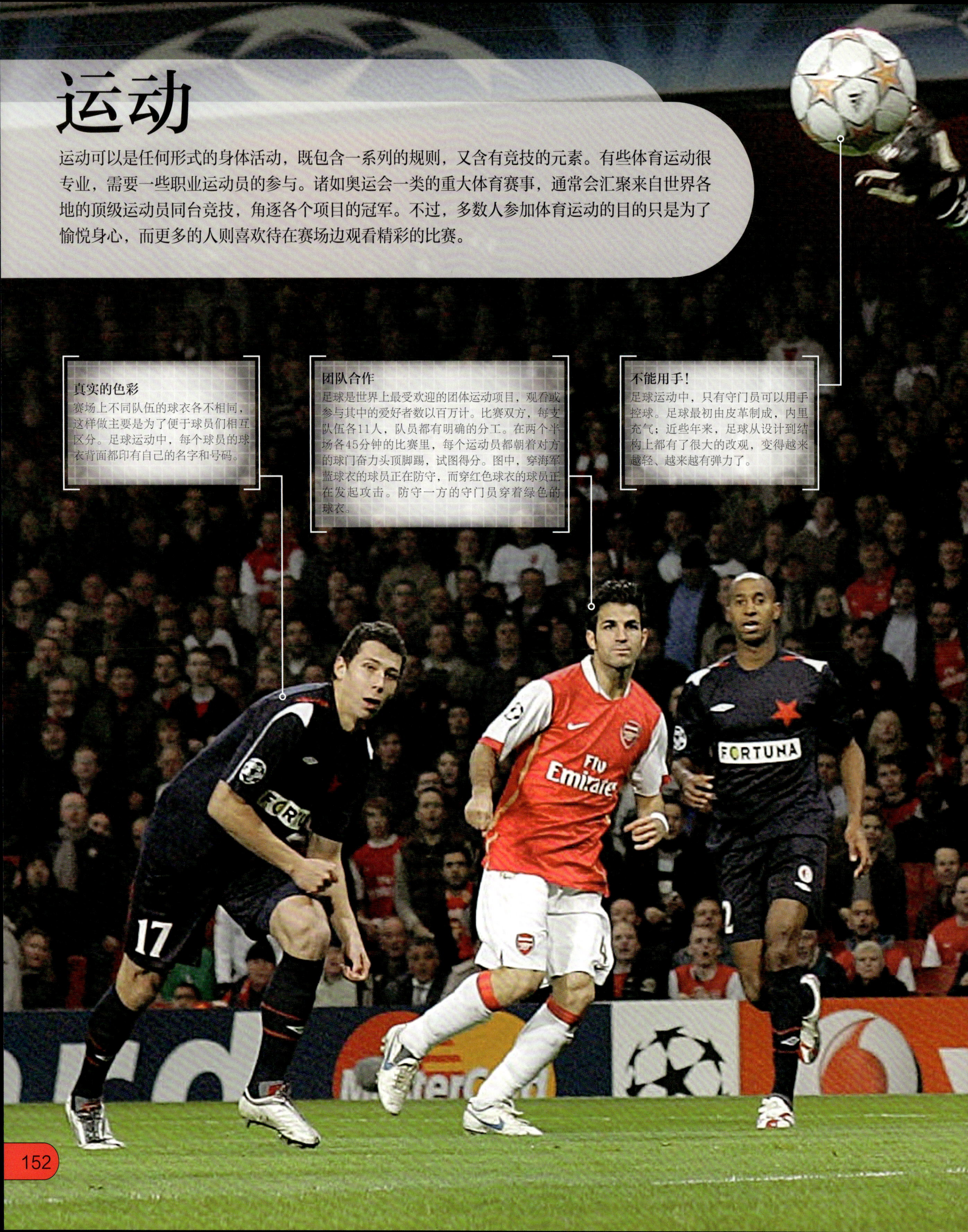

真实的色彩

赛场上不同队伍的球衣各不相同，这样做主要是为了便于球员们相互区分。足球运动中，每个球员的球衣背面都印有自己的名字和号码。

团队合作

足球是世界上最受欢迎的团体运动项目，观看或参与其中的爱好者数以百万计。比赛双方，每支队伍各11人，队员都有明确的分工。在两个半场各45分钟的比赛里，每个运动员都朝着对方的球门奋力头顶脚踢，试图得分。图中，穿海军蓝球衣的球员正在防守，而穿红色球衣的球员正在发起攻击。防守一方的守门员穿着绿色的球衣。

不能用手！

足球运动中，只有守门员可以用手控球。足球最初由皮革制成，内里充气；近些年来，足球从设计到结构上都有了很大的改观，变得越来越轻、越来越有弹力了。

铁杆球迷

球迷自掏腰包挤进拥挤的人群为他们支持的队伍加油助威。许多球迷穿上和他们支持的球队颜色相同的衣服，更有一些足球发烧友离家长途跋涉到达赛场，为他们支持的球队呐喊。

比赛场地

不同团体项目的场地，其大小、标记都有不同的规定，与此同时，规则中也明确指出怎样才算得分取胜。足球场用白漆作标记，以在白色门柱上悬挂球网为主要标志。球只有完全越过两侧门柱之间的白线才算得分，一方得分后，由另一方在中场发球，重新开始比赛。

浪花舞动

大量的运动项目在水上或水中进行。与陆上运动相比，水上运动所需的技巧大不相同。游泳和潜水都属于个人竞技项目，不过花样游泳（见上图）是集体项目。花样游泳集游泳、水上舞蹈及水上体操表演于一身，由裁判直接打分。

冰雪项目

20世纪70年代，单板滑雪运动首次作为冬季运动项目进入了公众视野。如今，这种运动已渐趋大众化。单板滑雪运动员双脚缚在滑雪板上，控制单板向山下滑行，并在途中表演一系列的绝技。自由式滑雪、越野滑雪、高山滑雪、跳台滑雪等都是雪上运动项目，而流行的冰上运动项目则有速度滑冰、冰球和冰壶等。

体操和田径

体操和田径运动员不仅需要具备超强的体力、意志力、协调性和灵活反应能力，更重要的是要有决心、能自律。高低杠比赛（见上图）根据体操运动员扣人心弦的空翻、回环、换杠、落地等动作的完成度来打分。

轮上运动

轮上运动包括自行车、滑板以及轮滑。虽然每项运动都有专门的协会负责组织赛事，但是主流的轮上运动赛事却只有自行车类。2008年北京奥运会组织了四大类、十八项自行车赛事，这四大类赛事分别是：场地自行车、公路自行车、山地自行车以及自行车越野赛。

设计

设计师的作品无处不在，我们用的家具、穿的衣服、超市货架上的商品都是他们的杰作。艺术设计随着新材料的出现以及大众审美趣味的转变而变化。比如，20世纪初盛行黑色、厚重的实木家具；简单的造型、醒目的色彩是20世纪20年代家具的标志。现代设计流行混搭，多为塑料制品。一些设计十分流行，成为了经典。

黑星时钟

美国设计师乔治•尼尔森剥去了壁挂时钟的外衣，仅保留了其光秃秃的指针。他在20世纪50年代设计的这种星号钟曾风行一时，销量可观。

蛋形座椅

尽管丹麦设计师阿诺•雅各布森惯用钢铁等前沿材料，他却总能从自然界汲取灵感。这一点在他20世纪50年代的设计作品蛋形座椅中就能得到印证。

甲壳虫那些事

汽车设计师研发新模型时通常会考虑很多因素，诸如安全性能、引擎动力、成本以及乘客舒适度等。许多车型设计得非常成功，被奉为经典。大众甲壳虫起初以廉价家用车的身份诞生于20世纪30年代的德国，后因价格低廉、可信赖度高、造型独树一帜而风靡全球。

时尚电话

1954年，瑞典爱立信公司推出了一款新型电话。不同于拨号盘与听筒分离的传统式电话，这款新型塑料电话实现了多功能一体化，并且突破性地推出了18种颜色。

优雅的洋蓟灯

遇到棘手的问题，设计师的任务就是找寻优雅的解决方案。丹麦设计师保尔•汉宁森设计了一款吊灯，这款吊灯可以避免灯泡的眩光刺激眼睛。他的设计方案是：将包在灯泡外遮挡强光的72片金属灯罩进行排列，重新引导光线的照射方向。汉宁森的洋蓟灯是1958年为哥本哈根的一家餐馆设计的，现今已成为设计界的经典之作。

创意搁置架

图中钢结构的美国地图是以色列设计师罗恩•阿拉德的作品，这张钢板地图兼具艺术与设计的特征。它不仅具有非常鲜明的墙体特点，还可用作搁置架。

奇特的塑料制品

把液化的塑料浇注到一个可重复使用的模子里就制成了图中的这张桌子。自20世纪30年代以来，塑料制品开始以这种方式批量生产。自此，造型时尚、价格低廉的塑料装饰逐渐进入了千万家庭。

T台展示

时装学校和艺术学院一般都会开设服装设计课程。许多服装设计师就职于大型的时装工厂，向市场供应大批量的现成服装。有些设计师则为特殊的顾客定做高级服饰，这些高级时装以昂贵的布料和夸张的造型为主要特点。类似巴黎、纽约、伦敦这样的大都市，每年都会举办两次时装展，模特们通过T台走秀来展示最新的单品。

最喜爱的食品

为消费品设计合适的包装是设计的一个重要环节。每个食品公司都希望自己产品的包装与众不同，能够使消费者在超市货架前选购商品时一眼认出。例如著名的亨氏番茄酱，其瓶子造型和商标都很独特，已沿用了一个世纪之久，世界各地的分公司都统一用这样的瓶子。

笔的选择

有时，一个经典设计作品的诞生要靠运气。1935年，匈牙利记者拉迪斯洛•比罗设计了一款不会产生污渍的钢笔，这支钢笔运用了滚珠笔尖。但这一发明起初并未流行起来，直到第二次世界大战时，英国政府急于寻找能让飞行员在高空中使用的笔，比罗的笔这才被发现并得以应用。战后，其他许多制造商纷纷采纳了这一设计，自此，圆珠笔问世了。

戏剧

古希腊人最早将故事改编成剧本，theatre这个词来自希腊语theatron，意为“观看演出的地方”。综观世界各地，戏剧在发展过程中形成了不同的传统表现形式，其中就包括日本的经典能剧——演员戴着面具表演的一种音乐剧。

音乐无处不在

世界各地的观众都对华丽多彩的现代音乐舞台演出情有独钟。音乐剧是一种舞台艺术形式，它巧妙地融合了表演、歌唱以及舞蹈等表演形式，讲述了一个跌宕起伏的故事。在伦敦西区和纽约百老汇上映的最受欢迎的演出大多是音乐剧。

木偶戏

自古以来，人们就喜欢用木偶来演绎故事。哇扬戏是印度尼西亚的传统木偶戏。表演者把高高的木偶绑在竹竿上，然后用木棒操纵木偶的四肢，灯光从后面将木偶的影子投射到前方的白色幕布上，这样观众就可以看到木偶的表演了。

话剧

话剧是用对话和动作来表演的戏剧。在舞台上，演员们不仅通过语调，还通过表情和手势使观众对正在发生的故事信以为真。演员的服饰、妆容以及舞台布景都有助于为观众营造一种身临其境的感觉。

歌剧

歌剧是西方传统古典音乐的一种形式，起源于17世纪初期的意大利，一般在专门的大型歌剧院进行表演。舞台下的乐池中有一个完整的管弦乐队伴奏，歌手必须声音洪亮，以便全场都能听到他的歌声。

神秘的松树

能剧院的后墙上通常喷绘着松树。据说松树象征梯子，天神就是顺着这架梯子降临地球，参加日本神道教的仪式的。

演奏乐曲

四名乐师为歌舞伴奏，这就是助兴乐。从左至右，他们演奏的乐器分别为太鼓、大鼓、小鼓、长笛。

简单的舞台

与大多数西方剧院相比，能剧院在设计上更为简单。舞台大约比观众席高一米，舞台地板是抛过光的，以便演员在上面滑行。

戴面具的演员

能剧演员不画浓重的舞台妆，只戴绘制好的木制面具。男人、女人、老人、恶魔和幽灵的面具风格各异，图片所示是年轻男人的面具。演员头部微微地动一下，面具就可以表达出不同的情绪。头向上斜时，面具看起来像在笑；向下斜时，面具就像在皱眉。

舞台设计

最初，能剧表演多在户外、寺庙或神社进行。现代能剧舞台设计的灵感来源于神社——即使搭建在室内也要完整地搭上屋顶。舞台通过一座桥连接到后台，桥边植有三棵松树，从而带给观众一种距离上的延伸感，最高的那棵松树离主台最近。

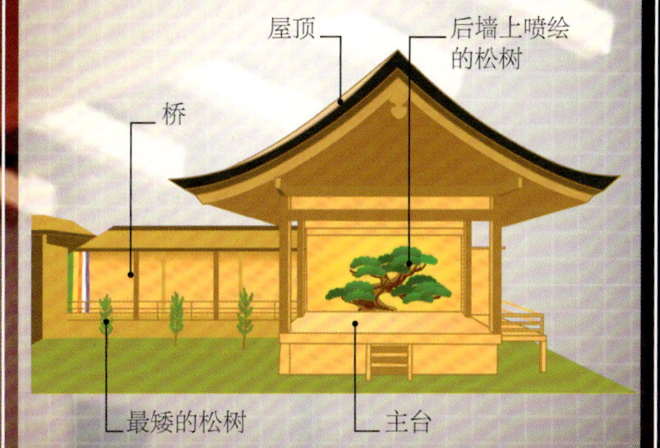

能剧表演

能剧由奏乐、舞蹈、唱念构成，节奏缓慢而优雅。能剧的主角叫做“仕手”，配角称为“胁方”。按照传统，男女角色均由男演员来扮演。图中，能剧演员头戴假发，扮演天神。他边唱边跳，挥舞手中的折扇与观众对话。

服装

14世纪能剧刚刚出现时，演员都是穿平时的衣服表演。但自16世纪晚期以来，演员们开始穿着漂亮华丽、有象征意义的织锦缎演出服。

南美洲圭亚那岩石上这个古老的手印，是史前居民存在过的痕迹。

历史

人类历史就是一部探索发现和政治革新的传奇史诗。伟大的人类文明来了又去，即使深受疾病的困扰，又饱经战火洗礼，千疮百孔，仍留给了后世丰富的精神财富和物质成果。从改变世界的工业革命到带来毁灭的第二次世界大战，历史勾勒出了一幅波澜壮阔的人类文明画卷。

战争

有史以来，战乱频仍。战争的目的无外乎争夺土地、掠夺资源，或仅仅是为了争强好胜。武器变得更加精准，且易于远距离携带，所以作战的方式也发生了变化。中世纪以前，战争工具还是矛、剑、弓和箭，16世纪以后，欧洲人开始广泛使用枪支。

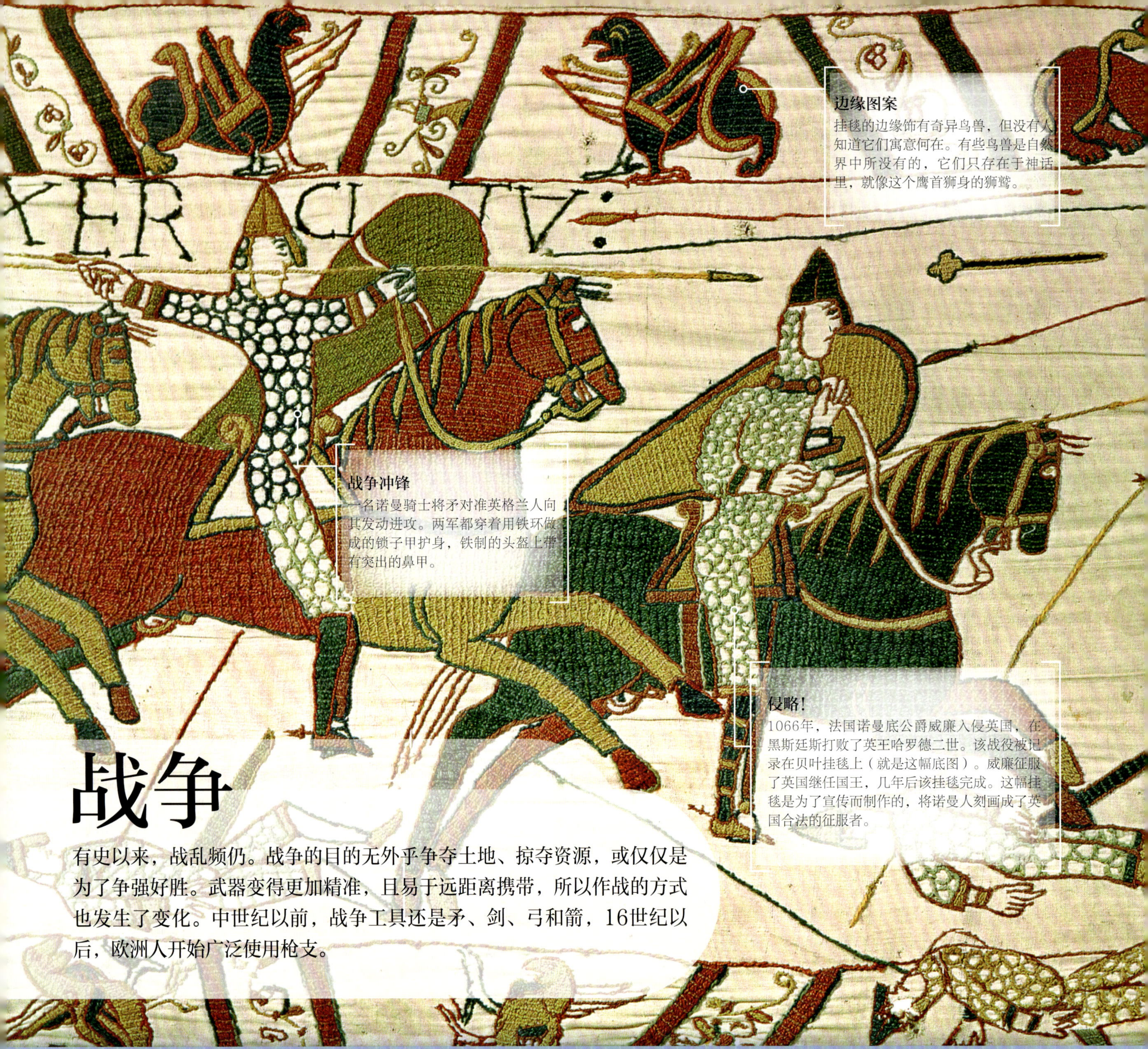

边缘图案

挂毯的边缘饰有奇异鸟兽，但没有人知道它们寓意何在。有些鸟兽是自然界中所没有的，它们只存在于神话里，就像这个鹰首狮身的狮鹫。

战争冲锋

一名诺曼骑士将矛对准英格兰人向其发动进攻。两军都穿着用铁环做成的锁子甲护身，铁制的头盔上带有突出的鼻甲。

侵略！

1066年，法国诺曼底公爵威廉入侵英国，在黑斯廷斯打败了英王哈罗德二世。该战役被记录在贝叶挂毯上（就是这幅底图）。威廉征服了英国继任国王，几年后该挂毯完成。这幅挂毯是为了宣传而制作的，将诺曼人刻画成了英国合法的征服者。

围攻

在古时候和中世纪，围攻是一种常见的作战形式。入侵的军队会包围一座城市或城堡，攻打城墙；而里面的军队则通过泼沸油、射箭、扔火把来还击。进攻的军队通常会使用围攻机械（例如攻城锤和投石机）来推倒城墙。19世纪的这幅画表现的就是公元前146年第三次布匿战争期间罗马士兵用石头攻击迦太基的情景。

最大帝国

13世纪，蒙古首领成吉思汗率领铁骑大军从东西伯利亚出发，在征服了众多国家后建立了史上最大的帝国——大蒙古国，全盛时的版图一度从中国经俄国直到中东。蒙古兵的成功在于马匹优良，拥有令敌方闻风丧胆的战略战术。此外，他们的弓弩虽短但强有力、发射速度快，在马上冲击时能向敌军射出大量的弓箭。

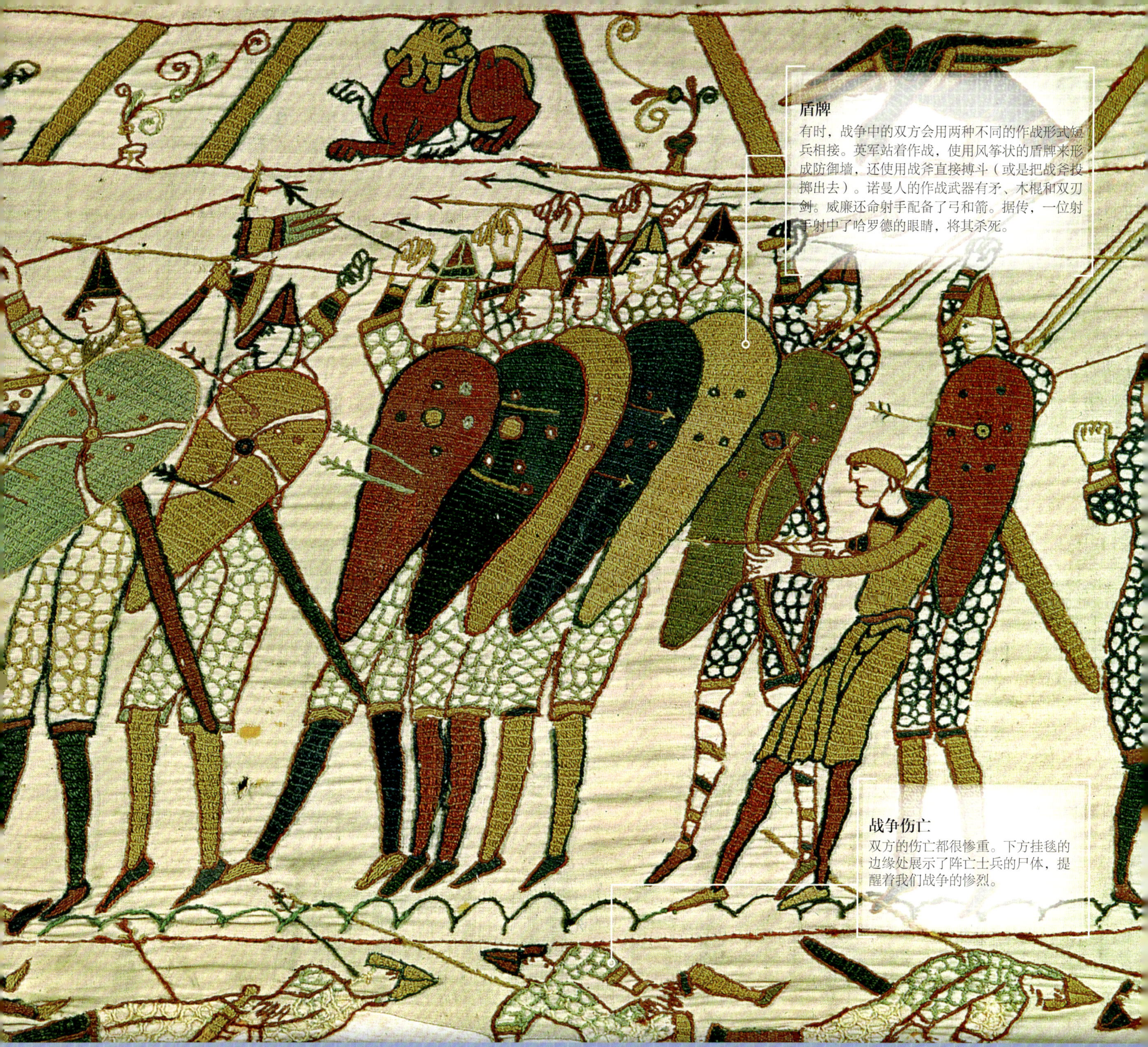

盾牌

有时，战争中的双方会用两种不同的作战形式短兵相接。英军站着作战，使用风筝状的盾牌来形成防御墙，还使用战斧直接搏斗（或是把战斧投掷出去）。诺曼人的作战武器有矛、木棍和双刃剑。威廉还命射手配备了弓和箭。据传，一位射手射中了哈罗德的眼睛，将其杀死。

战争伤亡

双方的伤亡都很惨重。下方挂毯的边缘处展示了阵亡士兵的尸体，提醒着我们战争的惨烈。

海战

16世纪出现了装载在马车上的加农炮，能向敌舰发射重型铁制炮弹，海战的历史由此改变。配有加农炮的欧洲战船控制了全球的航线。许多大型战役在海上发生，例如1805年的特拉法尔加海战（见左图）。在这场战役中，英国海军中将纳尔逊打败了法国和西班牙的联合舰队。但不幸的是，他在战斗中阵亡。

空袭

空袭始于第一次世界大战时期，配置了机枪的战机在空中混战。到第二次世界大战时，轰炸机开始实现远距离飞行，这使战争变得更加恐怖，平民大量死伤，整座城市变为废墟。这幅图展示了德国首都柏林1945年被反法西斯盟军轰炸后的情景。

最早的城邦

最早的城邦诞生于大约5500年前，许多位于苏美尔（今伊拉克）。各个城邦都有一个国王奉神祇之命进行统治。这些城邦孕育了一些早期的文明，以及贵族统治下技术发达、文化繁荣、法律健全的高级社会。这幅图画描绘的是一队人正在给乌尔王朝的国王奉上食物的场景。

早期农民

恰塔霍裕克是土耳其南部一个有着8000年历史的村落。在那里，土坯房紧紧挤在一起，入口位于房顶。这里住的都是农民，他们种植小麦、大麦，饲养鸡、牛等牲畜。那时，大部分人还是狩猎-采集者。

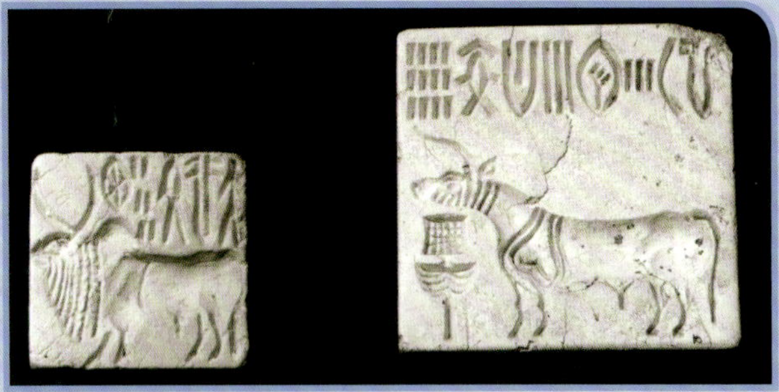

印度城邦居民

这些石印属于4000多年前繁荣的印度河谷文明（位于巴基斯坦和印度西北部）。印度人建立了庞大的城邦，城邦里有土坯房，甚至还有室内卫生设施。这些石印上刻有一些尚无法解读的文字，它可能是一种身份牌。

巴比伦奇迹

伊斯塔尔门上雕刻着龙和公牛，它曾是巴比伦城邦的入口。巴比伦是美索不达米亚帝国的中心，而美索不达米亚帝国于公元前1000年侵占了耶路撒冷。巴比伦著名的空中花园是世界七大奇迹之一。

波斯帝国

公元前539年，波斯国王居鲁士大帝的大军攻克了巴比伦城。居鲁士统治着古代世界最大的帝国，版图从地中海一直延伸到阿富汗。苏萨（位于伊朗）宫殿里的这些射手形象装饰很好地彰显了波斯帝国的威力。

是祭司也是国王

在这幅图里，国王比其他人物都高大，以此突显其神圣地位。在许多早期文明中，统治者都行使宗教职责，自己也扮演神明的角色。

娱乐

乐师正在弹奏里拉琴，琴上饰有牛首。乐师身边的人可能是一位歌者，她也是图画中唯一的女性。

靠土地吃饭

苏美尔城邦的发展得益于幼发拉底河和底格里斯河洪水泛滥形成的肥沃河滩。这里相对而言降水较少，但人们挖掘了运河，从河里引水灌溉土地。农民种的粮食自己吃不完，就把剩下的带到城邦里的神庙中储存起来。神庙被当作仓库，里面的粮食通常会分给不种地的工人们。

新月沃地

新月沃地是指从地中海沿岸到中东地区的一条弧形的狭长地带，这里是古代农业的摇篮。狩猎-采集者最初在这里采摘野生谷物，然后有意识地把野生谷物改进为适宜种植的作物。在漫长的岁月中，他们过着游牧的生活，最后群体定居下来，最早的城市就这样诞生了。

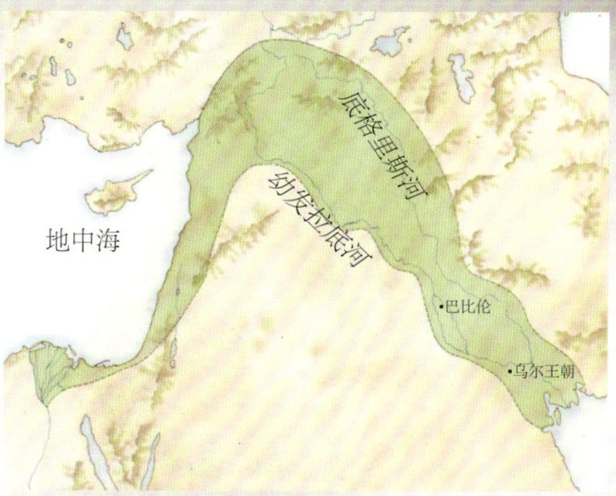

乌尔王朝的旗帜

这一度被认为是王室的旗帜，但现在学者们认为这个美轮美奂的物品也许是某种乐器的一部分。该物品出土于公元前2500年的乌尔王墓，是由天青石、砂岩、贝壳拼成的马赛克图案。这幅图案展示的是一队人正在为王室宴会奉上食物；而其他图案展示的则是战争场景。该物品的实际尺寸为50厘米长、21.5厘米宽。

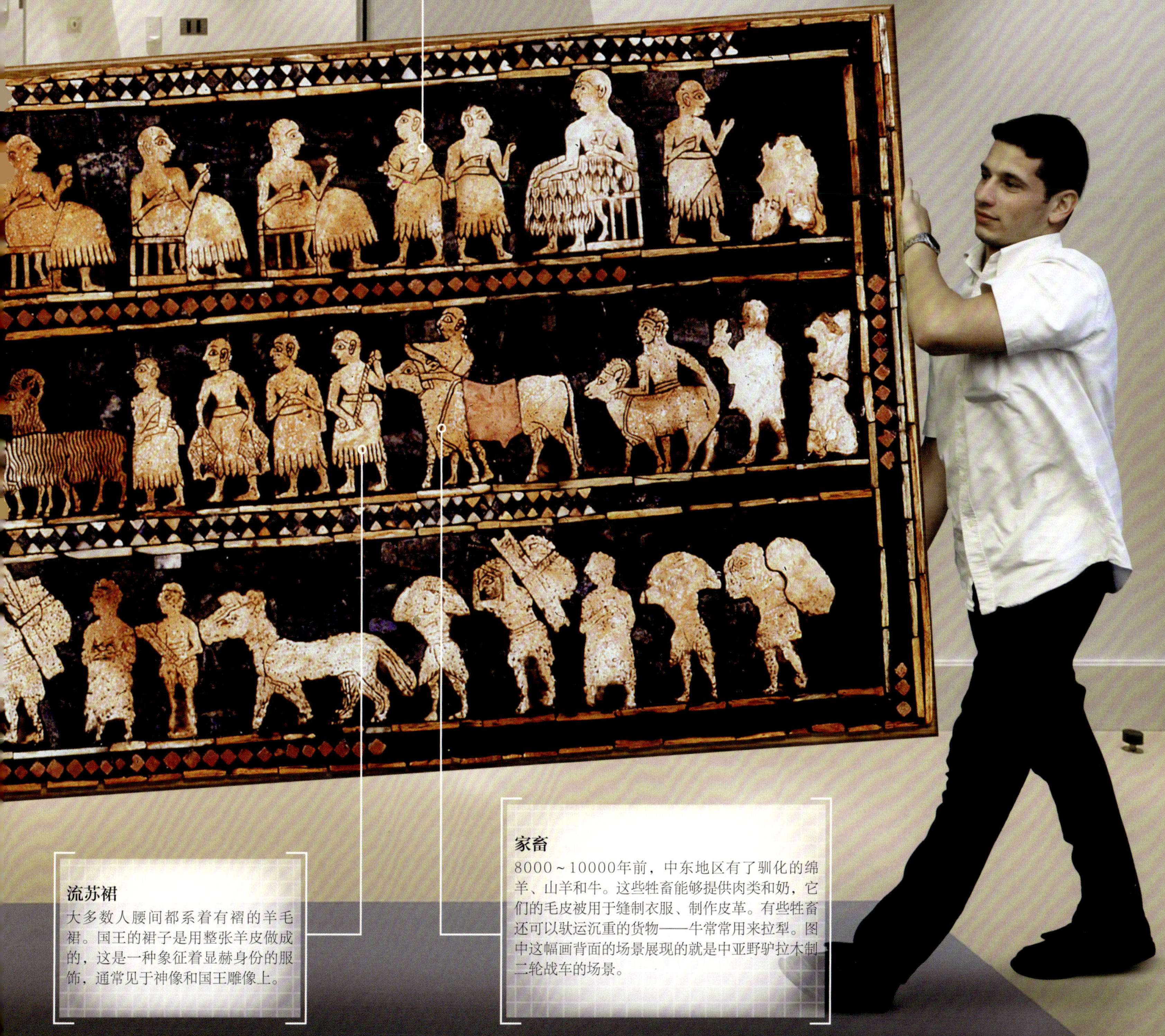

流苏裙

大多数人腰间都系着有褶的羊毛裙。国王的裙子是用整张羊皮做成的，这是一种象征着显赫身份的服饰，通常见于神像和国王雕像上。

家畜

8000～10000年前，中东地区有了驯化的绵羊、山羊和牛。这些牲畜能够提供肉类和奶，它们的毛皮被用于缝制衣服、制作皮革。有些牲畜还可以驮运沉重的货物——牛常常用来拉犁。图中这幅画背面的场景展现的就是中亚野驴拉木制二轮战车的场景。

始祖种地猿

这个长得像猩猩一样的古猿生活在440万年前的非洲。古猿虽用双脚走路，但在丛林中穿梭时，它们会用硕大的脚趾握住树枝。

南方古猿

这个脑袋很小的古猿，名字叫南方古猿。南方指的是非洲埃塞俄比亚地区，1974年在该地首次发掘出了南方古猿的骨骼。南方古猿生活在300万～400万年前。

直立行走

直立人生活在100万～180万年前。他们成群结队地用石器猎杀动物，用火做饭。在非洲、欧洲（西班牙）和亚洲（印度尼西亚和中国）都发现了直立人的化石。有一种理论认为，直立人是从非洲迁徙到亚洲的。还有一些专家认为，在亚洲发现的化石属于另一个物种。

人类的起源

人类进化的历史始于500万年前的非洲。那时，早期的古猿开始结束树居生活，用双脚走路。从树栖生活到地上生活的转变，这一过程花费了几百万年的时间，通过研究人类祖先的骨骼化石，我们可以寻到些蛛丝马迹。

能人

这一非洲物种大约有250万年的历史。它的名字意为“手巧的人”，因为能人是最早制作简易石器的人类祖先。能人的大脑容量不到现代人类大脑的一半。

尼安德特人

尼安德特人的化石最早发现于德国的尼安德河谷，并由此得名。他们生活在3万～30万年前的欧洲和西亚，在这一时间段现代人类也出现了。他们搜寻植物果腹也猎杀动物。他们大约有1.6米高，身体十分健壮，鼻子硕大，眉骨凸起。

现代人类

从解剖学上讲，现代人类——智人起源于20万年前的非洲。大约5万年前，他们已掌握了广泛的制作工具的技巧，能够使用语言和图形互相交流，并且有安葬死者的习俗。大约10万年前，智人开始从非洲迁移出来，于1.5万年前四散到了世界各地。

走出非洲

奥杜威峡谷位于坦桑尼亚的东非大裂谷，那里有许多人类进化的线索。20世纪五六十年代，考古学家路易斯•利基和玛丽•利基在奥杜威峡谷发现了一系列古人类化石，从而证实了人类起源于非洲。

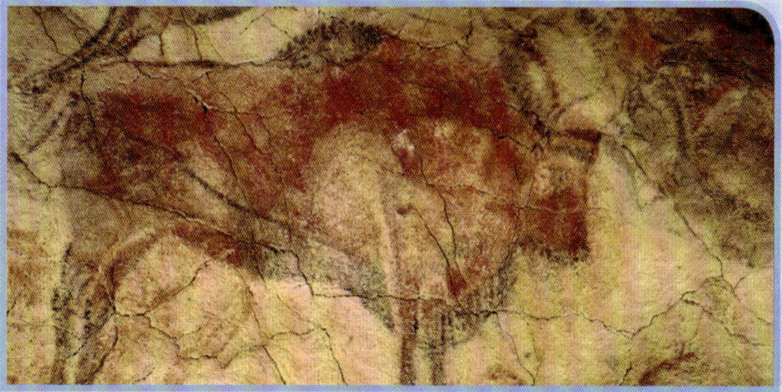

史前艺术

31000年前，生活在法国南部和西班牙的史前狩猎者创作了最早的艺术——洞穴岩画，其内容是逼真的牛、马、鹿和火柴人，颜色多为红色、橙色和黑色。这让人们对早期人类有了更加深入的了解。

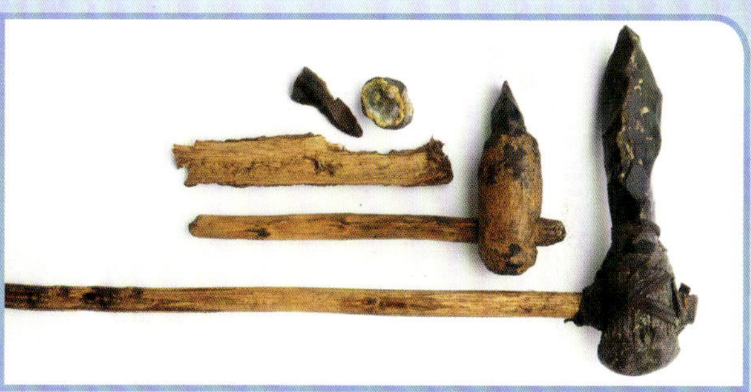

工具

早在70万年前，就有了用燧石打磨的实用手斧。把磨尖的燧石用皮带绑在木头柄上就做成了手斧，可以用来挖掘和凿击，也可用作矛。到3万年前，又出现了用骨头和鹿角做成的鱼叉和针。

冰河世纪的狩猎者

1万～3万年前，在冰河世纪的末期，巨大的冰层覆盖着北欧和亚洲的大部分地区。为了能够生存下去，人类不得不学习新的技能。他们猎食猛犸，并用猛犸的皮毛来抵御寒冷。

早期的美洲

在16世纪欧洲殖民者到达之前，美洲经历了多次高级文明的兴衰更替。好战的阿兹特克人从14世纪开始就一直控制着墨西哥，他们的文明在墨西哥繁荣了2000多年。阿兹特克人的社会在很多方面都与之前的民族相似。

众神之城

墨西哥的特奥蒂瓦坎是古代美洲最大的城市。关于城市建立者的记载语焉不详，但是到公元1000年时，特奥蒂瓦坎占地面积已达31平方千米，人口达25万。阿兹特克人发现了该城的遗迹，并将其命名为特奥蒂瓦坎——众神之城。这幅图展示的是月亮金字塔和太阳金字塔，阿兹特克人自己建立的城市也采用了类似风格。

最后的阿兹特克人

欧洲人的到来意味着美洲文明的终结。西班牙征服者赫尔南•科尔特斯在1519年踏上墨西哥时，阿兹特克人把他误认作羽蛇神奎兹尔科亚特尔。阿兹特克的最后一任国王蒙特祖玛二世热烈欢迎科尔特斯到首都特诺奇蒂特兰来，而科尔特斯给他的回应却是让他沦为阶下囚。科尔特斯的士兵践踏了特诺奇蒂特兰城，到1521年整个墨西哥都落到了西班牙人的手中。

巨石头像

奥尔梅克文明（公元前1500—前400年）是墨西哥最古老的文明。尽管我们对其知之甚少，但据说后来的很多文明都沿袭了奥尔梅克文明，例如它的天文历法、宗教血祭、玉面具制作以及具有宗教仪式性质的球赛等。图中的巨石头像用玄武岩雕刻而成，其原型是一名奥尔梅克的统治者。在墨西哥湾拉文塔附近共发现了14个石像，这是其中之一。

石刻法令

曾生活在现今危地马拉和墨西哥地区的玛雅人是唯一拥有文字的古代美洲人。他们将条令规则刻在图中所示的石匾上。玛雅人建立了巨大的金字塔神庙，在那里人们献出生命，将心脏奉给神明。玛雅人在宗教祭祀时还会进行痛苦的血祭，用黄貂鱼的刺把自己的舌头刺穿，让自己进入亦真亦幻的状态。

古代美洲的运动

古代中美洲有很多种宗教性质的球赛。球赛在球场上进行，两队球员只能用髋部来进行对抗，将很硬的实心橡胶球打入对方的圈中。

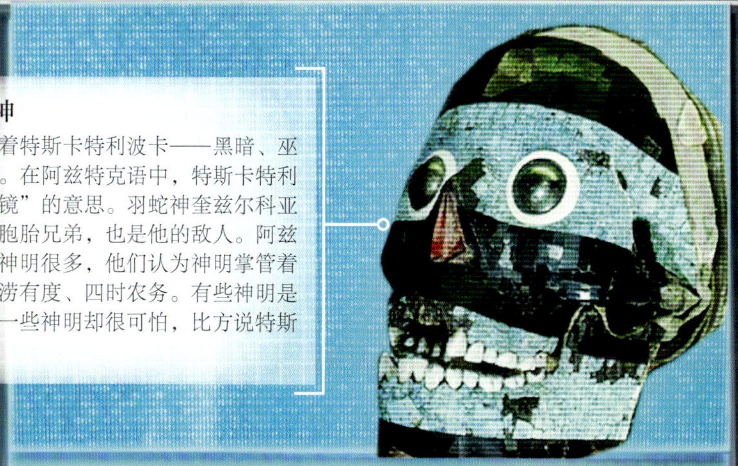

阿兹特克之神

这个面具象征着特斯卡特利波卡——黑暗、巫术及战争之神。在阿兹特克语中，特斯卡特利波卡是“烟雾镜”的意思。羽蛇神奎兹尔科亚特尔是他的双胞胎兄弟，也是他的敌人。阿兹特克人信仰的神明很多，他们认为神明掌管着日月升落、旱涝有度、四时农务。有些神明是善良的，但有一些神明却很可怕，比方说特斯卡特利波卡。

阿兹特克历

太阳石是巨大的花岗岩板，直径3.6米，上面雕刻着阿兹特克人的宗教日历，共260天，还有代表诸神的标志。这些石板以前可能是祭坛。

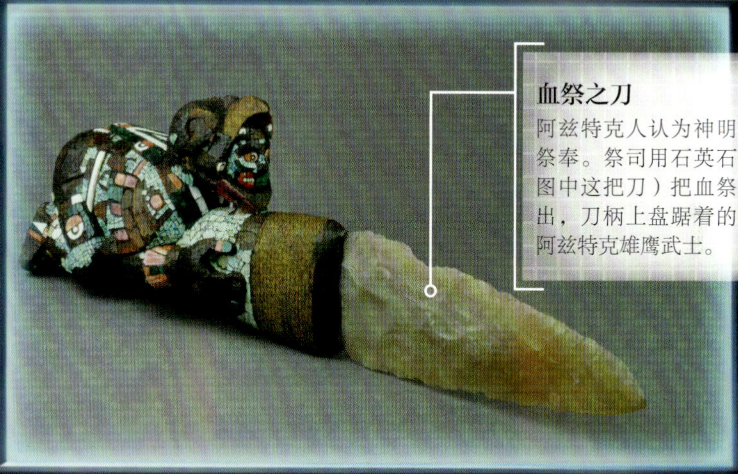

血祭之刀

阿兹特克人认为神明需要用人来祭奉。祭司用石英石锯片（就像图中这把刀）把血祭者的心脏挖出，刀柄上盘踞着的人物是一名阿兹特克雄鹰武士。

托尔特克武士

高高的几列石刻武士保卫着前托尔特克首都图拉留下的所有遗迹。托尔特克人都是武士，公元950—1200年他们控制着墨西哥中部的大部分地区。他们似乎已成为尤卡坦半岛末端玛雅城奇琴伊察的统治者。托尔特克人之后的阿兹特克人继承了前者对于羽蛇神奎兹尔科亚特尔的崇拜，将其看作造物主以及人类的守护者。

马丘比丘

美洲到处都有人类的足迹。在15世纪，巨大的印加帝国版图延伸到了南美洲的太平洋沿岸，南北长达4800千米。印加人没有带轮子的交通工具，而是使用美洲驼和羊驼来运载物品，行走在帝国纵横交错的道路上。印加帝国的马丘比丘城坐落在安第斯山脉高处，1532年西班牙人征服秘鲁时并没有发现这里。

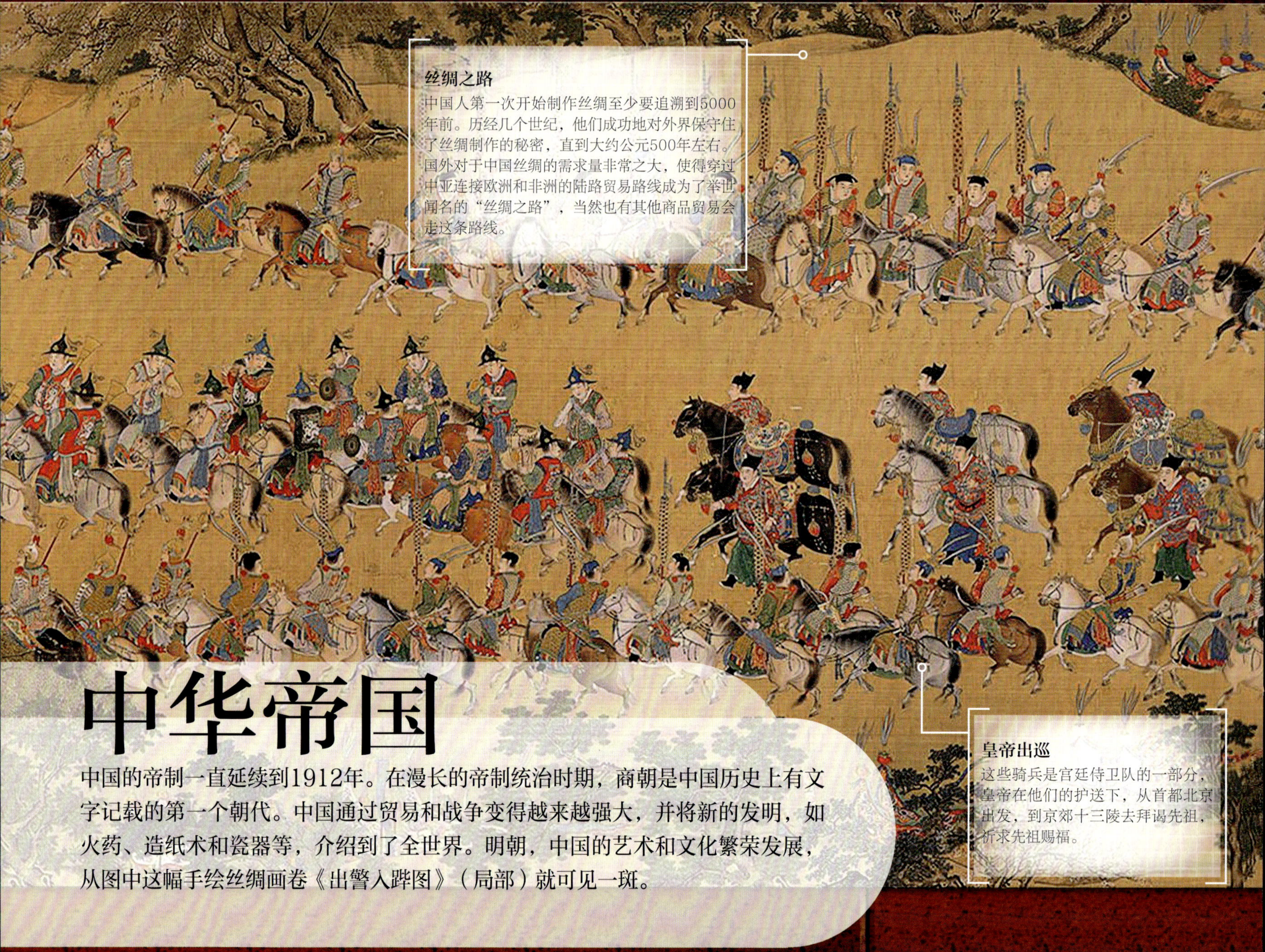

丝绸之路

中国人第一次开始制作丝绸至少要追溯到5000年前。历经几个世纪，他们成功地对外界保守住了丝绸制作的秘密，直到大约公元500年左右。国外对于中国丝绸的需求量非常之大，使得穿过中亚连接欧洲和非洲的陆路贸易路线成为了举世闻名的“丝绸之路”，当然也有其他商品贸易会走这条路线。

皇帝出巡

这些骑兵是宫廷侍卫队的一部分，皇帝在他们的护送下，从首都北京出发，到京郊十三陵去拜谒先祖，祈求先祖赐福。

中华帝国

中国的帝制一直延续到1912年。在漫长的帝制统治时期，商朝是中国历史上有文字记载的第一个朝代。中国通过贸易和战争变得越来越强大，并将新的发明，如火药、造纸术和瓷器等，介绍到了全世界。明朝，中国的艺术和文化繁荣发展，从图中这幅手绘丝绸画卷《出警入跸图》（局部）就可见一斑。

兵马俑

这支军队由8000个真人大小的陶土士兵、520匹战马、130辆木制战车组成，均按照作战顺序排列。兵马俑是在秦始皇陵墓附近的一个坑内被发现的，每个士兵的样子都独一无二，容貌和表情各异，发式也各不相同。秦始皇21岁亲政，一统中国，统一了法律、文字、度量衡和货币。

乐山大佛

这尊坐佛高71米，位于中国四川，雕刻在乐山悬崖壁上。它刻成于唐朝——唐朝是有史以来统治中国最为成功的朝代之一。在唐朝皇帝的统治下，中国的艺术和贸易空前繁荣，他们大力推崇佛教。佛教早在唐朝前几个世纪就已从印度传入中国，而到了唐朝，全国更是兴建起了数以千计的佛教寺院。

明朝皇帝

嘉靖皇帝（1507—1566年）骑马走在队列中央，四周百官和侍卫环绕。明朝时期，瓷器和丝绸等奢侈品贸易猛增。在明朝，中国的海船不断探索世界海上航线，并满载着异国奇珍而归。

军事实力

负责保护皇帝的士兵穿着礼仪性的盔甲。明朝皇帝有近200万人的军队，他们会使用火药武器——火药是9世纪时由中国发明的。

文武百官

君权体制下的政府是一个庞大而复杂的机构。朝廷通过科举制度选拔官员，科举考试的笔试时间长达一周，考查的是应试者对中国历史和文学经典的掌握程度。

长城

中国北部地势开阔平坦，很容易遭到草原民族的入侵，这是中国历代皇帝的心腹之患。最早从公元前6世纪开始，中国人就开始沿北部边境修建由土石堆砌的城墙，以防御外敌入侵。秦始皇统治时期，城墙得到延伸。到了明朝，皇帝用石头重修了城墙，并加盖了敌楼和炮台，其中一些保留至今。

帝制的衰落

乾隆皇帝是中国历史上最后一个封建王朝清朝的第六位皇帝。乾隆在位60年，是中国历史上在位时间最长的皇帝之一（仅次于其祖父康熙）。在这期间，中国向欧洲大量出口瓷器、棉布、丝绸和茶叶，并以白银支付，使中国成为世界上最富有的国家。然而，乾隆统治的最后几年，朝廷腐败丛生，在他死后，清朝的国力就开始衰退。

新世界

克里斯托弗·哥伦布为了寻找前往东方国家的航线，开始了横跨大西洋的航行，并于1492年踏上美洲大陆。他的这一发现导致南美洲惨遭西班牙征服。但他并不是第一个到达美洲的欧洲人，维京人在他之前500年就已经来过这里了。

环球之旅

葡萄牙探险家费迪南德·麦哲伦是众多惨遭厄运的探险家之一。他在1519年率领船队开始了从大西洋到太平洋的第一次环球航行，但在菲律宾被岛上居民杀害。237名船员中，最终只有18人于1522年返回了家园。

南太平洋

18世纪，欧洲水手掀起了一场探索南太平洋的竞赛。英国水手詹姆斯·库克接受国王乔治三世的任命，率领一支探险队到达波利尼西亚的塔希提岛，对所发现的所有土地都宣示了英国主权。1770年8月，他踏上澳大利亚，并以英国国王乔治三世之名宣布占领该岛与整个新南威尔士为英国领土。

科学探索

生物学家查尔斯·达尔文于1831—1836年乘英国皇家海军舰队“小猎犬”号开展调查，并远航至南美海岸。通过对该地区自然生命的大量观察，达尔文撰写了其著名的论述进化论学说的《物种起源》。

被冰包围

1910年6月，斯科特的船舶“特拉诺瓦”号从英国出发。在澳大利亚，斯科特听说阿蒙森也在从挪威向南全速行进。两人于1911年1月同时抵达了南极洲。阿蒙森尽力向南航行，营地比斯科特在罗斯岛的营地更接近南极点96千米。图中，斯科特的25人团队在被浮冰包围的“特拉诺瓦”号上度过了南极洲1911年的冬天。

竞争中的前行

阿蒙森的团队出发时，总共有4架雪橇，每架雪橇由13只极地犬拉着。当有极地犬变得精疲力尽时，队员便将其射杀，换上滑雪板前进。一路上总共有6只犬被射杀。最后，他们只用了55天就到达了南极点。

探索

探索的欲望是人的一种本性。随着交通和导航技术的提高，人们可以进行长途旅行，到1900年，就只有南极洲尚未被人类探索了。1911—1912年，英国极地探险家罗伯特·福尔肯·斯科特和挪威极地探险家罗尔德·阿蒙森为成为第一个到达南极点的人展开了竞争。

输掉比赛

这张照片是斯科特（右）于1912年1月17日到达南极点时拍摄的，他到了之后发现阿蒙森已先于他35天到达了那里。照片中他站在阿蒙森挂着挪威国旗的帐篷旁边。输了比赛，斯科特感到十分沮丧。他的五人团队在归途中全部遇难。斯科特的遗体在他的帐篷内被发现，当时他离大本营只有17千米。

人力

斯科特没有用极地犬来拉雪橇或许是个错误的决定。他的西伯利亚小马都死了，机动雪橇上的发动机也出了故障，所以队员们不得不自己在雪地上拉着供给前行，耗尽了体力。

防寒

在毛皮靴子（斯科特称之为挪威鹿皮靴）内穿一双毡靴可以帮助探险者们保持脚部的温暖和干燥。但是，与现代轻质保暖的极地防寒服相比，他们沉重的毛料服装显得笨重且御寒能力不足。斯科特一行中的许多人得了冻疮，而且由于没有佩戴护目镜还患上了雪盲症。饮食中缺乏维生素则进一步加剧了健康问题。

古希腊

古希腊位于地中海东部，共有300多个城邦。古希腊人花费了大量的时间互相争斗。而把他们团结在一起的只是一门共同的语言和对于哲学思想的热爱。古希腊人创造了民主，并把自己的思想记录下来。他们在文学、科学以及哲学方面的巨大成就被保留到现在，一直影响着我们现代人的思维方式。

医生的嘱咐

希波克拉底（约公元前460—前370年）是一位伟大的医生。他认为疾病是身体原因造成的，而并非是神降病于人。他还看重休息和饮食习惯对于实现治愈的好处。

历史之父

第一个记录我们称之为历史的人是希罗多德（约公元前484—前425年），他亲眼见证了希腊人和波斯人之间的战争。

亚历山大大帝

亚历山大（公元前356—前323年）20岁时成为了希腊东北部马其顿王国的国王。亚历山大是一位伟大的将军，他征服了希腊城邦和波斯人，之后又继续征服了横跨亚洲和印度西北部的广阔疆域。他建立了许多以自己名字命名的城市，埃及的亚历山大城便是其中一个。他死后，亚历山大城取代雅典成为了古希腊的中心。

男神和女神

古希腊人信奉许多神，其中十二个最重要的神（奥林匹亚诸神）住在奥林匹斯山顶。奥林匹斯山是希腊北部的一座高山，由“众神之王”宙斯（见左图）掌管。宙斯有许多孩子，包括余下的奥林匹亚诸神，如热爱音乐和七弦琴的阿波罗，还有为神送信和在冥界指路的赫耳墨斯。由于人类好争论，所以众神不断干预人类事务，并给他们制造麻烦。

运动健将

运动是古希腊人最喜欢的消遣方式。从公元前776年开始，古希腊运动员来到奥林匹亚，参加每四年举行一次的纪念宙斯的比赛。只有讲古希腊语的男性可以参加，并且成年男子和男孩的比赛也是分开进行的。赛事包括跑步、掷铁饼、马车比赛、掷标枪、摔跤和拳击。运动员竞相角逐用橄榄枝做成的皇冠，为自己和自己的城邦赢取殊荣。

诗人

我们对荷马生活的确切年代一无所知，甚至连他是否真的存在过都无从考证。但他被认为是两大史诗巨著《伊利亚特》和《奥德赛》的作者。这两部史诗讲述了传说中希腊人在特洛伊战争中的丰功伟绩，创作时间可追溯至大约公元前8世纪。后来，它们在整个希腊地区变得众所周知，人们对其喜爱有加、耳熟能详。

萨福

萨福（约公元前610—前550年）是古希腊第一位女诗人，她的作品多以爱情、家庭和朋友为主题。她的抒情风格令人称赞，但只有部分作品被保留了下来。

伟大的哲学家

希腊人热衷哲学（“哲学”一词来自希腊文，意思是“爱智慧”）。柏拉图（公元前427—前347年）是古希腊三杰之一。他在雅典生活、教学，不断质疑世界，思考人们应该如何生活。另外两位重要的思想家是苏格拉底（公元前469—前399年，柏拉图的老师），以及以研究自然世界而闻名的亚里士多德（公元前384—前322年，柏拉图的学生）。

战争

古希腊是一个男性占主导地位的社会，只有男性才能成为古希腊公民，并且他们必须随时准备好为自己的城邦征战。最优秀的士兵来自斯巴达，那里的男孩从7岁开始便接受长达13年的军事训练。古希腊军队包括重装备步兵和方阵，方阵是由拿着层层护盾的士兵组成的。古希腊人在海上乘坐一种木制战舰，人们管它叫三列桨座式战船（左图为复制品）。

尤里卡！

在希腊化时期，科学蓬勃发展。数学家阿基米德（约公元前287—前212年）便是其中一位大家。他苦苦寻找测量不规则物体（比如他自己）体积的方法。一次他发现，当他走进浴缸时水位会上升。他很快意识到，可以通过测量物体排开水的体积来得到物体的体积。他顾不得穿衣服就兴奋地冲到了街上大喊：“尤里卡！”（意思是“我知道了！”）

工业革命

大约在1750—1900年，发生了工业革命。在此期间，科技飞速发展，给人们的生活、工作方式带来了翻天覆地的变化。工业革命开始于英国，之后席卷整个世界。工业革命初期，大部分人以耕地为生；工业革命后期，大部分人在城市中工作和生活。铁路的修建对于这些变化的产生起到了关键性作用。

人员和物资

1825年，英国工程师乔治•斯蒂芬森（1781—1848年）主持修建了世界上第一条公共铁路——斯托克顿—达灵顿铁路，同年9月，史蒂芬森驾驶自己设计的“动力”1号蒸汽机车，以24千米/时的速度将550名乘客从达灵顿送至斯托克顿。这条铁路的诞生开创了陆上运输新纪元。在铁路迅速发展之际，越来越多的人开始乘坐火车，火车将人们运送到他们的目的地。

铁路的延伸

铁路在世界范围内快速延伸。这张照片展示了1837年俄国第一条铁路建成通车的开幕式盛况。第一条贯通美国的跨海岸铁路于1869年竣工。在英国，工业化进程早于铁路的出现。但是在世界其他地方，铁路则推动了工业的发展，将生产原料和生活资料快捷、廉价地运往远方的市场。

铁轨不断延伸

铁路的发展极大地增加了煤炭和铁的需求量。铺设在枕木上的铁轨绵延数千米，巨大的火车从上面驶过，永远地改变了乡村的面貌。蒸汽机锅炉必须足够坚实才能承受住蒸汽所产生的压力（一些蒸汽锅炉发生过爆炸）。制铁和铸铁技术稳步提高以满足这一需求。

纺织业的发展

珍妮纺纱机发明于1764年，它的出现使一人同时纺织多卷纱线成为了可能。在工业革命初期，它是第一台给纺织业带来革命性变化的新机器。在此之前，羊毛纺织都在家庭作坊里进行，而现在是在富裕制造商开办的装备有水力或蒸汽动力机器的作坊和工厂里进行，他们雇佣廉价的劳动力，其中大部分是妇女和儿童。

拥挤的城市

一些人离开农村到新开的纺织作坊和工厂里工作。在这些工业中心周围逐渐形成了一些过度拥挤的城市，但由于煤烟和其他污染，这些城市非常肮脏。到1851年，英国有一半以上的人口生活在城市里——这一现象在世界上还是第一次出现。在城市中心会有可怕的贫穷，就像这幅创作于1872年的画里所展示的伦敦的贫民窟一样。

火车速度

1904年，“特鲁罗之城”成为了第一辆速度超过160千米/时的火车。在100年后的2004年，恢复到正常的运行状态后，这辆火车仍能达到它破纪录时的运行速度。

蒸汽动力

1770年之后，蒸汽机被应用到动力机械当中，例如英国工厂的织布机。1804年，理查德•特里维西克（1771—1833年）制造了第一台用于在铁轨上运行的蒸汽动力机车。煤炭燃烧加热放置在引擎前端的大圆锅炉里的水，热水产生蒸汽，这样就可以推动活塞来驱动车轮了。

信息的快速传递

19世纪，电力应用取得很大进步。19世纪30年代，美国发明家塞缪尔•莫尔斯发明了莫尔斯电码，莫尔斯电码是由一系列代表字母的点和划组成的。这种信息传递方式被称为电报，它改变了人们的沟通方式。1866年，第一条海底电缆在大西洋海底铺设完成，使世界的联系更加紧密了。

维多利亚时期的工程师

英国工程师伊桑巴德•金德姆•布鲁内尔（1805—1859年）是铁路大发展时期最伟大的工程师。他设计过隧道、桥梁还有高架桥，即使在今天，这些工程的结构仍令人惊叹，其中就包括了位于布里斯托的克里夫顿悬索桥（见左图）。布鲁内尔还设计了许多著名的汽船，包括“大不列颠”号（1843年制造），这是世界上第一艘由螺旋桨推动的远洋铁壳船。

哲学家

法国哲学家勒内•笛卡尔（1596—1650年）相信可以用科学和数学来解释自然界的一切现象。他的作品在18世纪启蒙运动时期非常有影响力，这一时期，哲学、科学、文化等各领域都强调理性和逻辑推理至上。

凝望天空

意大利天文学家伽利略•伽利雷于1609年发明了第一台天文望远镜。他用这台望远镜来观察月球上的环形山和木星的四颗卫星。他证明了早期波兰天文学家尼古拉斯•哥白尼（1473—1543年）的理论是正确的，即地球围绕太阳转而不是太阳围绕地球转。

天体的奥秘

英国数学家艾萨克•牛顿爵士（1643—1727年）于1687年出版了他平生最重要的作品《自然哲学的数学原理》。他在此书中表明，由于引力的存在，地球和其他行星才能够围绕太阳运行，物体才能掉落到地上。事实证明，这是有史以来最有意义的发现之一。

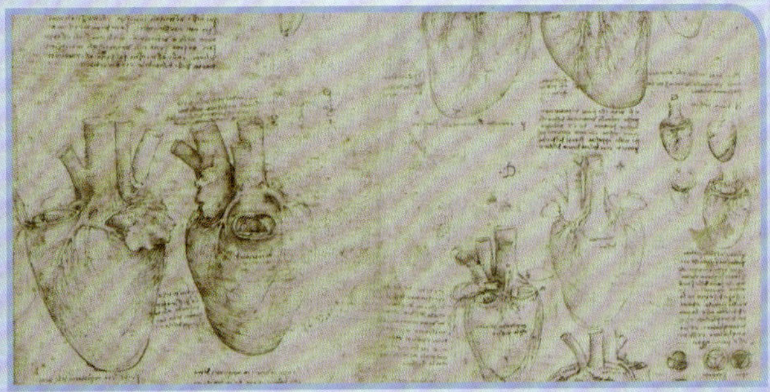

文艺复兴时期的大师

除了广为人知的画家头衔，意大利的列奥纳多•达•芬奇（1452—1519年）还是一位发明家、科学家、建筑师和数学家，他的笔记里记录了他对自然学、解剖学（见上图）以及独创性机器设计的细致而深入的研究。他对于知识的渴求促进了时代的发展。

新思想

14~17世纪期间，新思想和新发现改变了欧洲人对于世界的看法。这是一场知识革命，它借助新的印刷术，就像现在的信息借助互联网一样，使更多的人了解到了这些令人兴奋的突破性成就。

排版

这位工匠正在参照原稿进行排版：把单个凸出的字模放到一块木制模板（印版）里，按照这种方法来组成一页文稿，然后等待印刷。

新书和旧书

在印刷术出现之前，书本都是手工抄写的，费时费力。因而，学习书本知识，就成为了教堂中最有学问的人以及少数能买得起昂贵书籍的富人们的特权。

印刷宣传物

1517年，德国修道士马丁•路德（1483—1546年）在德国维滕贝格城教堂的前门张贴了一张纸，上面列有他对罗马天主教会的种种不满。几天之内，这份声明（即著名的《九十五条论纲》）的印刷版就广泛传播开来，他的观点引发了这一时期欧洲的宗教运动，人们称之为宗教改革。马丁•路德的反对者同样利用印刷机来攻击他——在这幅漫画中，路德正在吹奏魔鬼的曲子。

第一台印刷机

古登堡模仿罗马时代压榨橄榄汁和葡萄汁的机器发明了印刷机。巨大的螺丝施力于木板，将涂了油墨的字模压在下面的纸上。这台印刷机印制的第一本完整著作是《圣经》，而印刷完180本第一版《圣经》耗费了一年的时间。以今天的标准来看，这似乎慢了些，但却比手抄的速度快多了，而且还更加准确。

油墨印刷

在一个工人印刷上一页纸时，另一个工人就准备好下一页。印刷工人将炭黑墨水均匀地涂在印版内的一个个字模上，然后在上面铺上一页纸，这样，付印的准备工作就完成了。

古登堡

这张19世纪的油画向我们展示了大约1455年时德国人约翰内斯•古登堡（1398—1468年）在他的印刷厂里的情景，他开启了印刷术的革命。在他之前，中国已经发明了印刷术，但古登堡发明的是活字版印刷机，即将一个个小字母拼成要印刷的单词。他这项发明的优点是，这些字母可以以任何顺序被反复利用。

古埃及

5000多年前，一种独特的文明发祥于一个农业民族中，这些农民生活在流经埃及的尼罗河两岸。这个文明延续了3000年之久，它壮丽的纪念碑和精心设计的坟墓直到今天仍然令人们叹为观止。下图是技艺精湛的工匠森尼杰姆和他的妻子埃尼菲尔蒂的墓穴，建于公元前1298年，地址位于埃及的底比斯城。

导引亡灵的胡狼

两只胡狼斜倚在太阳神荷鲁斯的眼前。胡狼象征阿努比斯，它负责引导亡灵在冥界通行。

通往来世的旅程

埃及人笃信人死后会有来世，那是一个粮食充足的农业天国。所以，古埃及人死后的尸体会被制作成木乃伊，以便让灵魂重新附着到身体上。这里我们看到的是森尼杰姆的木乃伊，由死亡女神奈芙蒂斯守护着，因为他的灵魂正准备开启通向来世的冒险之旅。

穿着考究的夫妇

图中的埃尼菲尔蒂和森尼杰姆都穿着精美的亚麻布礼服，两人都化着妆、戴着假发，并且头上都戴着有香味的圆锥状的动物脂。他们的墓穴里装满了他们希望来世能够拥有的东西，像食物、酒、家具、珠宝等，这些反映了这对夫妇生前相当富裕。穷人有时会选择靠近富人墓穴的地方来埋葬自己，以便死后可以加入他们的筵席。

家庭重聚

这种特殊的祭司被称为殡葬祭司，他负责唤醒这对夫妇已死的魂灵，并在他们身上浇上一杯酒。其余的还有朋友、家人以及孩子（小图所示），他们都是这对夫妇希望来世可以见到的人。

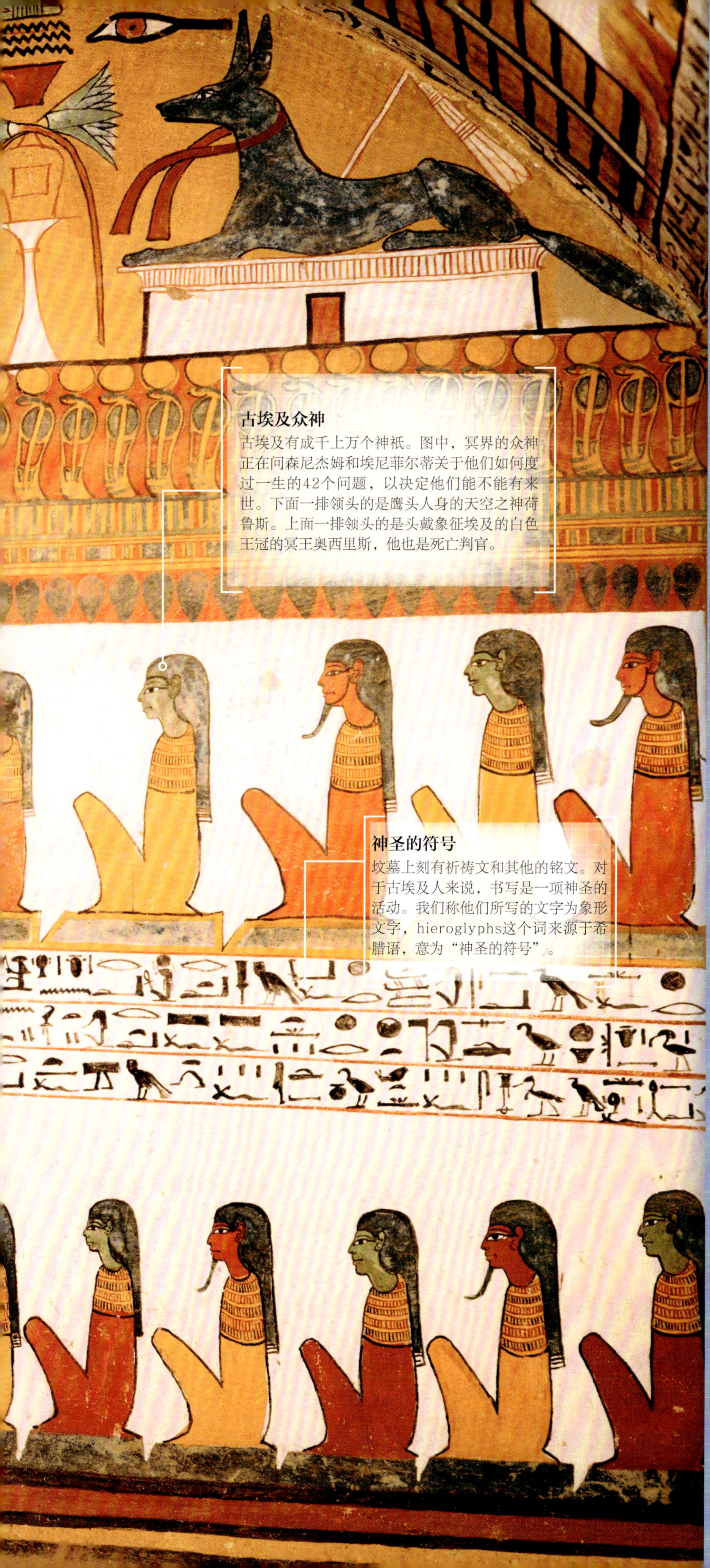

古埃及众神

古埃及有成千上万个神祇。图中，冥界的众神正在问森尼杰姆和埃尼菲尔蒂关于他们如何度过一生的42个问题，以决定他们能不能有来世。下面一排领头的是鹰头人身的天空之神荷鲁斯。上面一排领头的是头戴象征埃及的白色王冠的冥王奥西里斯，他也是死亡判官。

神圣的符号

坟墓上刻有祈祷文和其他的铭文。对于古埃及人来说，书写是一项神圣的活动。我们称他们所写的文字为象形文字，hieroglyphs这个词来源于希腊语，意为“神圣的符号”。

母亲河

尼罗河孕育了古埃及文明。狭长的尼罗河两岸是贫瘠的沙漠。每年，尼罗河都会定期泛滥，既浇灌了两岸的土地，又使肥沃的泥沙沉淀，更新了土壤。如果哪一年尼罗河没有泛滥，那么埃及人就会因粮食不足而挨饿。

法老的木乃伊

由强大的国王领导的埃及有着3000年之久的历史，这些国王被奉若神明，人们称他们为法老。1922年，考古学家偶然发现了一位年轻法老的墓穴，他就是图坦卡蒙（公元前1336—前1327年在位），他的墓穴里装满了宝藏，而他的木乃伊被完好无损地保存在黄金棺材里，戴着纯金的面具。

金字塔

金字塔建于大约4500年前，被用作法老的陵墓，是世界上最早的石砌建筑物。最高的吉萨大金字塔有146米高，由13万块石灰岩石块砌成。最初，金字塔的表面覆盖有黄金，用来反射太阳的光线。

破译密码

长期以来，人类一直无法解读古埃及象形文字。直到1822年，人们才重新学会解读这种文字。法国语言学家让•弗朗索瓦•商博良借助罗塞塔石碑上的铭文破译了这些文字，这大大增加了人们对古埃及的了解。

非洲

许多个世纪以来，在非洲这片土地上有多个文明兴起又没落了。但是这些文明并不为外界所知，人们只能从旅行家所讲的故事中了解到些许情况——比如伊斯兰学者伊本•白图泰（1304—1369年），他曾穿过广阔的撒哈拉大沙漠去游览廷巴克图和其他遥远的地方。

阿斯吉亚的坟墓

16世纪，桑海帝国控制了撒哈拉地区所有的黄金和食盐贸易。这个伊斯兰国家的统治者之一是阿斯吉亚•穆罕默德一世（1442—1538年），他被埋葬在位于马里国加奥市的这个坟墓里。

传说中的廷巴克图

中世纪城市廷巴克图位于西非马里的尼日尔河畔，是一个繁忙的贸易中心。这里还有一所伊斯兰大学以学术研究而闻名，来来往往的旅行者将这座城市的声名远播开来。

大津巴布韦

众多的石墙构建了大津巴布韦古城（1250—1450年），非洲南部现代化国家津巴布韦以此城命名。这些石墙是这座没有防御工事的城市仅剩的遗迹，该城市是由牧牛民族姆韦内莫塔帕建成的。由于控制了黄金和象牙贸易，他们逐渐富裕起来，并在赞比西河地区建立了一个军事帝国。

非洲奴隶

自古以来就有从非洲输出奴隶的贸易。“奴隶纪念碑”位于坦桑尼亚的桑给巴尔城，是为了纪念10~19世纪那些在市场上被贩卖的数百万奴隶而修建的，他们被送往中东接受奴役。从16世纪开始，多达1200万非洲人被从西非运到了美洲种植园。这种有序的贸易借助欧洲的轮船进行，直到1807年奴隶贸易废止时才停止。

非洲的探险家

1800年之前，没有欧洲人踏足过非洲的土地，直到1800年英国皇家地理协会之类的科学团体开始赞助通向非洲大陆腹地的探险，情况才有所改变。英格兰传教士和探险家大卫•利文斯通（1813—1873年）在通往尼罗河发源地的旅行中失踪后，亨利•莫顿•斯坦利（1841—1904年）开始出发去寻找他。他们于1871年会面的消息通过电报传向了全世界。

石刻教堂

这座位于东非埃塞俄比亚的12世纪的教堂是由一整块花岗岩雕凿出来的。埃塞俄比亚（之前是阿克苏姆帝国）自4世纪以来就是一个信奉基督教的国家。

库施王国

也被称为努比亚王国，位于尼罗河的上游（现在的苏丹北部）。其统治者深受北方埃及文明的影响，在为死者建立金字塔作为坟墓的习俗已经在埃及消失很久之后，这里的统治者仍选择死后埋葬在金字塔里。有段时期，库施民族甚至统治过埃及，即埃及第二十五王朝（公元前760—前656年）。麦罗埃曾是库施的首都之一，然而这座曾经盛极一时的城市却没有留下任何遗迹。

非洲早期的王国

公元前3200年，非洲最早的王国埃及建立。约公元前950年，库施王国建立。约公元100—940年的阿克苏姆王国，其鼎盛时期包括红海两岸的大片地区。之后的津巴布韦王国控制着非洲东部沿海地区的大部分贸易。公元1235年，马里帝国兴起。约1340年建立的桑海帝国曾是非洲最大的国家之一。

北非王国鼎盛时期的范围

非洲分裂

1870—1900年，欧洲殖民国家英国、法国、比利时、德国、葡萄牙、西班牙还有意大利，争相抢夺非洲丰富的矿产资源的所有权，如钻石、铜和煤炭等。非洲地图被重新绘制，其中增加了穿过现存部落地区的新地界。这幅漫画展现了英国帝国主义者塞西尔•罗兹（1853—1902年）的野心，他曾梦想建造一条从埃及开罗通往南非开普敦的铁路。

新自由

1950年之前，非洲仅有4个独立的国家，而今天已经有54个了。这些国家进行了多年的斗争，它们赢取独立的道路充满了艰辛。尽管身陷囹圄27年，纳尔逊•曼德拉依然领导了人民战争，反对南非制定的有关剥夺黑人所有公民权的严酷的种族隔离法律。1994年，他成为多种族制度下的南非第一任总统。

印度

印度次大陆是世界两大宗教——印度教和佛教的发源地，也曾经有过很长一段被中亚侵略和殖民的历史。16世纪时，莫卧儿人——来自阿富汗的勇士——宣称自己是蒙古人的后代，他们征服了印度北部地区，并建立起了一个强大的帝国。他们还建造了很多华美的建筑，其中就包括泰姬陵。

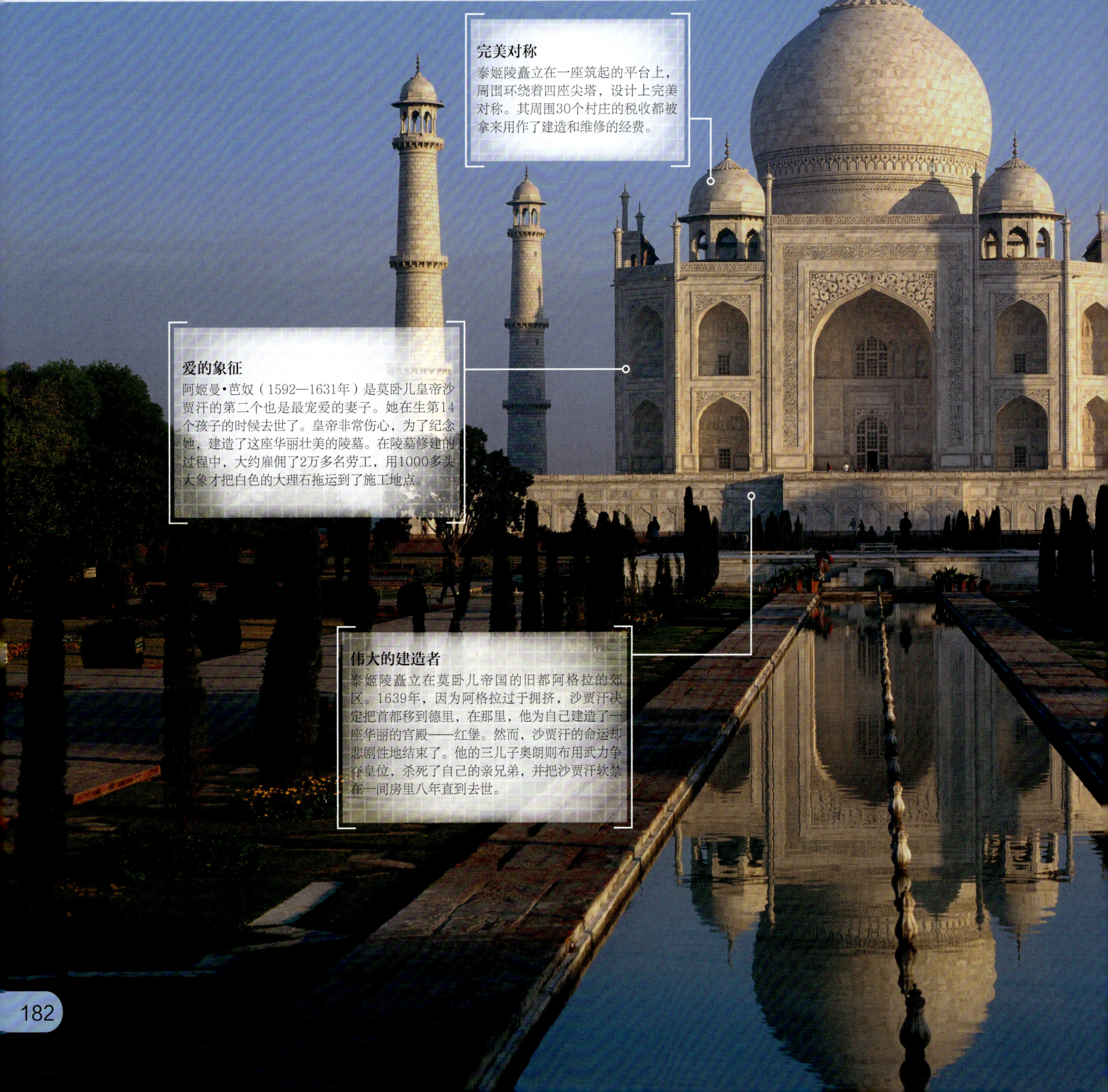

完美对称

泰姬陵矗立在一座筑起的平台上，周围环绕着四座尖塔，设计上完美对称。其周围30个村庄的税收都被拿来用作了建造和维修的经费。

爱的象征

阿姬曼•芭奴（1592—1631年）是莫卧儿皇帝沙贾汗的第二个也是最宠爱的妻子。她在生第14个孩子的时候去世了。皇帝非常伤心，为了纪念她，建造了这座华丽壮美的陵墓。在陵墓修建的过程中，大约雇佣了2万多名劳工，用1000多头大象才把白色的大理石拖运到了施工地点。

伟大的建造者

泰姬陵矗立在莫卧儿帝国的旧都阿格拉的郊区。1639年，因为阿格拉过于拥挤，沙贾汗决定把首都移到德里，在那里，他为自己建造了一座华丽的宫殿——红堡。然而，沙贾汗的命运却悲剧性地结束了。他的三儿子奥朗则布用武力争夺皇位，杀死了自己的亲兄弟，并把沙贾汗软禁在一间房里八年直到去世。

帝国的范围

1526年，巴布尔（1438—1530年）建立了莫卧儿帝国，帝国最初的腹地在喀布尔。到1605年，莫卧儿帝国控制的区域扩展到横跨印度北部。莫卧儿帝国在奥朗则布统治时期达到鼎盛，领土一直延伸至遥远的印度南部。但是在1707年奥朗则布去世后，莫卧儿帝国开始衰落。在北部和西部地区，重生的印度教力量也削弱了莫卧儿帝国的实力。终于在1803年，莫卧儿帝国走向灭亡。

宗教派别

莫卧儿帝国的建筑混合了波斯、印度和伊斯兰风格，尖塔则是清真寺传统的建筑特色。莫卧儿的皇帝都是穆斯林，然而他们的臣民却大部分是印度教徒。为了不引发反抗，莫卧儿人通常把印度教摆在重要的位置上。阿克巴皇帝（1556—1605年在位）以宗教宽容闻名，沙贾汗统治时期倡导信仰伊斯兰教，而奥朗则布时期（1658—1707年）却坚决执行反印度教政策。

天堂公园

根据伊斯兰教的传统，公园里应该有水，从而使人可以想起天堂里的河流。莫卧儿帝国的历代皇帝都非常喜爱公园，并且是艺术绘画的最大赞助者，尤其是微型油画。

远古起源

印度教的起源可以追溯到3000年以前，它首先出现在生活在印度北部恒河平原的农民之间。印度教信奉的最高神是梵天，他曾经在几百位神灵之间显过真身。这座雕塑展示的是湿婆，印度教最古老的神之一。

王国和王朝

印度历史上的大部分时期都分裂为许多较小的信奉印度教和佛教的王国，另外还出现过一些短暂的王朝。位于现在印度东部奥利萨邦的穆格戴斯沃尔寺庙最初修建于11世纪，当时这一地区正处于恒伽王朝统治下的黄金时期。

英国的统治

15世纪，欧洲的贸易商开始拜访印度。到19世纪中期，大不列颠已经直接控制了印度政府。此图展现的是1877年维多利亚女王（1819—1901年）在温莎城堡加冕印度女王的情景，虽然她从来没有到过印度。

自由之路

1947年，穆罕默德•甘地（1869—1948年）成功领导了印度争取独立和摆脱英国统治的斗争。甘地认为，非暴力不合作运动应该能够带来政治上的改变，并组织群众反抗英国的法律。他还自己纺织棉线，抵制英国制造的棉线。

黑死病

14世纪40年代，欧洲突然爆发了黑死病，这场瘟疫导致大约三分之一的欧洲人和上百万的亚洲人死亡。鼠蚤是传播黑死病的罪魁祸首，但是当时的人们却将其归罪于恶劣的空气。图中这个医生戴着像鸟一样的面具来抵御所谓的毒气。

致命的霍乱

霍乱患者是由于饮用了被人类垃圾所污染的水而患病，他们死亡的时候非常痛苦。在19世纪人口拥挤、卫生环境很差的欧洲大城市里，霍乱经常发生，这种情况直到城市安装了下水道排污系统并能提供干净的饮用水之后才得以控制。如今，世界上很多地区仍然面临着霍乱的威胁。

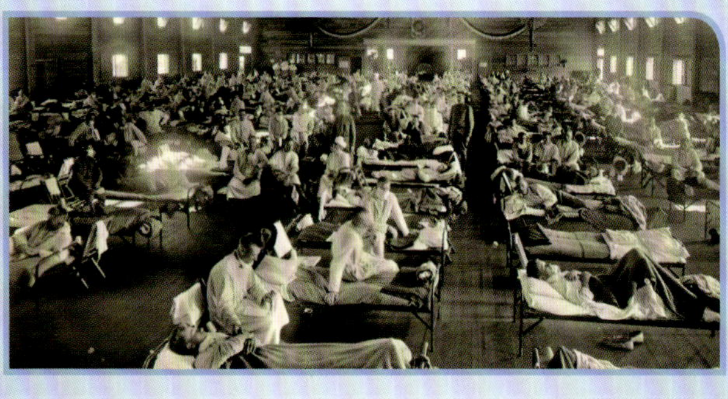

西班牙流感

1918—1919年爆发的西班牙流感是历史上最致命的流感。这场流感开始于美国堪萨斯州的军事基地，携带着这种病毒的士兵通过铁路和船舶传播流感，使世界五分之一的人口受到了感染，大约有5000万到1亿人死于这一疾病。

抵抗艾滋病

全球大约有3300万人感染艾滋病（全称“获得性免疫缺陷综合征”），其中大部分在非洲。直到20世纪80年代，艾滋病的病因还不为人知晓。南非德班的这个红丝带雕塑，就是为了提高人们预防艾滋病的意识而设立的。虽然有些药物能防止艾滋病病毒扩散，但人类仍在努力寻找治愈艾滋病的方法。

对抗天花

几个世纪以来，具有传染性并且致命的天花曾让大量的人死亡。英国医生爱德华•詹纳（1749—1823年）发现，提前注射了牛痘的人并不会感染这种疾病。牛痘是比天花症状轻微的一种疾病。詹纳医生把牛痘称为疫苗，尽管当时人们还不明白牛痘是如何发挥作用的。但是在与疾病的抗争过程中，这种做法是一项重大突破。

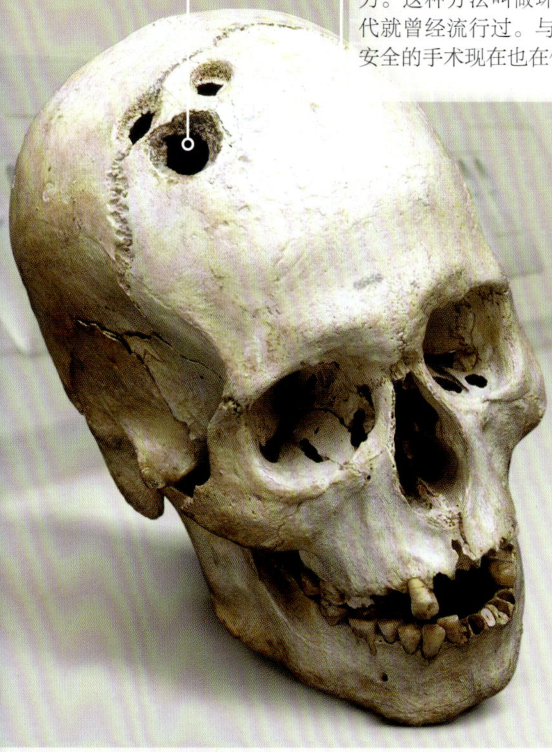

头上的窟窿

一个外科医生移走了这些盘状的头骨，可能是为了减轻病人大脑的压力。这种方法叫做环钻，在史前时代就曾经流行过。与此类似的更为安全的手术现在也在使用中。

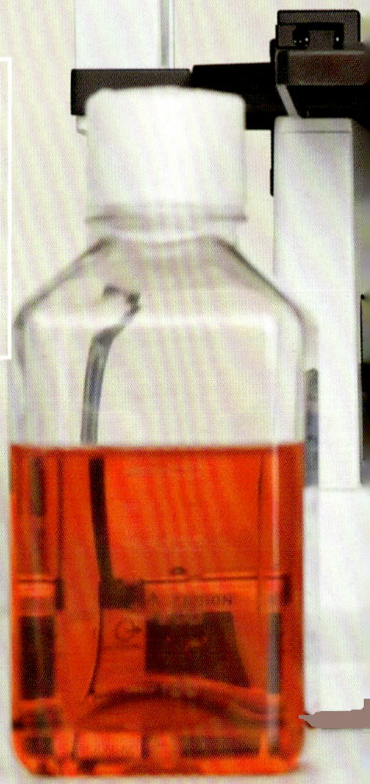

医药

疾病是生命的一部分。当人类安定下来成为农民，和他们的家畜住在一起时，传染性的疾病就开始蔓延，且通常会造成毁灭性的影响。千百年来，人们只能依靠那些对新出现的疾病也知之甚少的医生来加以控制。不断进步的医学研究和卫生习惯，让所有人的生命有了更加安全的保障。

透过显微镜

在17世纪发明显微镜时，科学家们发现了微生物——一种生活在空气和水中的微小有机体。现在我们知道它们是致病菌，比如说细菌和病毒。

救命模具

1928年，度假回来的亚历山大·弗莱明（1881—1955年）在实验室里意外发现一个培养皿上长出了霉菌，而且这种霉菌杀死了周围所有的细菌。1940年，牛津大学的医生们利用他的这一发现发明了青霉素，这是世界上首例抗生素药物（可以杀死有害细菌）。而在此之前，普通的细菌感染都有可能是致命的。

吸血虫

在过去，医生们认为放血可以治愈大部分的疾病。但是实际上，这样做更有可能使人丧命。水蛭是一种更安全的、可以带走人体内不好血液的生物。把水蛭贴在人或者动物身上，它会释放出一种化学物质阻止血液凝结。如今，外科医生还会用水蛭来清理伤口和恢复血液的流动。

第一位皇帝

屋大维（公元前63—公元14年）结束国内战争，成为罗马帝国的统治者。公元前27年，他接受了奥古斯都（意思是“受尊敬者”）和皇帝的称号，成为第一位罗马皇帝。

掩埋在废墟之下

公元79年8月24日，维苏威火山毫无预警地爆发了，位于意大利那不勒斯海湾的庞贝城很快就被火山灰埋没。几个世纪以来，庞贝古城一直被深深地埋在厚厚的火山灰下面。这个曾极度繁荣的古城的考古发掘，让人们得以一窥罗马帝国时期人们的日常生活。

血腥的运动

罗马皇帝和富有的贵族通过提供奢侈的公共娱乐来赢取人民的支持。其中，最受欢迎的是角斗士比赛，即训练好的角斗士空手在观众面前打斗。另外深受欢迎的一种表演是当众屠杀狮子、老虎还有其他异域野兽。

建筑奇迹

罗马人是技艺高超的建筑工程师，他们建造了许多伟大的石头、砖以及其他混凝土材质的纪念性建筑。位于法国南部的加尔桥，是罗马在1世纪时兴建的输水工程的一部分，为的是给24千米之外的尼姆殖民区提供新鲜的水源。

其他职责

所有的罗马士兵，除了身上厚厚的铠甲，还手握鹤嘴锄和铁锹。他们要开挖壕沟、建筑堡垒并修路，以确保军队能在整个帝国范围内快速地调动。

从城市居民到士兵

罗马军队起初是由拥有土地的城市居民组成的，当他们被号召去战场打仗时，就撇下土地上战场。后来，罗马帝国陷入了长时间的海外战争，因此需要建设更加健全的军队体系。公元前2世纪的改革，要求所有罗马公民都必须入伍25年，他们会得到全面的训练、一定的报酬，退伍后通常还可以得到一块农田。

古罗马

古罗马从最初位于意大利台伯河畔的一个小村落逐渐成长为一个强大的军事帝国。在鼎盛时期，它的领土范围横跨整个欧洲，一直延伸到中东和非洲地区。罗马帝国内部的人民享受了几个世纪的繁荣与稳定，一直到公元5世纪，罗马帝国崩溃瓦解。

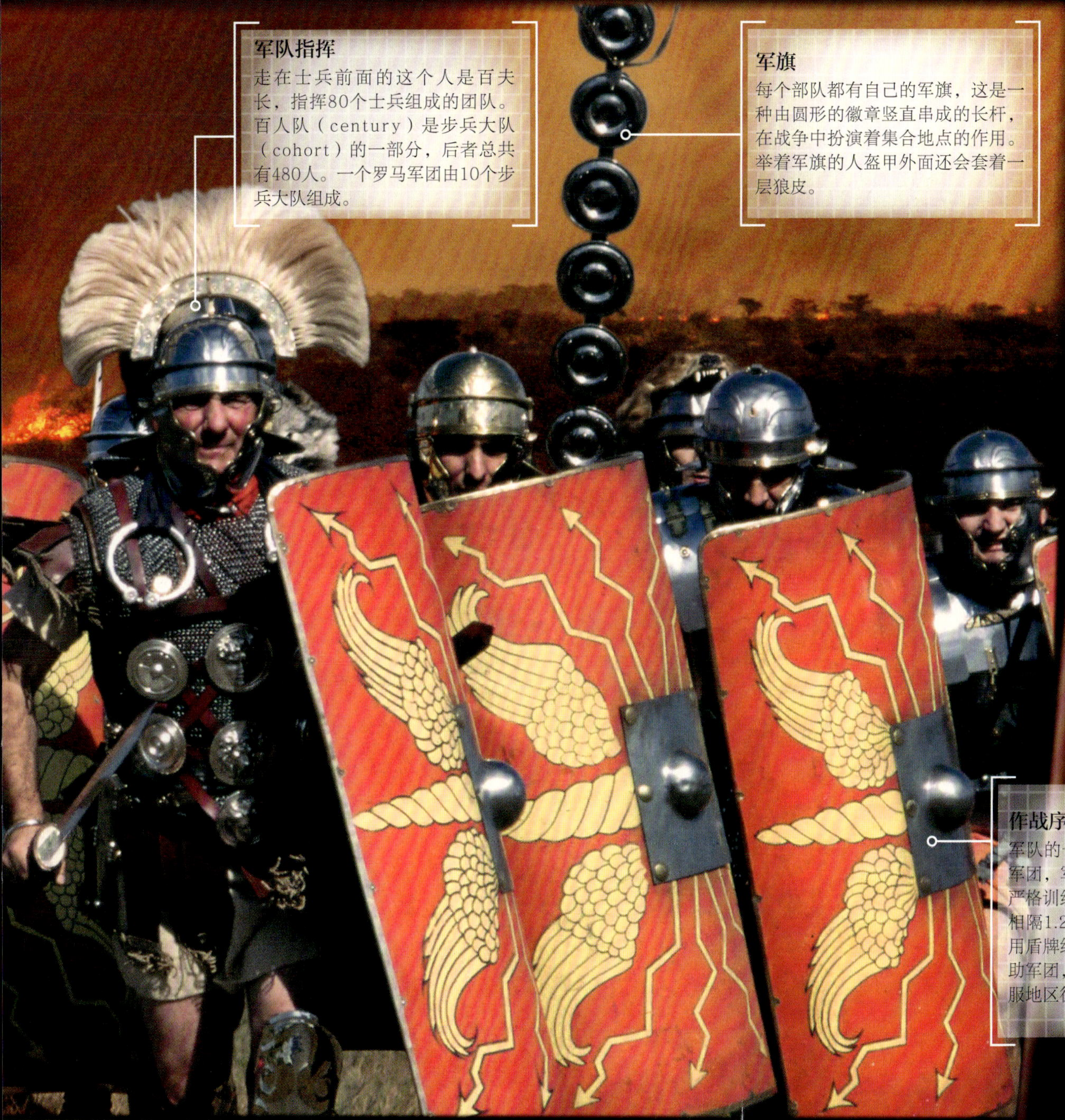

军队指挥

走在士兵前面的这个人是百夫长，指挥80个士兵组成的团队。百人队（century）是步兵大队（cohort）的一部分，后者总共有480人。一个罗马军团由10个步兵大队组成。

军旗

每个部队都有自己的军旗，这是一种由圆形的徽章竖直串成的长杆，在战争中扮演着集合地点的作用。举着军旗的人盔甲外面还会套着一层狼皮。

作战序列

军队的一半被划分成一种由5000名士兵组成的军团，军团士兵配备盔甲和武器，集中起来进行严格训练。作战的时候，士兵们排成横排，每排相隔1.2米；进攻的时候，他们使用剑和标枪，用盾牌组成墙保护自己。军队剩下的那部分是辅助军团，包括从部落中召集来的，或从被罗马征服地区征集来的人。

罗马鼎盛时期

罗马帝国的疆域在公元117年达到鼎盛期。在图拉真统治时期，罗马帝国的土地环绕着整个地中海并延伸到了其以外的区域。罗马从战败的地方劫掠财宝，充当军饷，同时俘获奴隶。罗马人所到之处，会推行自己的行政和法律体系，以及建筑和货币，使得生活在从大不列颠到埃及到西班牙再到叙利亚的人们，都享有同一个政权，有着相似的生活方式。

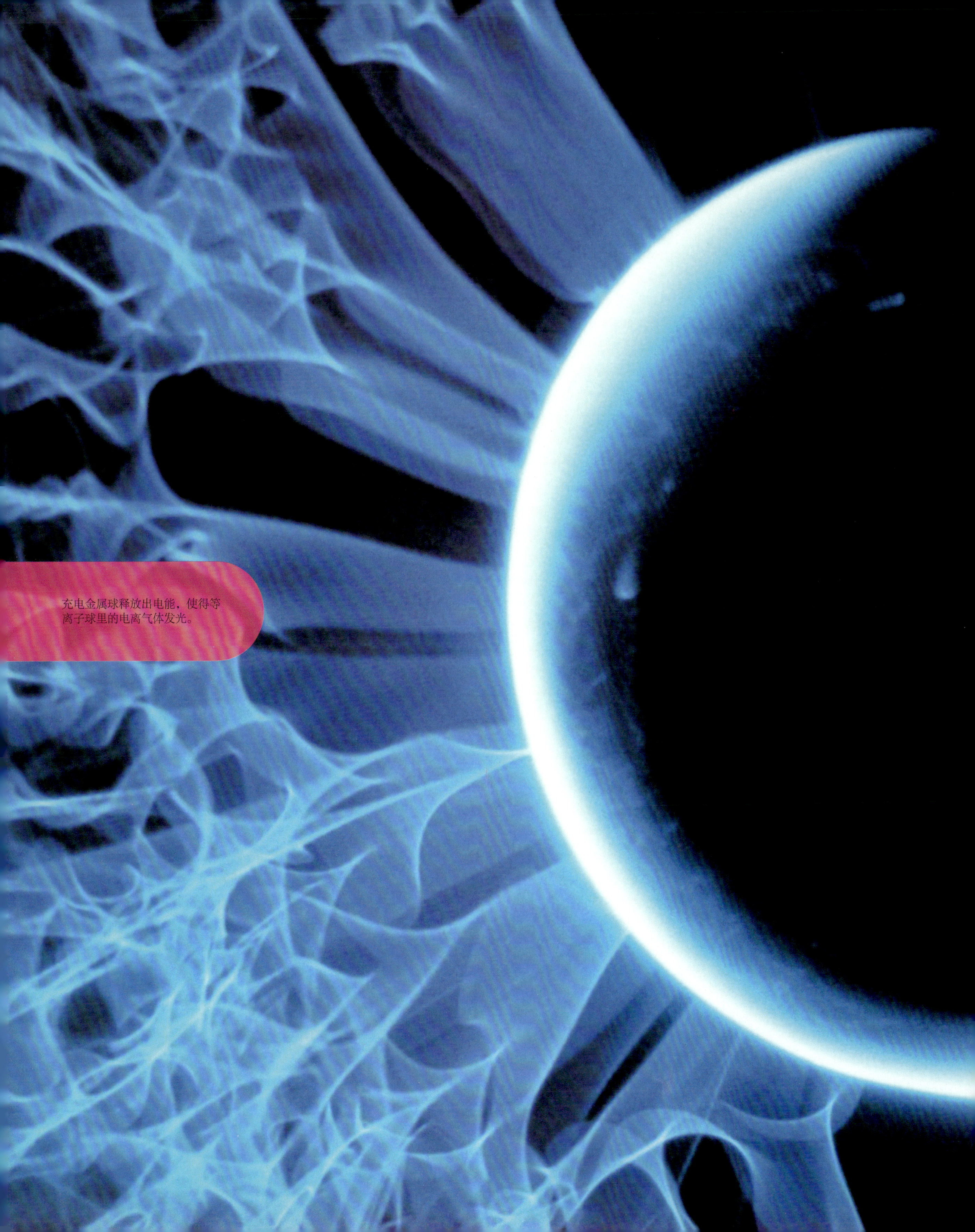

充电金属球释放出电能，使得等离子球里的电离气体发光。

科学与技术

对于周围的世界，我们有着永远无法满足的好奇心。世界是由什么组成的，又是如何运行的？诸如此类的问题激发了众多重要的发现，而这些发现又成为了现代科技的基础。

降落的燃料箱

轨道器发射后8分钟到达其预定轨道，之后主燃料箱会被分离。轨道器的高度越高，它具有的重力势能就越大。一旦燃料箱开始坠落，动能增加，势能（存储的能量）逐渐减小，其下降速度就越来越快。当燃料箱坠入大海的时候，动能会转变成水的内能。

固体火箭助推器

固体火箭助推器（SRB）里面的燃料会在很短的时间内燃尽，在发射仅仅两分钟后便会分离。它们坠落回地球之后，可以重新回收并加以再利用。在发射的时候，轨道器的三台主发动机也会被点燃，它们燃烧的是存储在庞大的主燃料箱中的液体燃料。在固体火箭助推器分离之后，主发动机继续负责推动轨道器完成余下的旅程，进入太空。

点火升空

负责让航天飞机脱离地面所需要的动力是由两个燃烧固体燃料的固体火箭助推器提供的。当燃料燃烧时，其储存的化学能转化为热能。燃料燃烧所产生的气体迅速升温、扩散，从火箭的喷管出口喷出，形成滚滚烟雾。往下喷出的气体所产生的动力推动着火箭向相反的方向运动，而移动的火箭则获得动能。

能量

宇宙中所有的运动都需要能量，无论是眨眼睛还是发射轨道器，而且能量以多种形式存在于我们的身边。能量是不会湮灭的，但它可以从一种形式转换为另一种形式。图中，美国的一架航天飞机正在发射：航天飞机的助推火箭将燃料所产生的化学能转变为动能，同时一部分也转换为声能、光能以及热能。

轨道器

到达了地球上空500千米的预定高度后，轨道器就会燃烧两侧的引擎来改变方向，进入圆周轨道。为了做到这一点，轨道器必须自行携带燃料。在物体运动的过程中，要想让它们以既定速度运行或改变方向，就需要更多的动能。通过分离固体火箭助推器和主燃料箱，可以减轻轨道器的质量，使它只需携带较少的燃料。

光能和热能

燃料中的化学能转变为动能推动着火箭向上飞行，这是在做有用功。然而，在这一过程中，部分能量也会被浪费掉，转变成光能、热能以及喷管出口排出的声能。每当我们使用能量时，总有一些能量会作为余热被浪费掉。浪费的能量越少，该过程的效率就越高。

赋予生命的太阳

太阳能电池板将太阳光转换成电能。我们使用的几乎所有能源都来自太阳。太阳核心的核反应所释放出的能量，作为光能传播到地球，植物则利用它来制造食物，然后以化学能的形式储存起来。化石燃料是由远古的植物形成的。燃烧化石燃料，就是在释放其所蕴含的能量。

静电

发生雷暴时，云层会以静电的形式储存电能。最终，这些能量中的一部分会以闪电的形式释放。也有一部分能量转化为了热能，使空气迅速膨胀，从而产生我们所听到的阵阵雷鸣。

原子中的能量

德国物理学家阿尔伯特•爱因斯坦（1879—1955年）认为，物质是能量的一种形式。在像如图所示的核爆炸中，原子会从一种类型转变成另一种类型，新类型的原子质量略小，而这个微小的质量损失就产生了大量的热能、光能和声能。

人类所需的能量

人类需要能量才能生存。我们是从食物中获得化学能的。这些能量有多种用途，比如修复细胞、使人体四处活动，以及维持身体机能的正常运作等。食物就像我们的燃料，我们通过燃烧这些燃料来维持生命。

动力学

研究作用于物体的力与物体运动的关系的科学被称为动力学。动力学涉及对力的研究，比如使物体运动的推力或拉力。一架飞机能够升上天空，受到四种力的共同作用：推力、升力、阻力和引力。来自引擎的推力使飞机能够向前移动，并且产生向上的升力。而这些力必须克服地球的引力，也就是致使飞机下落、减速的阻力。

推力

维持飞机前进的推力是由引擎提供的。引擎从前方吸入空气，然后从后面高速排出，使飞机前进。引擎越大，产生的推力就越大。

升力

形似翅膀的机翼为飞机提供升力，使飞机可以在空中飞行。由引擎提供的推力推动飞机前进，使气流从机翼的上方和下方穿过。不管触及什么物体，空气都会对其施加压力，这是因为空气分子会撞到物体上。正是由于空气对机翼所施加的压力，使飞机可以在空中保持飞行状态。飞机运行的速度越快，掠过机翼的气流就越多，升力也就越大。

运动定律

英国物理学家艾萨克•牛顿（1643—1727年）提出了三大运动定律，使我们得以理解物体如何运动。牛顿第一运动定律指出，物体不论静止还是运动，都会永远保持其静止或运动的状态，除非受到外力的作用。牛顿第二运动定律认为，当有力作用在物体上时，物体将会移动或改变运动方向；第三运动定律则认为，当一个力作用在物体上时，该物体会产生相等的反方向的作用力。

惯性

牛顿第一运动定律指出，物体不论是静止的还是运动的，都会永远保持其静止或运动的状态，除非受到外力的作用。这就是所谓的惯性。物体越重（质量越大），惯性越大。图中，人们必须用很大的力才能使飞机发生移动；而飞机一旦移动，要让它继续移动，所需的力就不用那么大了。与此类似，一个重物一旦开始了移动，惯性会使得它难以停止或者改变方向。

阻力

空气被推开的时候会有反作用力，由此产生一种阻力，使飞机减速。流线型的机身设计（借助光滑的表面和圆形的弧度），可以减少这种阻力。

重量

一个物体的质量是指它包含多少物质。而我们所说的重量，则是指地球的引力施加在某个物体上的力。对于飞机来说，飞机性能的所有方面都会受到重量的影响。

飞行的科学

飞机的升力主要靠两点获得。第一是机翼的角度。由于机翼以某个角度切分气流，撞击到机翼底部的气流会改为向下运动，同时产生向上的推力。这是运用牛顿第三运动定律的例子（参见下图侧板）。

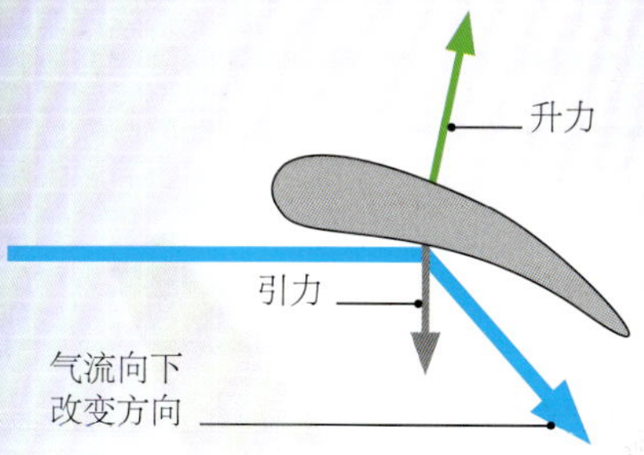

第二个效应我们称为伯努利原理。机翼的形状意味着其上翼面的长度大于底面。上表面的空气流经得更远，所以就必须移动得更快。速度越快，其对翼面产生的压力就会小于翼面下方较慢气流所产生的压力。因此，机翼下方往上的推力大于上方向下的压力，这样就可以使飞机保持在空中。

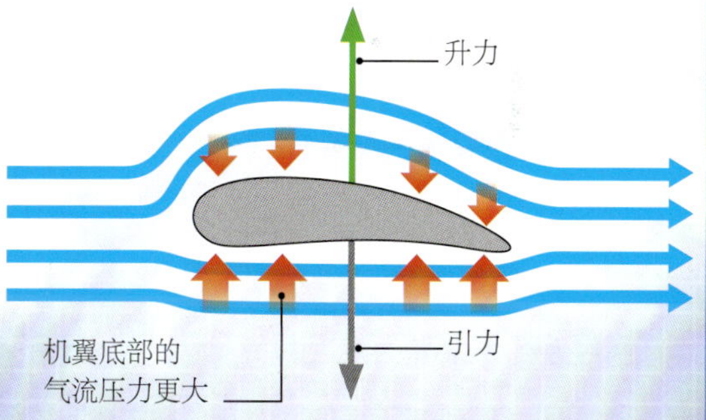

速度和加速度

速度是指物体沿某个特定方向运动的快慢。在物理上，加速度是速度变化量与发生这一变化（加速、减速或改变方向）所用时间的比值。但是，在日常语言中，加速度可能仅意味着加速。根据牛顿第二运动定律，要想获得加速度，就必须施加力，比如滑雪者在山顶使力开始向下滑，随后地球引力会使得他们加速滑下山坡。

空气阻力

空气会产生一种阻力，不同的物体所受到的阻力大小也不同。锤子和羽毛一同下落的时候，由于空气阻力的作用，羽毛下降的速度要慢得多。但是如果没有空气阻力，两者落地的时间则会完全相同，这是因为引力对它们所起的作用是一样的。

原子

原子是物质的基础构建模块，它们相互结合产生了更大的颗粒，也就是分子。虽然我们对原子已经有了深入的了解，但它们实在是太小了，只有用特殊的显微镜才能看得到。比如，一个针头上就会包含大约600万个原子。

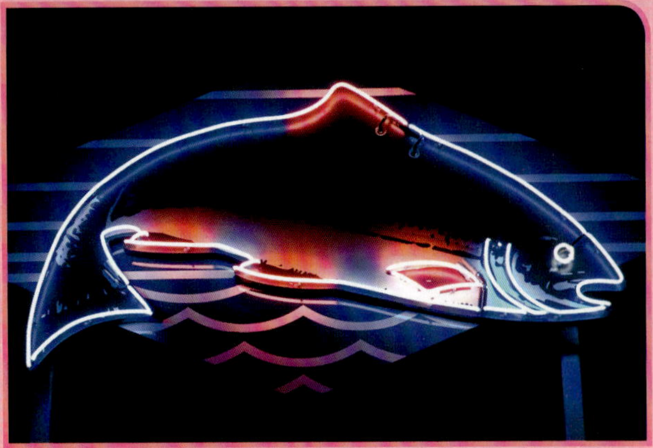

元素

元素是一种纯粹的物质，无法再分解为更简单的东西。一种元素的原子相互之间都是完全一样的。目前已知的元素共118种，自然界中共存在92种，另外26种为人工合成。地球上所有的东西都是由一种或多种不同元素构成的。图中这个标牌是一种充满了气态元素氖的霓虹灯，当电流通过的时候，它就会发光。

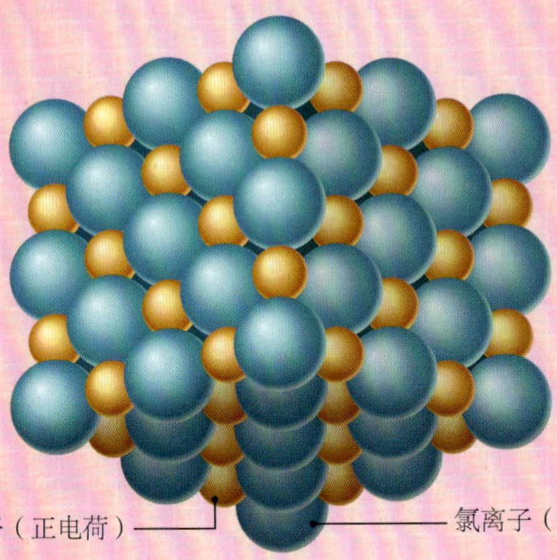

离子

有些原子容易获得或失去电子。发生了这种情况，这种原子就变成带电离子。失去电子的原子变为带正电荷的离子，而获得电子的原子变为带负电荷的离子。一些分子是由带相反电荷的离子通过结合形成所谓的离子键构成的。钠离子和氯离子相互结合会形成氯化钠分子，也就是我们通常所说的盐。

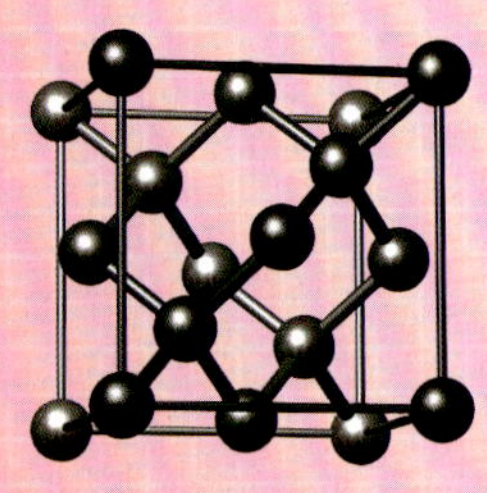
金刚石

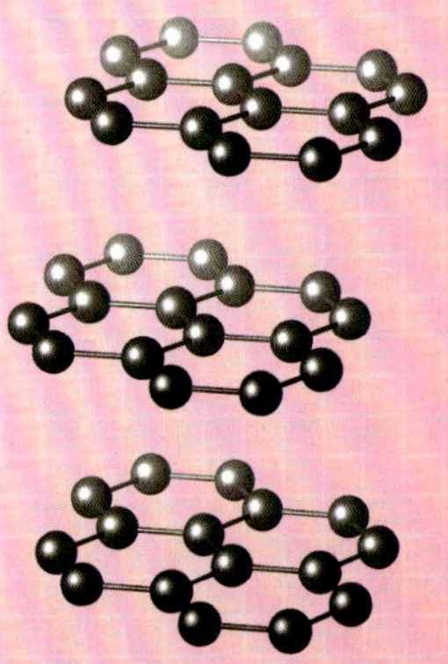
石墨

同素异形体

某些元素的原子可以以不同方式结合，产生同素异形体。同一种元素的同素异形体可以形成不同特性的物质。金刚石和石墨就是碳的同素异形体。金刚石的原子异常紧密地结合在一起，由此产生了我们已知最硬的物质之一。石墨是一种非常软的物质，构成石墨的每层碳原子之间会互相滑动。

分子构成的人体

你周围的一切都是由原子构成的，你的身体也不例外。人的身体是由一种被称为蛋白质的碳基分子构成的。地球上所发现的所有生物体都含有碳，所以碳的研究被称为有机化学。人体内最常见的分子是水，占我们身体的95%以上。

分子模型

分子是由化学键将原子连在一起构成的。含有同类型原子的物质叫做元素，比如空气中的氧气就是由包含两个氧原子的氧分子构成的。由不同原子构成的分子叫做化合物。此图显示的是乙酸分子模型，它之所以是一种化合物，是因为它含有三种原子。

原子结构

原子是由亚原子粒子构成的。原子的中心是原子核。除了氢原子，在所有其他物质的原子中，原子核里都存在两种粒子，分别是带正电荷的质子和不带电荷的中子。此外，还有一个或多个带负电荷的被称为电子的粒子在围绕原子核运动。原子的大部分质量包含在原子核中，但是它却只占整个原子空间的千分之一都不到，原子的大部分体积由电子的轨道所占据。

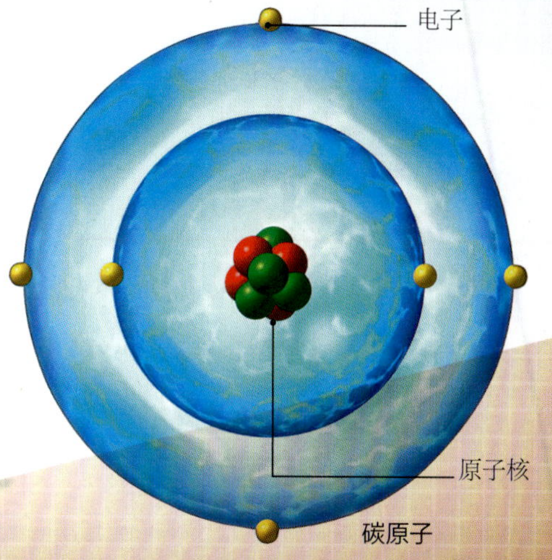

碳原子

一个乙酸分子中含有两个碳原子（黑色部分）。碳原子可以与多种其他类型的原子相连接，也可以与其他碳原子相连接，所以它可以生成多种化合物。

氧原子

这个模型中的红色原子是氧原子。在地壳中，氧元素的含量超过了其他任何元素。氧原子很容易与其他的原子相结合，例如在物体燃烧的时候，就会发生这种情况。

氢原子

氢原子是最简单的原子（白色部分），它只包含一个质子和一个电子。氢元素是宇宙中最常见的一种元素，它既可以作为核反应的燃料，也能使阳光得以照耀大地。

化学键

分子中的原子通过化学键结合在一起。乙酸原子通过共价键可以共享它们最外层的一部分电子。两个原子可以共享两对电子（图中以两根连线表示），或者共享一个孤对电子（图中以一根连线表示）。双键比单键更结实、更短。

光

光是一种电磁波，它让我们看到了一个绚丽多彩的世界。所有的这些颜色混合在一起，就形成了白光。当光线照射到物体上时，一些颜色会被吸收，而另一些则会被反射。物体的颜色取决于它所反射的光的颜色。

光速

在宇宙中，没有什么比光的传播速度更快，其速度之快简直令人难以置信——299 792 458米/秒。这意味着太阳光仅需8分钟就可以穿越1.5亿千米的距离到达地球。1光年大约为9.46万亿千米。

光的传播路径

光沿直线传播，不能弯曲，因此我们无法看到拐角另一边的东西。一束光线（比如由灯塔发出的光束）在传播过程中会散开一些，这是因为，虽然光线是按直线传播的，但是一经射出，它们朝向的方向却又不同。

混合光

看到彩虹我们知道，白光包含各种颜色的光。其实，混合三种光就能产生白光，它们是红色光、蓝色光和绿色光。将这三种颜色的光按不同的组合混在一起，可以合成几乎任何颜色的光。

波还是粒子

有时，电磁辐射的行为像波：把光线混合起来，形成的图案看起来就像水波叠加的效果一样。但是在其他一些时候，电磁辐射的表现则像一束粒子流：探测器上的伽马射线以点状图案出现。科学家们对电磁辐射已经有了深入的了解，但关于它到底是什么，仍旧是一个谜。

阳光的散射

光的颜色取决于它的波长。阳光是白色的，并且包含整个光谱中的各种颜色。波长较短的光，比如我们看到的蓝色光或紫色光，会被空气分子散射开来，在天空中蔓延，因此天空看起来是蓝的。紫色光散射得最厉害，但天空看起来却不是紫色的，这是因为我们的眼睛对紫色光不太敏感，况且阳光中的紫色光本来就少。

镜像

自身不能发光的物体，因为反射光而变得可见。表面粗糙的物体会朝各个方向反射光线，但是表面光滑的物体仅朝一个方向反射光。本图中，飞机引擎外是铬合金表面，它就像镜子一样可以反射太阳光。

电磁波谱

光是唯一一种人类肉眼可见的电磁辐射。其他的电磁辐射是不可见的，但它们与光的区别只在于波长的不同。无线电波、微波和红外线比可见光具有更长的波长，所携带的能量较小；紫外线（UV）、X射线和伽马射线的波长则比可见光短，能够携带更多的能量。所有的这些一起构成了电磁波谱。

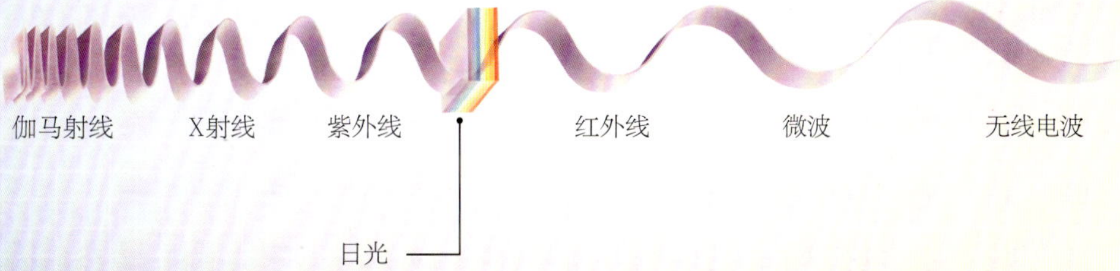

光的把戏

彩虹是由阳光照射悬浮在空气中的雨滴而形成的，每滴雨都折射了穿过它的光线。光的波长越短，被折射得越多，这让包含在太阳光中的各种颜色得以散开，并出现在天空中不同的位置，顺序从最短的紫色到最长的红色，按照波长排列。

光的穿越

大多数气体和液体是透明的，光可以穿越它们，但只有极少的固体物质是透明的。玻璃是透明的，因此你可以透过窗户看到外面。然而，紫外线却不能穿过玻璃，因此隔着窗户无法晒黑皮肤——你可以感受到阳光的温暖，那是因为红外线可以穿透玻璃。

我们所看到的红色

有些物体能够呈现出颜色，是因为它们反射了某些波长的光，同时吸收了其他波长的光。这条带子看起来是红色的，那是因为它只反射波长最长的光，也就是我们所看到的红色光。

材料

所有物体都由某种材料构成。一些材料可以在大自然中找到，比如木材和石头；其他一些则需要由人工制造，比如钢和塑料，这些被称为合成材料。每种材料都有自己的物理属性——硬或软，重或轻，易碎或坚固——我们可以根据其自身不同的属性来制造特定的产品。

固体框

有些金属非常坚固。但在受热时，它们会很容易变弯或变成不同的形状。汽车就是以这种方式由钢——一种通过加入了碳而变得更加坚固的铁合金——制造而成的。

天然装饰

木材是一种适应性非常强的天然材料。它很结实，相当轻，又比较易加工。给木材染色或涂漆可以使它的使用寿命变得更长。图中这里是把木材当作装饰条使用的。

透光

玻璃是由熔化的沙子制成的一种合成材料。它是透明的，因而是制作窗户的理想材料。此外，由于玻璃具有惰性，不会破坏存放在其中的物体，也不会被所存放的物体破坏，因此经常被用于制造容器。

适当用途

通常来说，不同的材料都有其特定的用途。这架飞机的机身（主体）必须既轻又坚固，特殊的铝合金就符合这两项条件。飞机的窗户均采用特制的钢化玻璃制成；需要经受巨大压力的引擎部分则由超强、超轻且稳定性好的金属钛制成。

灵活的塑料

这辆车的方向盘由塑料制成。塑料是最有用的人造材料之一，它是由从石油中提取到的化学物构成的，其中包含被称为聚合物的原子，这些原子由长链相连接形成长链分子。由于塑料拥有几乎所有的固体属性，所以用它可以制造出形形色色的物品，比如购物袋、耐热食品容器、建筑材料以及尼龙纺织品。

合金

不同的金属可以混在一起，或者与非金属（比如碳）混在一起制成合金。合金通常拥有比它们的组成成分更为有用的性能。钢铁是一种铁与碳以及其他物质混在一起制成的合金，它是世界上使用最广泛的金属，而这要归功于它极高的强度和耐腐蚀性。

纤维织物

纤维织物是用于制作服装、床上用品和其他遮盖物的材料。通常它们由纤维编织而成，包括天然纤维（如羊毛或棉花）、人造纤维（如尼龙等）。服装面料都被设计成可以透气的，这样才让人们穿起来感觉舒服。

染色剂

使用染料或颜料可以给材料着色。染料是有色液体，颜料是粉末状固体与液体的混合物。一些材料，如玻璃或塑料，是在制作过程中进行染色的。另外一些材料，像这些车的金属框架，则是在制造过程的最后被喷上颜色的。

黏合剂

胶（也称为粘结剂）用于把材料粘在一起。通常来说，它由聚合物制造而成，而且种类多样。接触型黏合剂一旦压在一起就会粘住物体，硅氧树脂可用于制造弹性封条，环氧树脂几乎可以使任何两种物体粘在一起。

化学

化学研究的是物质反应和变化的方式。与物理变化（比如冰块融化或把物质混在一起）不同，化学反应是制造或打破原子之间的纽带来产生新物质的过程。化学反应时刻发生在我们身边。

有机化学

有机化学又称为碳化合物的化学。碳化合物比其他形式的化合物要多得多，它们的分子通常很大也很复杂。所有的生物体，比如图中的小鸟和它所栖息的树，都包含有机化合物。

无机化学

无机化学是研究无机化合物的化学，比如矿物和金属氧化物。铁锈是一种无机化合物，它由铁与空气中的氧发生反应生成。呼吸和燃烧过程中同样也包含氧化作用。

化学工业

化学家知道每种物质是由哪些元素构成的，也知道它们的原子结合起来的方式和原因。有了这些知识，他们就可以为了特定的目的去制造化学品。工业化学包括大规模的化学品生产，比如肥料、塑料、药品和清洁用品的生产等。

点燃焰火

化学反应只有在热度和压力都适宜的情况下才会发生。焰火制造商利用这一原理来生产产品。焰火中的铁、镁与氧气发生化学反应会产生壮观的景象，但这种景象只有在点燃它们时才会发生。

棘手的混合物

混合物由不同物质的分子混在一起构成，但这些分子之间并没有发生化学反应。一些液体，像蛋黄酱中的油和醋就不容易混合。在这种情况下，通过添加乳化剂，蛋黄会成为乳状液，即一种液体以液珠形式悬浮在另一种液体中。乳化剂的分子被两种物质所吸引，从而帮助它们黏在一起。

食用酶

催化剂可以加速化学反应。面包的酵母中含有天然的催化剂，这种催化剂叫做酶。酵母与糖发生反应会产生二氧化碳，从而使面团发酵变大。

酸和碱

许多化学物质要么是酸，要么是碱。醋是一种弱酸，可以让食物有一股强烈的味道。了解生活中常见物质的酸碱性，可以帮助我们解决生活和学习中的许多问题。比如，强酸和强碱会使皮肤灼伤，还会将一些材料溶解。许多酸在生物体中也可以找到，比如我们的胃就会分泌出胃酸来帮助消化食物。

化合物

化合物与其组成元素拥有截然不同的属性。比如，钠是一种软金属，氯是一种淡黄色的有毒气体，但是它们的化合物，却是我们给食物调味用的盐。

燃烧的燃料

创建原子键消耗能量，打破原子键释放能量。如果一个化学反应总体上产生能量，一些能量以热的方式呈现，那么这个反应就叫做放热反应。需要的能量比释放的能量更多的反应叫做吸热反应。氧化（燃烧）是一个放热反应。燃料遇氧燃烧时，会产生新的化学物质和大量的热。

小苏打

能够溶于水的碱性物质，称为碱，比如小苏打。当碱性物质遇到酸时会发生中和反应，其产物既不是酸性的也不是碱性的。

不可逆反应

化学变化可能是可逆的，也可能是不可逆的。多数化学变化是不可逆的。比如，生鸡蛋在加热时会变硬，且变得不透明，一旦被煮熟就不会再变回生鸡蛋了。

有机油

油是一种有机化合物——它来自活的生物体，因此含有碳原子。橄榄油是从植物身上提取到的，但是油也可以从动物或矿物中提取。

热和冷

热是能量的一种形式，是一些物体由于自身分子运动而拥有的能量。通常，热量会从较热的物体向较冷的物体传递，并有三种不同的传递方式：在固体中，热量通过热传导进行传递；在液体和气体中，热量通过热对流进行传递；而在空气或真空中，热量则通过热辐射进行传递。

隔热

在寒冷的天气里，温暖的身体会散失热量，因此我们必须更加努力地做功，来保持体内温度恒定。衣物是热的不良导体，通过阻隔空气来减少热量的流失。不能很好导热的材料，被称为隔热体。平底锅通常是由金属制成的，因为金属是很好的导体；但是它们的把手却是由隔热体（如塑料或木头）制成的，这样拿的时候就不会烫手。

冰冷

我们所意识到的冷，是由于分子快速“逃离”带走了热量。雪的触感虽然冰冷，但它们仍旧保留了一些热量，因为它们的分子一直在做无规则运动。

热对流

当从下方对气体或液体进行加热时，靠近热源的部分，分子变热并开始扩散。这使得它密度变小，因此也变得更轻，于是它向上移动并被更凉的物质替代。这些物质随后也会被加热并依次上升。我们把这个过程称为热对流。空调制热就是一种热对流。热对流的过程会一直持续，直到所有的液体或气体温度相同为止。

热辐射

物体由于具有温度而辐射电磁波的现象称为热辐射。靠近火盆站着的人，他们的皮肤感受到的就是从火焰中发出的热辐射。

热传导

热量在固体中的传递称为热传导。固体受热部分的分子把热量依次传递给它们的相邻部分，这样热能就传导开了。火盆就是通过盆里燃烧的燃料来导热的。

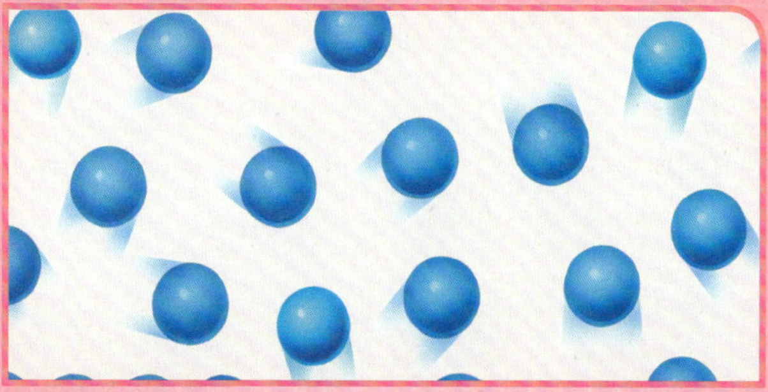

运动的分子

在液体和气体中，分子不断地移动，相互撞击又再次弹开。在固体中，分子不能自由移动，但是它们会不断地摆来摆去。物体的热量越多，它的分子运动就越厉害。

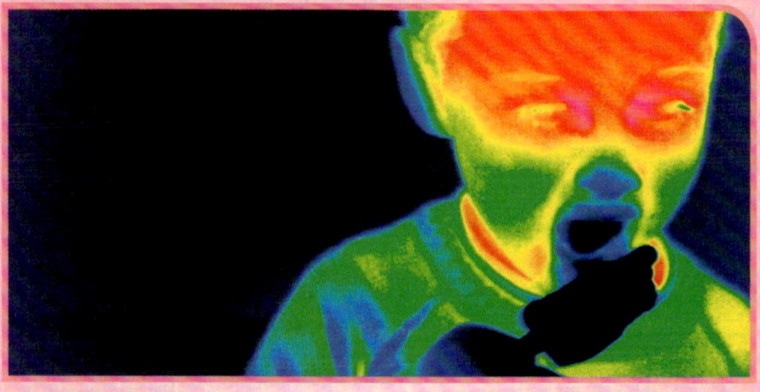

测量温度

温度可以显示物体有多热。人们主要使用三种标度来测量温度，分别是摄氏温标、华氏温标和开尔文温标（热力学温度）。这是一张温谱图，显示了不同物体和物体不同位置的温度。冷冻的冰棒是黑色的，孩子皮肤最热的部分是红色的。

极度寒冷

地球上，在极端的条件下，温度可以降到-90℃。但即使是像图中这样的冰川，其内部仍然含有一些热量。-273.15℃是理论上的最低温度，被称为绝对零度。在这个温度下，分子将不再含有任何热量，全部停止了运动。

加热和冷却

温度高的物体中快速移动的分子碰撞到低温物体中移动较慢的分子的时候，移动速度慢的分子会把移动速度快的分子拖慢，同时加快自身的速度。比如图中这杯热茶，它会慢慢失去热量，使周围的空气变热，直到茶水和空气达到相同的温度。

电信

在人类历史上，人们不停地寻找新的交流方式，这种迫切要求带动了许多伟大发明的诞生，包括从书写到互联网的产生等。电信是人们进行远距离沟通的一种工具，从电话到电视广播，再到电子邮件和聊天室。得益于价格低廉、类型多样的新电信设备，我们沟通的方式也发生了巨大的变化。

把世界装在口袋里

几十年前，大多数家庭拥有一台电视机、一部固定电话和几台收音机。这些物件大都易碎并且价格昂贵，只有收音机是便携的。如今，许多人都拥有多种个人通信系统，包括能上网的计算机和掌上设备，每一种都是结合了很多功能的小巧、结实且便携的设备。

多功能合一

早期的移动电话只是便于携带而已，而现在的手机却更像一个媒体中心，通过它，用户可以浏览网页、编辑文件、听音乐以及看视频。

电视节目的好消息

最初，电视节目都以同样的方式，即通过巨大的电视发射机天线传送的无线电波进行播送。而这一情况现在有了很大的变化：电视节目通过卫星信号或电缆进行传播，同时也可以通过互联网在计算机上观看。一些通信系统甚至允许人们订购自己喜欢的节目，以便随时观看。

更优质的广播

数字广播要比它正在取代的模拟广播清楚得多。这也意味着文本信息可以与音频信号一起进行传输，显示在收音机的屏幕上。

更清晰的交谈

尽管固定电话逐渐被移动电话所取代，但通常它能够提供更为清晰的通话。这是因为固定电话的信号通过电缆传送，而移动电话则要依赖无线电信号，信号的强弱会受天气好坏或发射机距离远近等因素的影响。像图中这样的座机，它使用的是短程无线电信号，所以听筒可以是无线的。

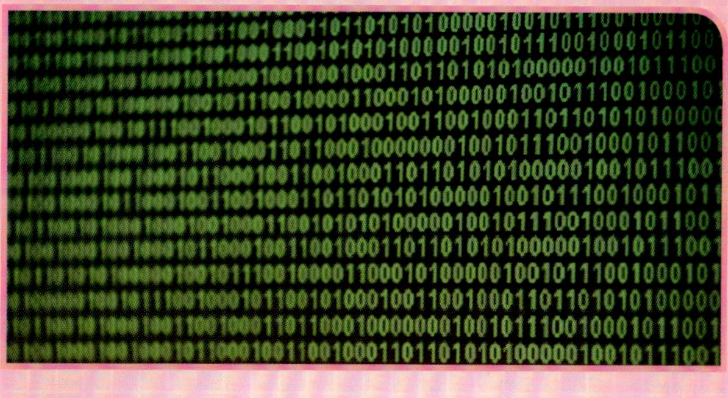

模拟和数字

早期的电信信号是模拟的：信息以电流或无线电波的方式进行传送，与它们所产生的声波的形状相同。数字信号不会像声波一样逐渐变化，这种信号要么是“关”、要么是“开”，通常用0和1表示。

光纤

对于所有的远距离通信来说，从网络连接到电话再到电视广播，光纤的性能都远远优于金属导线。这些透明的类似玻璃材质的线可以传送光脉冲而不是电子信号，这样的信号可以携带大量数据进行高速传输。

卫星中继器

在地球以外很高的太空中，卫星网络可以接力传输人们的电话交谈、上网连接、电视和广播节目，并且通过无线电波将地球上遥远的地方连接起来。今天，大约有2000颗通信卫星在地球上空运转着，其中大约三分之一被用于军事目的。

网络的网络

互联网是一个覆盖了整个世界的庞大通信系统，它允许用户交换电子邮件、观看视频甚至拨打在线电话。网络把许多计算机连接在一起，而互联网则把许多网络通过路由器连接在一起。

跟唱

所有的声音都是由振动产生的。当我们说话或者唱歌时，肺里的空气由声带（咽喉部的两条带状物）中间呼出，声带振动从而发出声音。音色的变化取决于声带的张弛度以及空气通过声带的速度。发声时，嘴型以及嘴唇、舌头和牙齿的位置进一步调整着声音。

捕捉声音

麦克风的工作原理是声音的振动传到麦克风的振膜上，振动麦克风里的磁铁形成变化的电流，变化的电流送到后面的声音处理电路进行放大处理。这种电流也可以存储在光盘或者计算机中，稍后再播放出来。

声音

声音是物体振动时产生的一种能量，它可以像波一样以不同的速度通过不同的介质进行传播。声音的形状决定了人们听到它的效果——轻柔还是响亮，音调高还是低，是悦耳的还是刺耳的。不论是直升机引擎发出的嗡鸣声还是水龙头的滴答声，凡是影响人们正常学习、工作和休息的声音都属于噪声。

敲鼓

敲鼓的时候，鼓面上下剧烈振动。鼓面的每一次振起都会使鼓面上方空气的气压上升——空气分子开始振动。这些分子将振动依次传递给附近的分子，声音就以这种方式从压缩区（高压区）向稀疏区（低压区）进行传播。

响亮而清晰

扩音器可以将电流转化为声波。它通过电信号使振动膜发出振动，振动周围的空气。增强信号就可以放大音量。

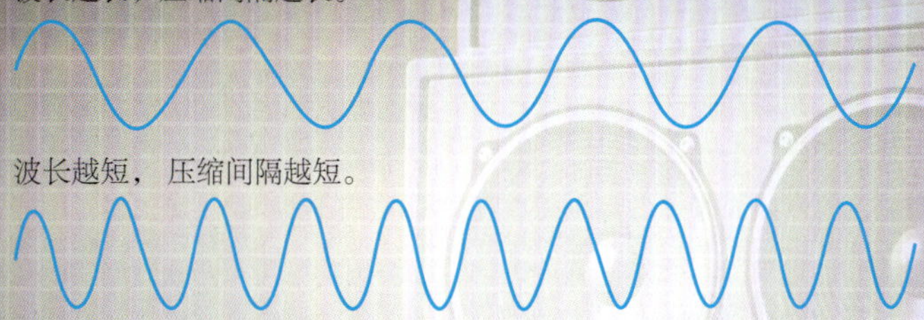
波长越长，压缩间隔越长。
波长越短，压缩间隔越短。

音调和频率

声音的频率决定了音调的高低。如果一个声波一秒内能有多次的压缩，就说明其波长较短、音频高。这种声音我们听起来感觉就是音调高。相比之下，音调低的声音每秒内压缩的次数较少，它们的波长较长、频率较低。

和谐的演奏

两个或两个以上不同的音按一定规律同时发声而构成的音响组合称为和声。如果一组声音的波长可以匹配，那么这组声音放在一起听时就会比较和谐，例如一个声音的波长正好是另一个声音波长的两倍。当波长不匹配时，声音放在一起的结果就会不和谐，听起来就很刺耳。

振幅

声波的压力变化越大，振幅就越大，声音也就越大。振幅描述的是声音所携带的能量的多少。附近赛车引擎发出的声音所携带的能量，大约是人们能听到的最小的声音能量的几十亿倍。

声音的传播速度

声音在液体和固体中的传播速度远快于它在空气中的传播速度。这是因为构成液体和固体的原子排列得更加紧密，能够更快地传导声波。水中的鲸通过一系列复杂的声音进行交流，它们发出的声音可以在水下传递数千千米。

声障

声波在空气中传播的速度是330米/秒。当发出声音的物体运行的速度超过这个速度时，它就会超越自己所发出的一些声波。这些声波会堆积成冲击波，产生一种突然的、巨大的爆音。冲击波也可以使水蒸气凝结成云。

机器

在现代世界，机器随处可见。机器可以通过改变方向和放大施加的力使工作变得更加容易。大多数的机器包含数以百计的可以运动的部分，但是很多复杂的机器装置都是以六种简单的机械为基础的，它们是杠杆、滑轮、轮轴、楔子、螺丝和斜面。

机械手

重型机械的活动部分通常由液压系统控制，借助液体通过管道来传送力量。管道里有紧致的圆盘，被称为活塞。当阀门被打开时，油会被压入管道中，并将活塞移开。当活塞移动时，与活塞相连的机械也会跟着移动。

楔子

挖掘机的前端是个楔子。当机械手臂向下推时，其向两侧倾斜的形状将向下的力转换为一个更大的侧向力，从而将混凝土分开。

能量供给

挖掘机内的发动机将来自燃料的能量（通常为柴油或汽油）转化为动力，从而使车辆得以运转，也给车辆的其他运动部分提供了动力。

滑轮

滑轮是一个周边有槽，能够绕轴转动的小轮。滑轮改变了力的方向，因此将缆线的一端往下拉，会给另一端施加一个向上的拉力。将几个滑轮放在一起——类似图中的起重机——意味着可以使用更小的力，因为所有的滑轮都会分担一部分负载的重量。但是与直接往上拉相比，运用缆线要拉更远的距离。

斜面

撑起木板的一端，会形成一个斜面。将小推车沿着斜面向上推，比垂直往上送更加省力，但是这样手推车移动的距离会远一些。

合二为一

一辆小推车的把手就是一个杠杆。抬起车把手要比直接提起车上的重物所需要的力小很多。小推车还有车轮和车轴，这样移动重物比直接提着重物走要容易很多。当车轮转动时，只有很少的一部分会接触到地面，而且接触地面的这部分又很快被抬离，所以摩擦力很小。

螺丝

将一个螺丝拧进木头，哪怕只是很短的距离，也必须拧很多次。但这要比简单的直接将其楔进木头里会节省很多力气。因为将螺丝旋进木头与直接楔进木头相比，其行进的距离更远。

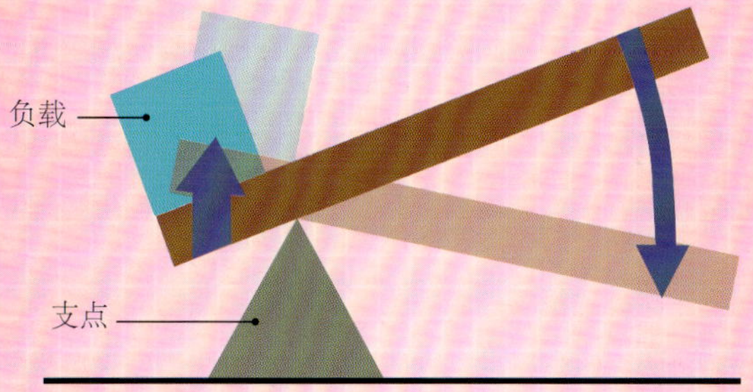

杠杆

如图所示，右边端点距离支点的距离是左边端点的五倍。按下杠杆的右端，杠杆的左端只会上升其四分之一的距离，但是它施加的向上的力却是右边向下的力的五倍。这样向上抬起重物就变得更容易了。

涡轮机

一些机器通过运动产生所需的动力。涡轮机是指可以将气流或者水流通过转子转变为电力的发动机。在风力涡轮机中，风叶捕捉风力，带动转子转动，从而使发电机（将动力转化为电力的机器）转动。

摩擦

所有的机器都会浪费掉一些能量，这些能量通常会以热的形式呈现。还有一些能量不得不用来克服摩擦力，这是一种阻碍物体相对运动（或相对运动趋势）的力。早期的蒸汽机由于水蒸气带走了大部分能量，因此效率很低。

物质的形态

宇宙中的所有物体都是由物质构成的。物质通常有三种存在形式——固态、液态和气态。许多物质可以以上述的任何一种形态存在，也可以从一个形态转化为另一个形态。通常情况下，一种物质可以同时以几种形态出现。比如，冰的表层通常是水，四周则环绕着水蒸气。

固体

以固态形式存在的物质（像冰）是由紧密排列在一起的小颗粒组成的。固体拥有固定的形状，它的密度通常比其液态形式要大，因为有更多的颗粒填充到了一个更小的空间中。而冰则不同，它的密度小于水，这也是它能够漂浮在水面上的原因。

溶解

气体可以溶解于液体——碳酸饮料中的气泡就是因为打开饮料瓶时瓶内压强降低，二氧化碳的溶解度降低，大量二氧化碳气体逸出所造成的。溶解的形式有很多种，包括固体溶解于液体和气体溶解于液体。溶液中被溶解的物质叫做溶质，而溶解溶质的物质则被称为溶剂。

气体
构成气体的原子可以快速自由地移动。除了它们所要填满的容器和使大气层紧贴地表的万有引力，没有什么能够阻止它们移动。

液体
通常情况下，液体的原子不像固体排列得那样紧密，它们很容易就摆脱彼此，这也是液体可以流动的原因。液体通常没有固定的形状，它的形状取决于其容器的形状。

物质存在的第四种形式

固态、液态和气态是物质存在的三种常见形式，而等离子态则是第四种形式。在地球上，这种存在形式与前三种相比较为少见。等离子体就像气体一样，只是其原子已经被细分为带正电荷的离子和带负电荷的电子。这意味着等离子体可以导电。太阳、星星和地球上方的大气层都是由等离子体构成的。

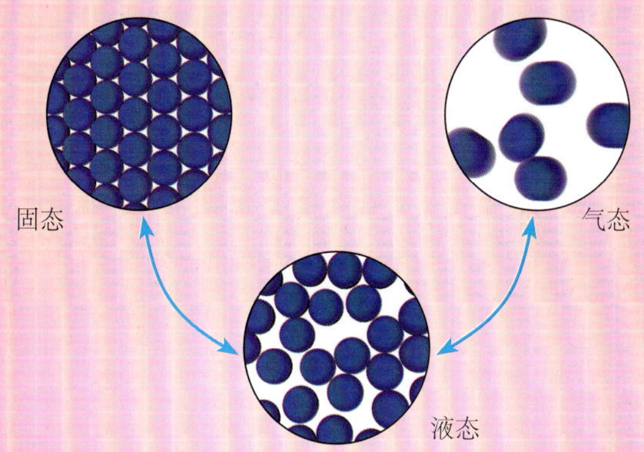

形态的变化

如果对固体进行加热，其颗粒会开始振动，最终使固体的结构分裂，溶解为液体。加热液体也会起到同样的效果。液体的构成颗粒移动得更为频繁，直到达到一定的温度，彼此分离成气体。冷却一种物质则会起到相反的效果：气体会凝结成液体，再由液体冻结成固体。气压的变化会带来温度的变化，进而改变物体的存在形式。

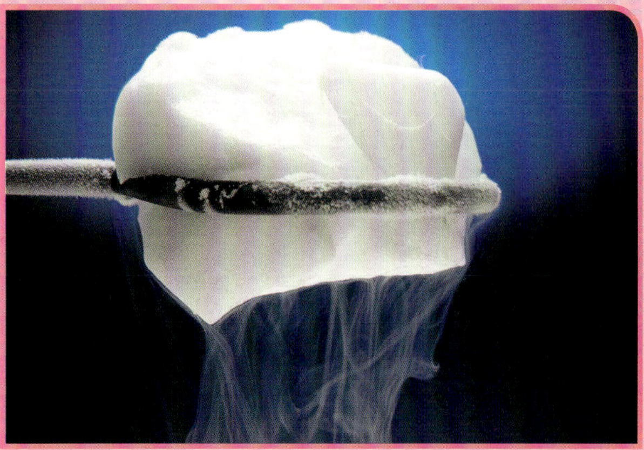

跳过一步

通常，物体会从固态变为液态，再从液态变为气态。但是，有时也会缺失中间变成液态的过程。在室温下，固态的二氧化碳（也称干冰）会直接变为二氧化碳气体，这个过程就叫做升华。这是因为地球上的气压还不足以阻止干冰的原子在-78℃以上飞散。

机器人

机器人是指可以完成机械任务的机器，即robot，这个单词来自捷克语的robota，意思是“工作”。但是，并不是所有的机器人都是用来工作的。比如图中这个hexbug（电子昆虫），它是一个模拟昆虫的玩具，能够感知环境并对环境做出反应，然后通过跑动来让用户感到愉快。

电路板

我们看到的蓝色外壳下的部分是电子昆虫的印刷电路板。这个电路板包含一些电子设备，其中包括控制着机器人的微处理器（它也是一个麦克风，可以采集声波，并将其转换为电信号）。如果声音足够响亮，即信号足够强烈的话，微处理器就可以指示电子昆虫改变方向。

电子触须

电子昆虫通过触角或触须来发现障碍。每个触角的底部由一个螺旋弹簧和金属棒组成。通常，金属棒和弹簧之间留有空隙，但是当触角按压一个物体时，弹簧就会弯曲进而碰到金属棒。电流随之在它们之间流动，通知机器人遇到了障碍。电子昆虫会做出响应，往回退然后驶走。

酷盖

半透明的盖子可以保护电子昆虫的电路，也使它看起来更像真正的昆虫。这个电子昆虫只有不到7厘米长，其电路简单，只占用了很少的空间。

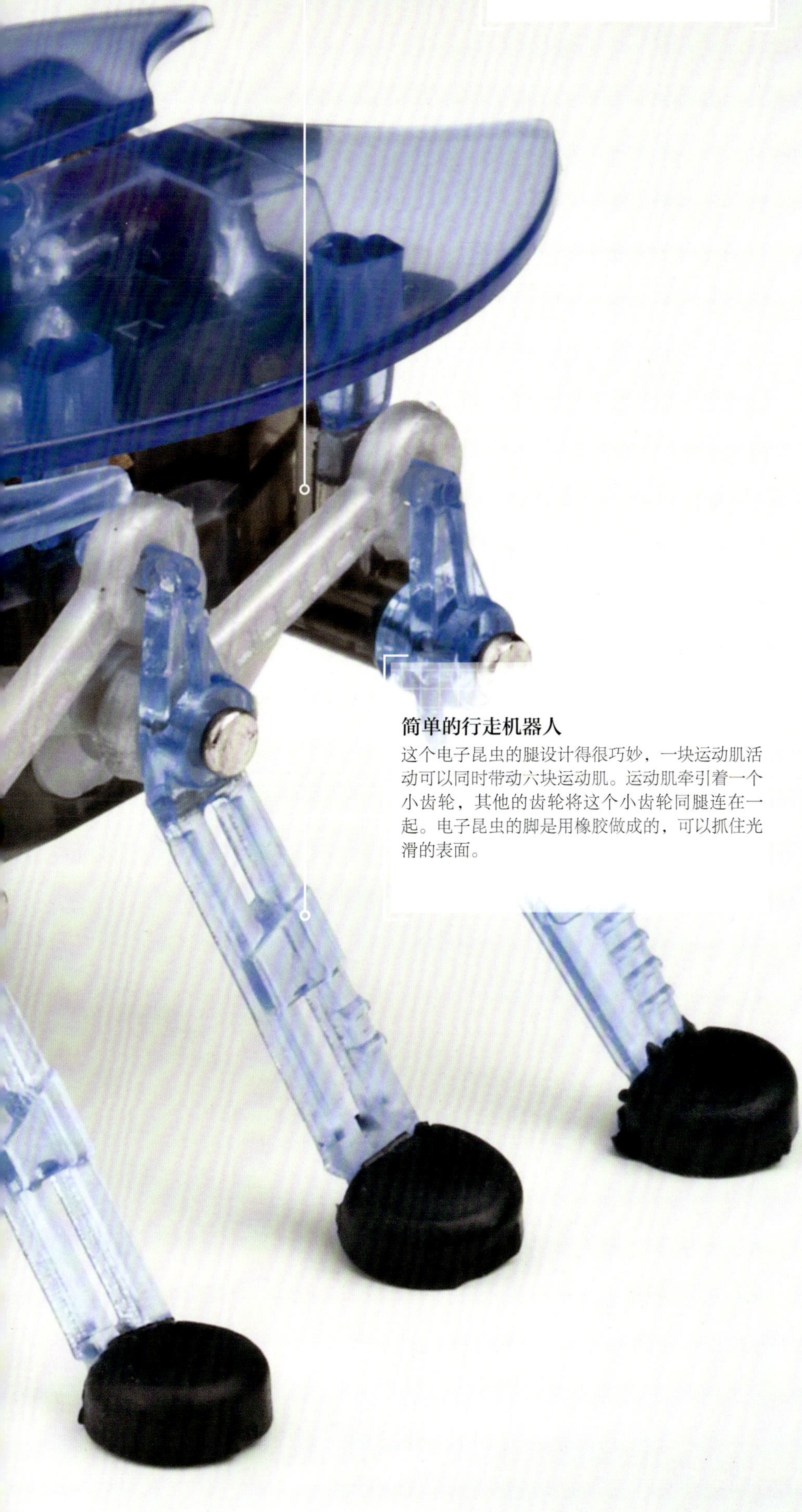

电池

几乎所有的机器人都用电来驱动，电子昆虫也是如此。下侧的隔层里有两枚1.5伏的纽扣电池，隔层底部有一个开关。

简单的行走机器人

这个电子昆虫的腿设计得很巧妙，一块运动肌活动可以同时带动六块运动肌。运动肌牵引着一个小齿轮，其他的齿轮将这个小齿轮同腿连在一起。电子昆虫的脚是用橡胶做成的，可以抓住光滑的表面。

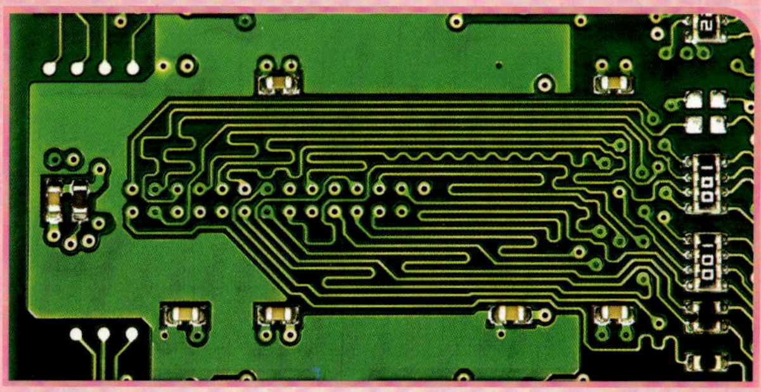

电路

电子集成线路一般放在印制电路板里。微小的部件控制着电流，将其发送给马达，使机器运转。电路板所用的材料叫作半导体，半导体的性能可以调节，从而让不同量的电流流经它们。

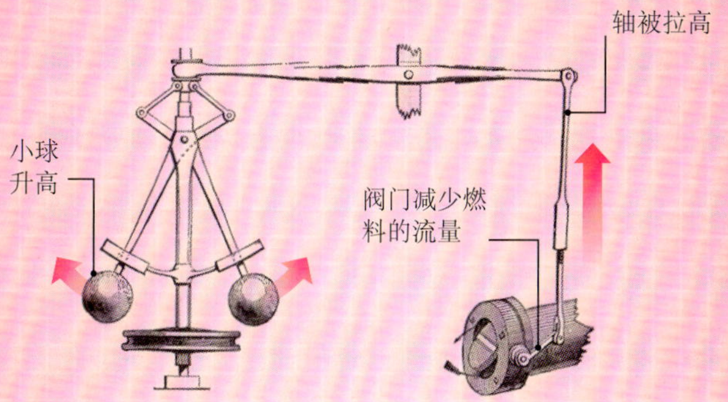

反馈

机器人根据反馈调整自身的行为。最初的反馈设备之一是调节器，它可以维持蒸汽机的速度。蒸汽机越快，调节器转得越快，小球升得也越高，这样就会慢慢地切断蒸汽机的原料供给，于是速度便降了下来。

工业化机器人

如今的机器人大部分被应用于工业生产，许多汽车的制造几乎全部在机器流水线上完成。与人工相比，机器人拥有诸多的优势，比如它更加精确、耐用，可以在危险或恶劣环境下持续作业，而且从不厌烦。

探索机器人

一些机器人被用于去探索那些人类无法前往的地方，比如深海。在水下1000米的深处，海水的压强是地球表面大气压的100倍，在那里，人类的肺会被压爆。现在，科学家们可以安全地待在实验室里进行深海探索，而图中这个潜水器就是他们的眼睛和耳朵。

计算机

很难想象世界上没有计算机会是个什么样子——世界上有几十亿人在使用笔记本电脑及其他类型的个人计算机。另外，世界上的计算机大都被连接到互联网，由此所形成的庞大的计算机网络彻底改变了人类的生活。其实，更多的计算机在幕后工作，我们日常生活中经常用到的系统和设备里都装有计算机，比如汽车的卫星导航系统。

便携式计算机

依靠电池供电的便携式计算机，如笔记本电脑，质量必须轻，所以屏幕设计得很薄，它们的屏幕都是如图所示的液晶屏。液晶屏中的电极产生电场时，液晶分子会发生扭曲，将穿越其中的光线进行有规则的折射。折射后的光线经过色彩过滤层的过滤，图像就在屏幕上显现了出来。

输出设备

用户所需的任何形式的信息都可以通过屏幕、耳机、打印机等输出设备进行输出。图示的视频信息会占用计算机大量的存储空间。

无线网络

世界各地的计算机通过电话线、光缆或无线电波连接到互联网上。图中所示具有无线上网功能的笔记本电脑，内置有无线电接收器和发射器，计算机借此与附近的路由器交换数据——路由器通过电缆连接到互联网。

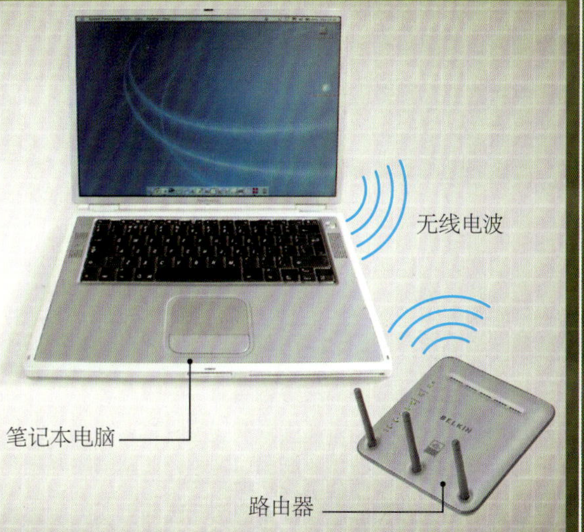

输入设备

跟键盘一样，网络摄像头也是一种输入设备：数据通过网络摄像头输入计算机，可以实现数据的存储、传输和处理。图中的网络摄像头能够将用户的影像发送到对方的计算机屏幕上。

存储设备

计算机中正在处理的信息被存储在电子电路里，这叫随机存取存储器（RAM）；没有正在处理的数据则被存储在硬盘上。随机存取存储器只能暂时存储几吉字节的数据，而硬盘可以存储几百吉字节的数据。计算机中的数据既可以通过互联网发送到另一台计算机上，也可以通过如图所示的U盘复制到另一台计算机上。

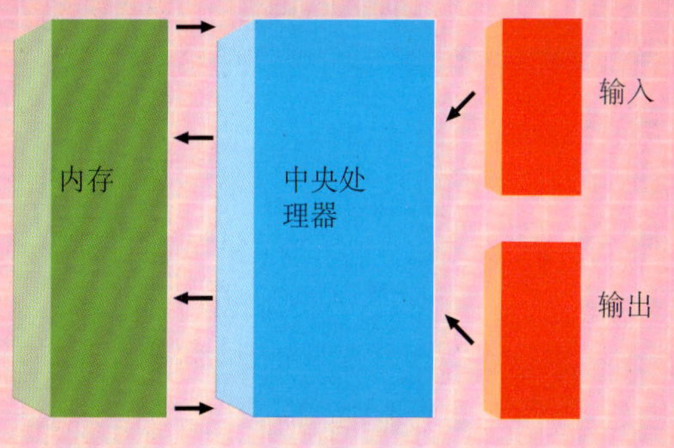

计算机如何工作

计算机以转存信息的方式工作。它将信息以文本、数字、声音或图像的形式从输入设备转存到中央处理器。中央处理器处理这些数据时，只提取所需要的数据，其他的数据则存储在内存里。经过中央处理器处理后的数据通过输出设备呈现给用户。

早期的计算机

最早的计算机上使用的电子装置是真空管。真空管能够控制电流和存储数据。上图所示的控制板是20世纪50年代的Pilot Ace计算机的一部分，控制板上布满了真空管。这台早期的计算机，体积有一个房间那么大，而且常常因真空管烧坏而宕机。

微处理器

现在计算机里装的都是极小的微处理器，它可以取代成千上万的真空管，而且功能远远比真空管强大，可以完成更多的任务。微处理器就像一个微型电路板，它由若干层的硅及其他材料组成，电子电路以印刷图案的样式置于其上。

嵌入式计算机

许多小的电子产品、交通工具及家用电器里都安有内置的计算机。不同于笔记本电脑，嵌入式计算机里安装的是为某些特定任务而设计的软件，并且不能更改。比如图中的车载卫星导航器里安装的这台嵌入式计算机，在连接到卫星网络后可实现导航。

电和磁

电是能量的一种，它是由电子这种带电粒子的定向移动形成的。磁铁可以吸引或排斥其他的磁体，也可以吸附某些金属。在特定的条件下，电能产生磁，磁能产生电。根据此原理制造的磁悬浮列车使交通变得更加快捷。

灯火通明的城市

电不仅点亮了高楼大厦，也为它供暖，而且大厦里计算机、安全系统、自动扶梯和电梯等的运行也都要依靠电能。电通过电网进行传输，电网是一个由电缆组成的全国性的网络。发电站通常通过燃烧石油、煤炭和天然气等化石燃料来发电，或利用核反应堆发电。而更环保的发电方式则是风力发电和水力发电。

高速而安静

磁悬浮列车凭借轨道上电磁极性的转换得以持续沿轨道向前奔驰。由于列车上没有引擎，所以相比其他的交通工具，磁悬浮列车行驶时会更加安静。

磁悬浮

轨道上的磁体与列车上的磁体同极相斥时，列车与轨道之间会形成一个气垫。于是，列车与轨道间的摩擦变小，速度也就更快了。

电磁

电流通过导线时，可产生微弱的电磁场。断开电流，磁场消失。这就是所谓的电磁。将导线缠绕在铁芯上，电流所形成的电磁场会大大增强，带线圈的铁芯就变成了一个临时的电磁铁。改变电流的方向，电磁铁的N极和S极也会发生相应改变。

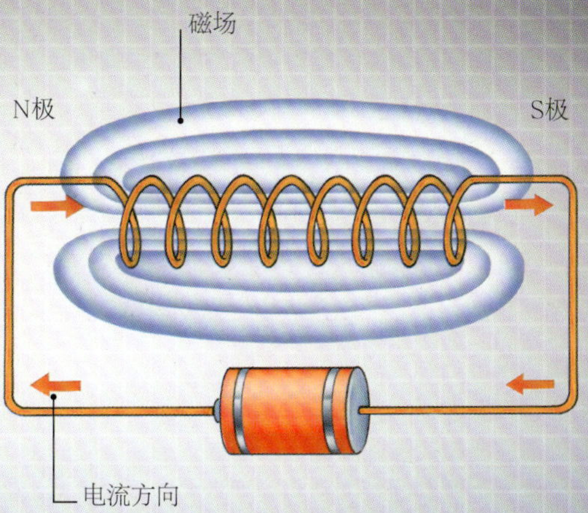

力场

磁悬浮列车行驶的能量来源于轨道内侧线圈中电流通过时所产生的一个电磁场。轨道内侧线圈中的交流电将线圈变为一个电磁体，改变线圈内电流的方向，电磁体的两极也会随之改变，于是轨道内的电磁体与列车上的电磁铁快速相斥后又立即相吸，从而推动列车前进。

导体和绝缘体

因为金属中含有自由移动的电子，所以金属是导体。导体中有了自由电子，电流才能通过导体。非金属通常不含有自由电子，故电流无法通过，因此被称为绝缘体。电线和电缆都在导电的金属芯外包裹了一层绝缘的塑料。

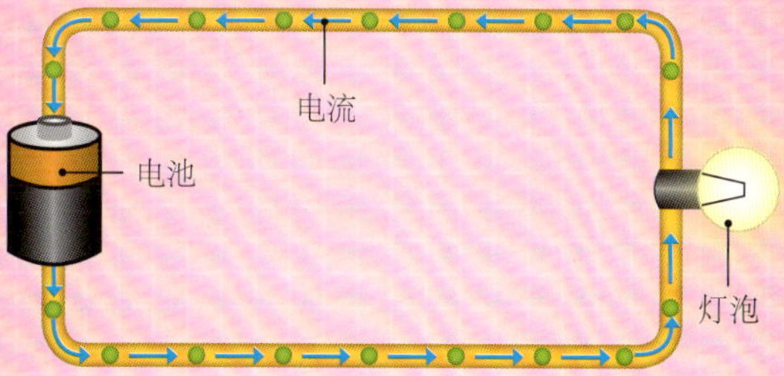

电流

电子在电路中的定向移动形成电流。用导线将电池两端连接起来，带负电的电子就会流向电池的正极。在上图所示的电路里，当电流流经电阻较大的灯丝时，电能就转化成了光能和热能。

静电

并非所有的电荷都能通过导体流动。当电子在某一物体上聚集时，这个物体就带上了静电。头发带上静电后会飘起来，云带上静电后会通过雷电的形式释放静电。

N极和S极

磁铁有N极和S极之分，同极相斥、异极相吸。对放入其中的磁体有磁力作用的区域叫做磁场。上图中，撒在两块磁铁之间的铁屑的分布形态就展现了磁场的作用。

土星的第六大卫星土卫二（恩克拉多斯）表面的冰层被陨石坑和裂纹弄得“伤痕累累”。

太空

人类对天文学的痴迷大约可以追溯到石器时代，而人类对宇宙的认知则是自人类开展太空探索以来才大大增加的。航天探测器所采集到的图像和数据彻底改变了人类对于太阳系的认知。同时，空间望远镜因为能够捕捉到遥远天体的细节信息，也成为人们认识浩瀚宇宙的一个新窗口。

仰望太空

当你仰望天空时，其实你也在仰望太空。早期的天文学家用肉眼来探索太空。现在，功能强大的天文望远镜为人们观测天体提供了更佳的视野。安设在地球上和太空中的天文望远镜可以收集光线及其他形式的能量，比如X射线和无线电波，将这些信息综合起来，可以帮助人类看到一个更为广阔而全面的宇宙。

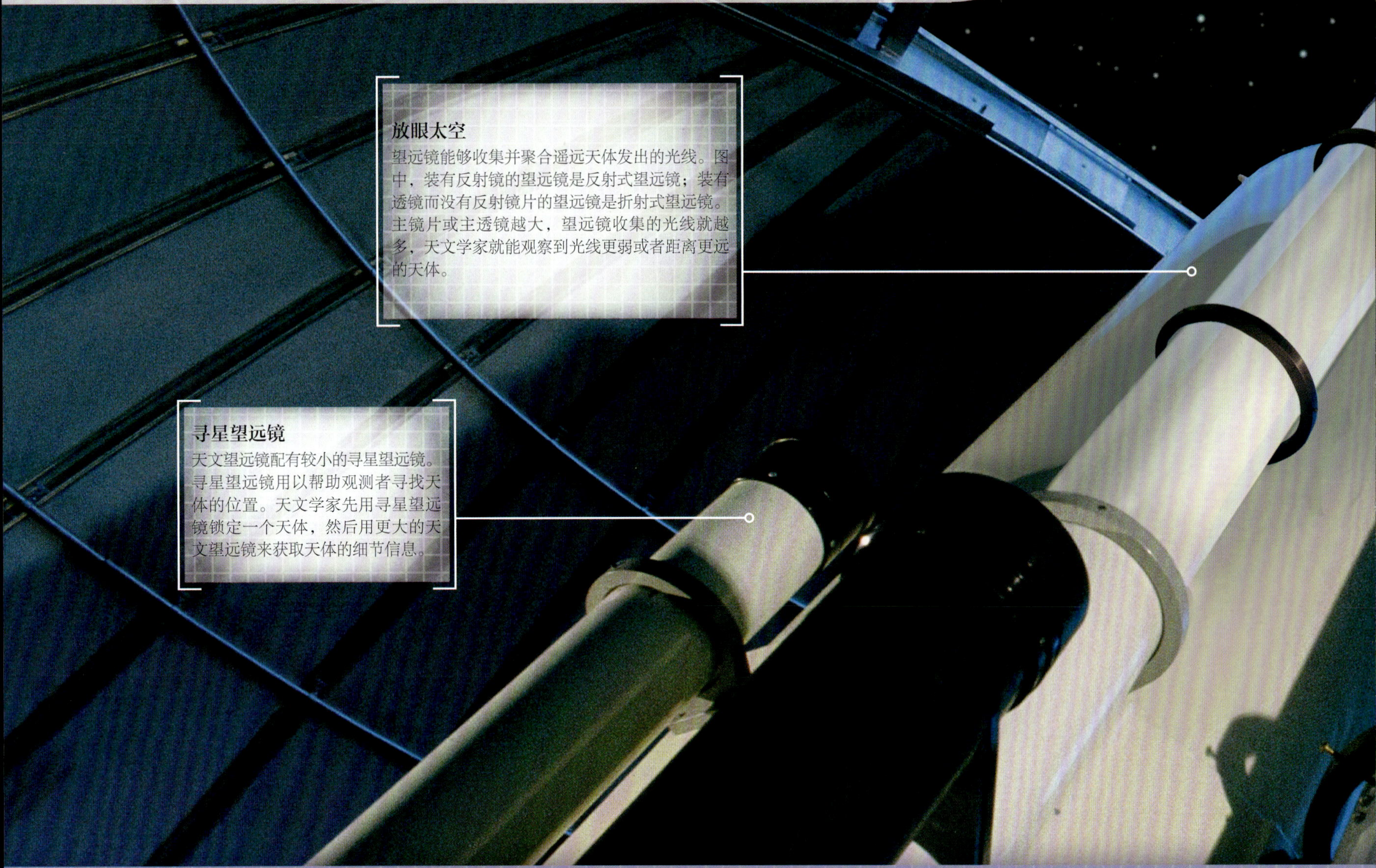

放眼太空

望远镜能够收集并聚合遥远天体发出的光线。图中，装有反射镜的望远镜是反射式望远镜；装有透镜而没有反射镜片的望远镜是折射式望远镜。主镜片或主透镜越大，望远镜收集的光线就越多，天文学家就能观察到光线更弱或者距离更远的天体。

寻星望远镜

天文望远镜配有较小的寻星望远镜。寻星望远镜用以帮助观测者寻找天体的位置。天文学家先用寻星望远镜锁定一个天体，然后用更大的天文望远镜来获取天体的细节信息。

光学望远镜

收集可见光的望远镜叫做光学望远镜。光学望远镜往往安在山顶，因为山顶位于云层之上，空气干燥、风力较小。世界上有两架一模一样的凯克望远镜，图中圆顶下的望远镜就是其中的一架，它建在夏威夷冒纳凯阿山的山顶上。凯克望远镜是地球上最大的望远镜之一，它用于收集光线的主镜口径达10米。

无线电波

巨大的碟形天线将无线电波反射到正中央上方的接收器上，这样无线电波就被收集了起来。美国新墨西哥州平原上的Y形天线矩阵（见左图）是由27架碟形天线组成的，每架碟形天线的直径为25米，它们组合在一起形成了一架宽达36千米的巨大天线。它们通过搜集星系发出的无线电波帮助人类发现了很多星系。

反射式望远镜的内部结构

反射式望远镜的主镜用于收集并聚合太空中天体的光线。光线穿过次镜时折射入人眼或成像设备，比如照相机。图中的反射式望远镜叫做卡塞格伦望远镜，光线从主镜中央的小孔射入。

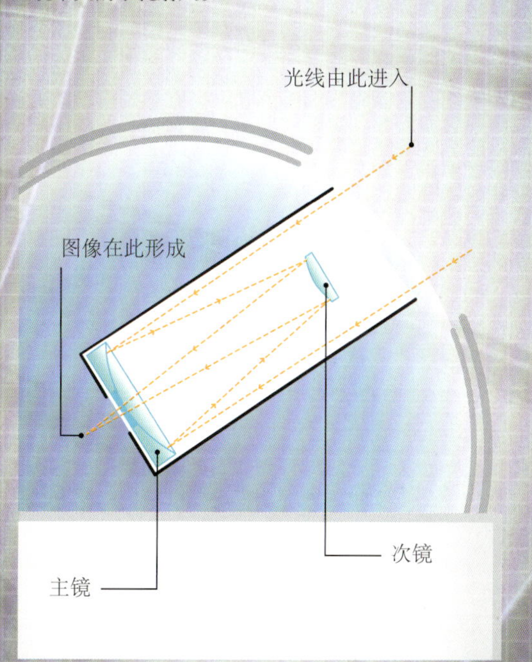

开放式圆顶

天文台上的圆顶实际上是观测室，能够保护望远镜免受风雨侵袭。圆顶上有一个天窗，可以从天窗看到上面的天空。如果望远镜不随天体移动，那么要观察的天体很快会因地球的自转而消失在视野里。望远镜和圆顶由计算机控制着，朝着与地球自转相反的方向移动，这样透过天窗看到的天体就可以一直保持在视野中。

X射线的收集

温度高达1 000 000℃的材料会放射X射线，天体爆炸后的残留物就能够放射X射线。X射线无法穿过大气层，所以只能在太空中收集。钱德拉X射线天文台沿椭圆形轨道绕地球运行，它收集X射线的时间已超过10年之久。

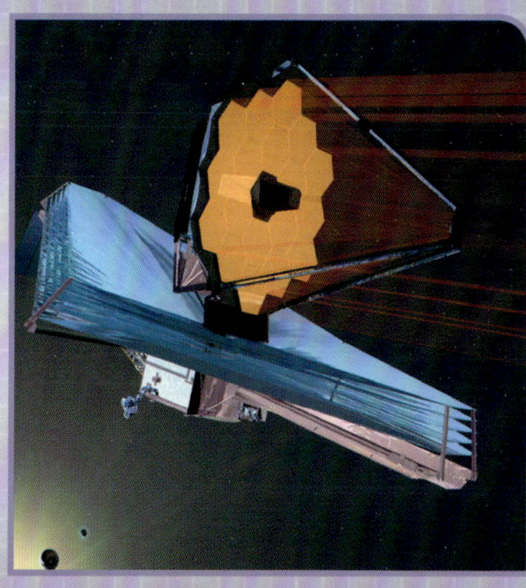

红外辐射能

詹姆斯•韦伯太空望远镜于2021年12月25日发射升空。它在距离地球150万千米处的太空作业，收集温度较低的天体——如恒星形成区域——所释放的红外辐射能。詹姆斯•韦伯太空望远镜的镜面很宽，有6.5米，所以发射时只能先折叠起来，等发射到太空之后再打开。它的遮阳板（图中蓝色部分）有一个网球场那么大。

月球

月球是距地球最近的天体，从地球上看去，其亮度仅次于太阳。它是岩石球体，上面没有生命。月球在绕地球转动的同时，也随地球绕太阳公转。月球的体积大致相当于地球的四分之一，表面布满环形山，凹凸不平，覆盖着一层灰尘般的月壤。月球是除地球外人类唯一踏足过的天体。

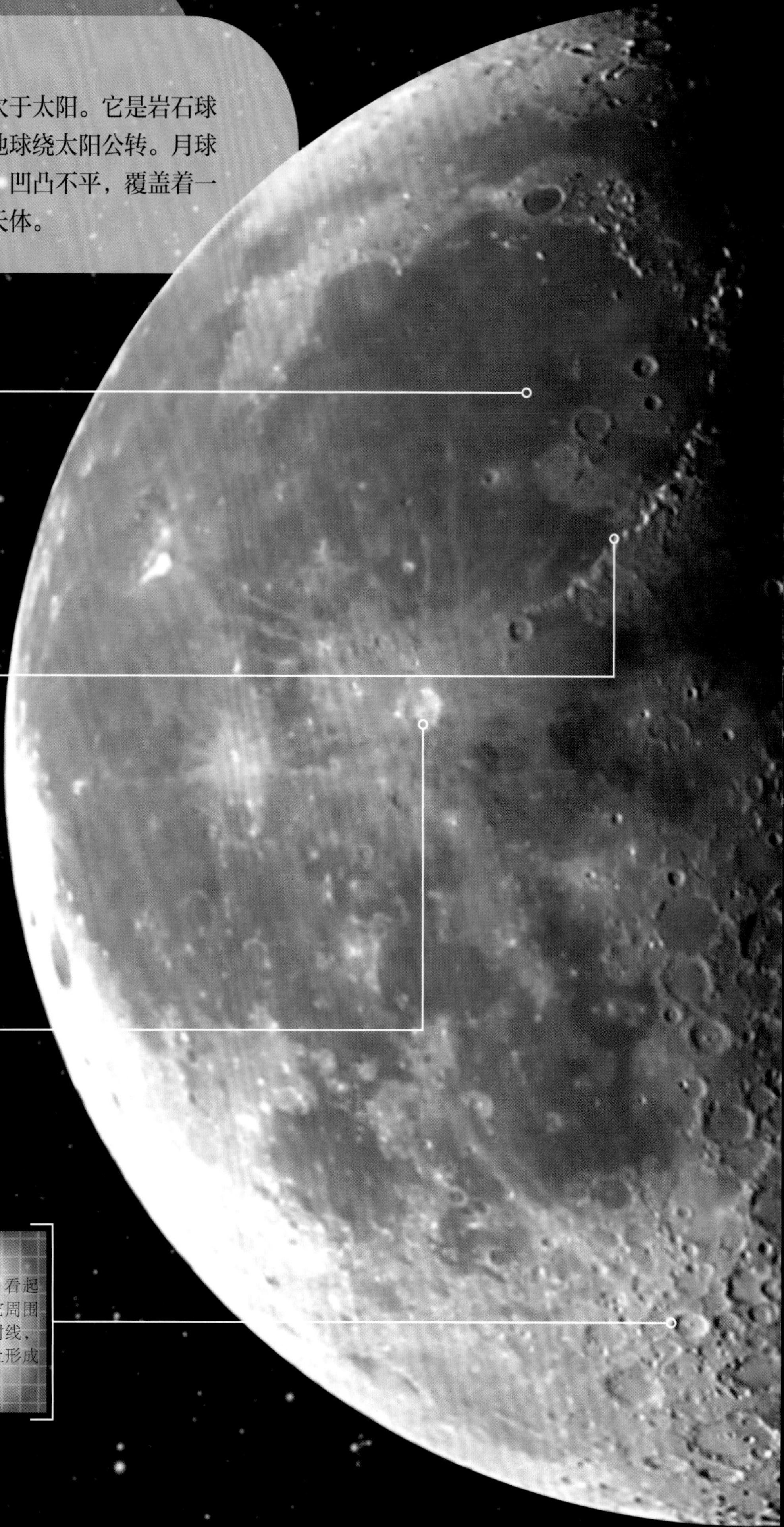

雨海

在早期的天文学家们看来，月球上发暗的平坦地带颇似海洋，便以拉丁语中的海——“maria”一词来对其命名。这个名字沿用至今。38亿年前，一颗较大的小行星撞击月球，形成了一片辽阔的环形平原，我们把它称为雨海。撞击形成了一个陨石坑，从月球表层裂缝中涌出的火山岩浆填充了陨石坑并随之凝固。

亚平宁山脉

绵延于雨海边缘的一系列长达600千米的山脉，名为亚平宁山脉。造就了雨海的那次小行星撞击，挤压月球岩层形成了亚平宁山脉。

陨石坑遍布

小行星撞击后形成的圆形陨石坑遍布月球表面。小的陨石坑只是个极小的碗状凹陷，而大的可宽至150千米。大多数陨石坑形成于月球生命初期的7.5亿年中。月球成形8亿年后形成的宽为93千米的哥白尼陨石坑则是相对年轻的。

第谷陨石坑

第谷陨石坑仅形成了1亿年，看起来还如最初形成时的样子。它周围依然笼罩着抛射物的明亮抛射线，而老一些的陨石坑则会因其上形成了新坑而发生形态上的变化。

月相

月球一直保持以同一面朝向地球，这是因为月球自转一周所用的时间和它绕地球公转一周的时间是一样的。但从地球上看，月球的面貌似乎不停地变化，这是由于它在公转的过程中，自身能够接收到太阳照射的区域时有变化。而这些不同的面貌便是月相，其周期为29.5天。

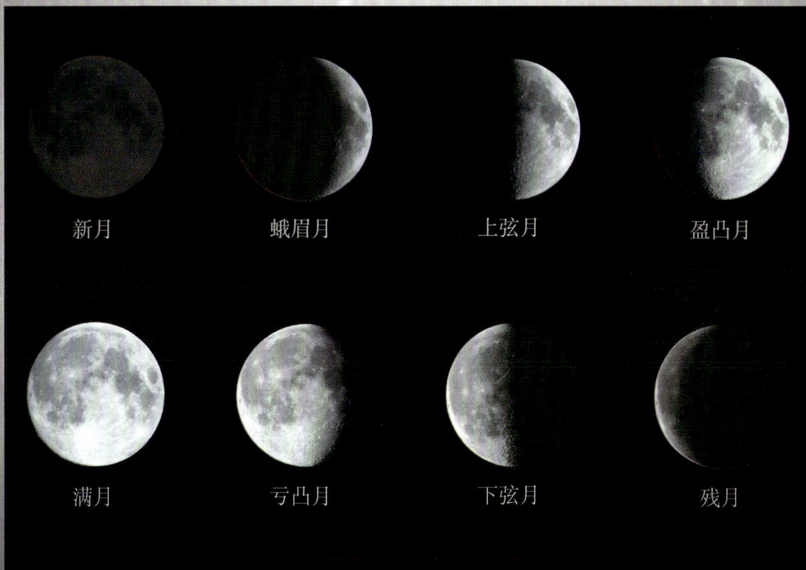

光线

月球上白天和黑夜之间的界限被称为明暗界限，且日日都随着月相的变化而在月球表面移动。当陨石坑和环形山靠近明暗界限时会投下很长的阴影，使得它们看起来更清晰，更容易被辨识。

地出

1968年12月，阿波罗8号完成了首次载人绕月飞行任务。在十圈飞行任务中的第四圈，飞船到达月球的背面，航天员拍下了这张照片。这是人类有史以来第一次从另一个世界观看地球，照片中的地球看上去那么渺小而脆弱，令人惊诧不已。

起源

月球形成于约45亿年前，当时，一个火星大小的小行星倾斜着撞击了地球，撞击产生的岩石碎片和尘埃形成了环绕地球的圆环。经过几千万年的演变，环形碎片不断相互撞击，最终形成了一个巨大天体——月球。

登上月球

1969年7月20日，尼尔•阿姆斯特朗搭乘阿波罗11号宇宙飞船成为登上月球的第一人。1972年12月14日，尤金•塞尔南在月球行走后最后一个返回登月舱。上图中，他正驾驶着一辆由电池供能的探测车在月球表面进行探索。

行星的卫星

月球是地球的卫星，是太阳系中运转的160多颗卫星中的一员。从体积上看，月球在卫星家族中排行第五，而木星的三颗卫星——冰冷的木卫三、木卫四以及布满火山的木卫一都比月球大。土星的卫星土卫六是太阳系中唯一拥有浓厚大气层的卫星，其体积在太阳系的卫星中位列第二。

国际空间站

国际空间站的大小和一个足球场差不多，对于航天员来说，这里既是家也是工作的场所。国际空间站在距离地球表层390千米的高空中围绕着地球运转，一天绕地转动16圈。国际空间站是由美国、俄罗斯、日本、加拿大的航天局以及欧洲航天局共同组建和运营的，可一次性容纳六人在此工作数周甚至数月的时间。

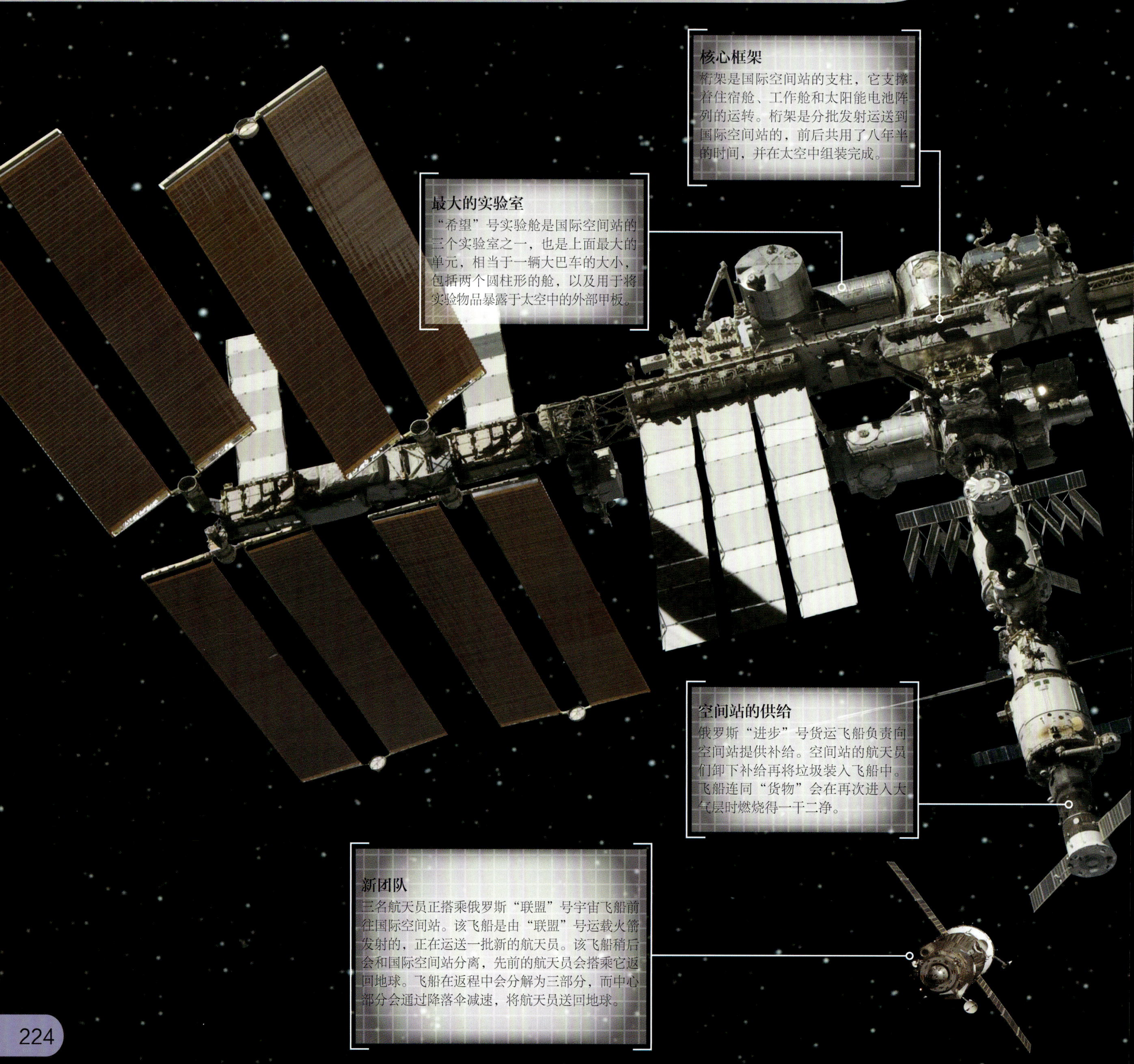

核心框架

桁架是国际空间站的支柱，它支撑着住宿舱、工作舱和太阳能电池阵列的运转。桁架是分批发射运送到国际空间站的，前后共用了八年半的时间，并在太空中组装完成。

最大的实验室

“希望”号实验舱是国际空间站的三个实验室之一，也是上面最大的单元，相当于一辆大巴车的大小，包括两个圆柱形的舱，以及用于将实验物品暴露于太空中的外部甲板。

空间站的供给

俄罗斯“进步”号货运飞船负责向空间站提供补给。空间站的航天员们卸下补给再将垃圾装入飞船中。飞船连同“货物”会在再次进入大气层时燃烧得一干二净。

新团队

三名航天员正搭乘俄罗斯“联盟”号宇宙飞船前往国际空间站。该飞船是由“联盟”号运载火箭发射的，正在运送一批新的航天员。该飞船稍后会和国际空间站分离，先前的航天员会搭乘它返回地球。飞船在返程中会分解为三部分，而中心部分会通过降落伞减速，将航天员送回地球。

电力供应

利用日光发电的巨型太阳能电池阵负责为国际空间站供电。电池阵有16个翼，随着国际空间站在轨道上的运行而转动，并始终保持面朝太阳。

建造国际空间站

整个空间站约由20个主要部分和其他一些小部件组成。每一部分都是单独运送至太空，并由航天员通过150多次太空行走组装完成的。“曙光”号功能货舱（图左）和“团结”号节点舱（图右）是于1998年最早组装完成的单元，前者负责供应电能，后者则起着连接的作用。

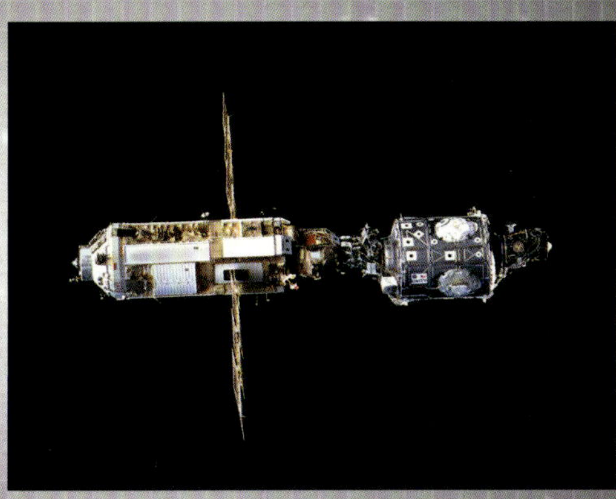

“看得见风景的房间”

从国际空间站看到的地球十分壮观。此照片展示了云层覆盖下的太平洋上的日出。这样的照片要通过特殊的窗户才能拍摄出来，窗户上需要安装不会扭曲光线的玻璃。根据地面科学家们的要求，航天员们每天都要花上大约30分钟的时间进行拍摄，以记录某些地理特征，或是记录洪水、大火、火山喷发之类的现象。

在太空中工作

航天员们每天都要进行一定的实验。图中，俄罗斯航天员尤里·马连琴科正在照料生长在温室中受控环境里的豌豆。如果想长期停留在月球和火星，就急需解决吃饭问题，而植物生长实验对解决这一问题十分重要。此外，针对航天员自身的实验则揭示了太空飞行对于人体的影响。

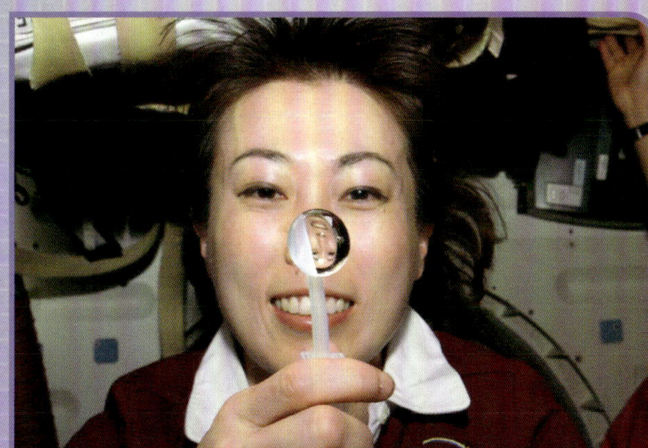

失重环境

2010年4月，在国际空间站工作的航天员山崎直子从自己的水杯中挤出了一个水泡。水和航天员都受到失重效应的影响。一方面他们受到地球引力的影响，一方面又随着国际空间站绕地球运转，这就意味着他们在太空中持续下落，从而导致自身失重。

太空旅行者

来自40个不同国家的500多名航天员去过太空。他们中大多数人都只是到达了距离地球表面几百千米处的近地空间。只有12名美国航天员在20世纪六七十年代到达了384 401千米之外的月球。直到不久以前，还只有专业的航天员去过太空。但是如今，从商业组织那里买张通往太空的船票已经成为可能，只是价位高了那么“一点点”。

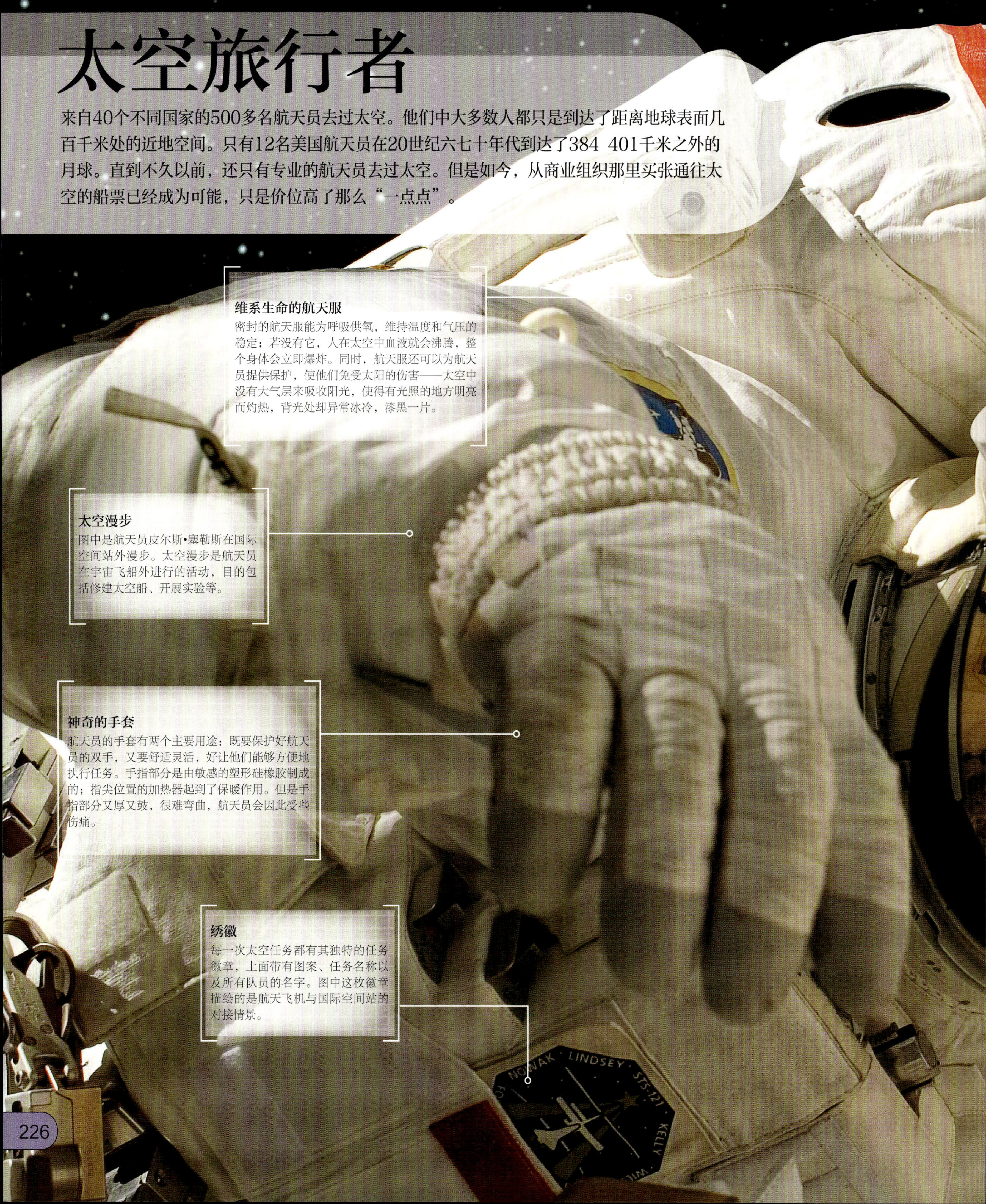

维系生命的航天服

密封的航天服能为呼吸供氧，维持温度和气压的稳定；若没有它，人在太空中血液就会沸腾，整个身体会立即爆炸。同时，航天服还可以为航天员提供保护，使他们免受太阳的伤害——太空中没有大气层来吸收阳光，使得有光照的地方明亮而灼热，背光处却异常冰冷，漆黑一片。

太空漫步

图中是航天员皮尔斯•塞勒斯在国际空间站外漫步。太空漫步是航天员在宇宙飞船外进行的活动，目的包括修建太空船、开展实验等。

神奇的手套

航天员的手套有两个主要用途：既要保护好航天员的双手，又要舒适灵活，好让他们能够方便地执行任务。手指部分是由敏感的塑形硅橡胶制成的；指尖位置的加热器起到了保暖作用。但是手指部分又厚又鼓，很难弯曲，航天员会因此受些伤痛。

绣徽

每一次太空任务都有其独特的任务徽章，上面带有图案、任务名称以及所有队员的名字。图中这枚徽章描绘的是航天飞机与国际空间站的对接情景。

照明
头盔的两侧都安装了照明灯，以保证航天员在暗处工作时也能看得见前方区域。头盔上方安有摄像机，记录着所有的景象。
金盾
航天员的脸部被透明的塑料屏保护着，屏上装有镀金的遮阳板。遮阳板可以上下推动，以保护眼睛免受太阳强光和高温的伤害。

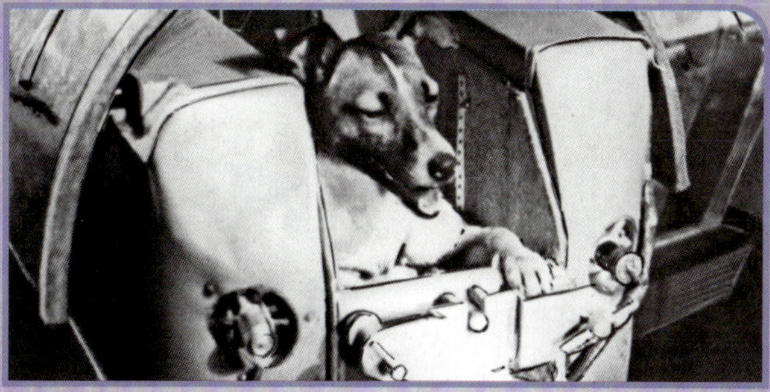

非人类旅行者

这只狗“莱卡”是第一只绕地飞行的动物，它于1957年搭乘“斯普特尼克2号”抵达了太空。莱卡和其他早期的动物航天员（如猴子、猩猩等）为人类未来的太空之旅打下了基础。

我们起飞了！

2003年10月，长征2F运载火箭首次将中国航天员送至太空。杨利伟的此次飞行意味着中国成为继美国和俄罗斯之后，世界上第三个能够将人类送入太空的国家。

太空第一人

第一个进入太空的人是俄罗斯航天员尤里•加加林。1961年4月12日，加加林搭乘“东方1号”载人飞船绕地球飞行了一周。在这次108分钟旅程的最后一刻，他从飞船中弹射了出来，并乘降落伞降落到地面。

美国太空港

世界上第一个太空港正在美国的新墨西哥州进行建设。太空游客需要花两个半小时抵达100千米外的高空，这里是外太空的起点。“太空船”的两个船舱一次可搭载六名旅客。

岩态行星

水星、金星、地球和火星是离太阳最近的四颗行星，其主要成分是岩石和金属，所以通常被称为岩态行星。切割开任何一个星球一探究竟，你会发现里面都是由岩石地幔和外壳包围着的金属芯。然而，它们的表层却大不一样：水星表层覆盖的是陨石坑，金星表层则是火山岩浆，地球表层是海洋，而火星表层大部分是冰冷的沙漠。

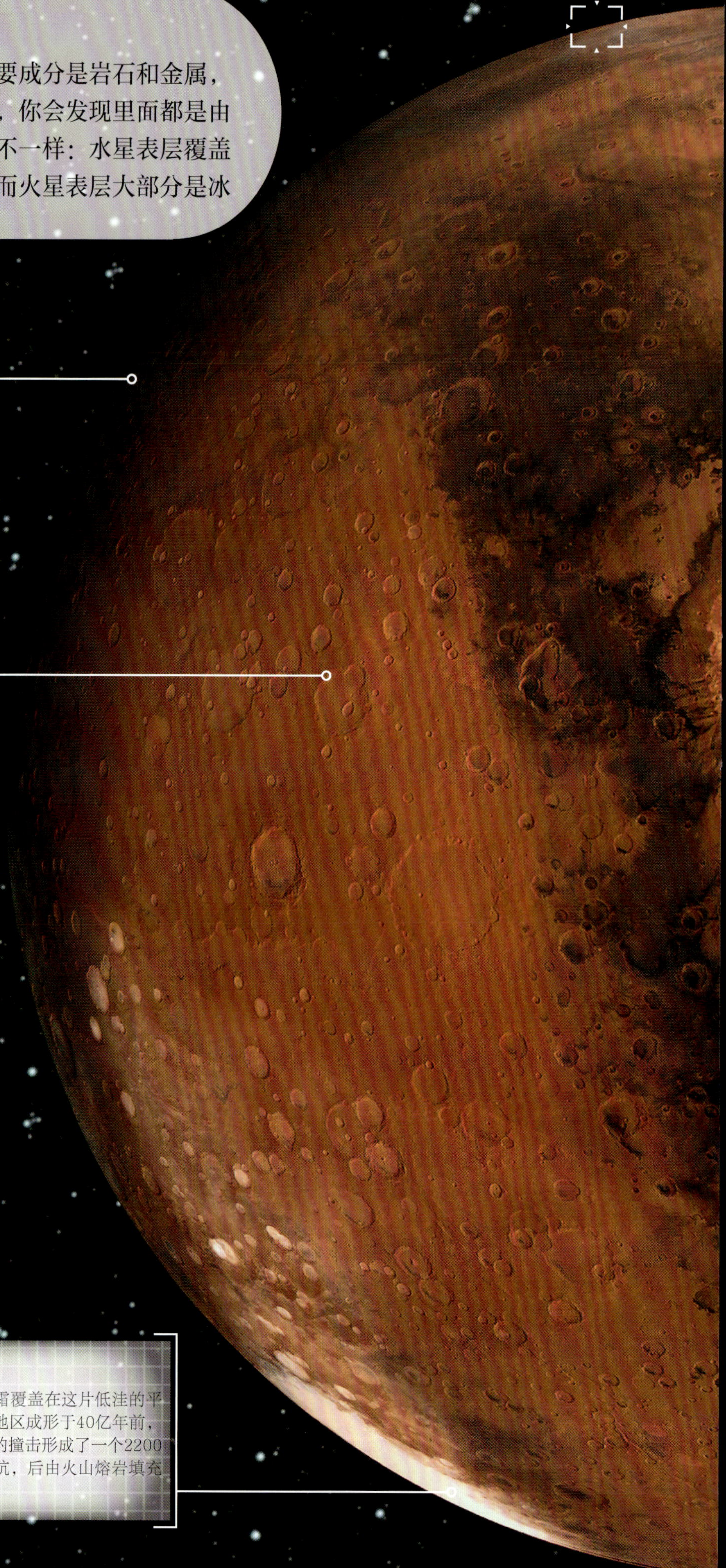

红色星球

火星独特的锈红色，归结于它表层覆盖着的含有氧化铁的尘壤。风扬起尘埃，将其散布到火星的每个角落，灰尘被吹走的地方就暂时变成了黑色。

极端的表面

火星表面有成千上万个陨石坑，形成于35亿年前小行星对于火星的撞击。火星表面有许多巨大的死火山，如奥林匹斯火山，高24千米，这是太阳系所有行星和卫星上最大的火山。与此形成对比的是深达8千米的水手号峡谷群，它形成于火星早期的地面断裂。

北极冰盖

火星上的水量极少，大部分以冰的形式永久性地被封存在两极地区。北极覆盖着永久的白色冰盖，即使在有持续光照的夏日也不例外。在冬日，这片区域会出现极夜现象，温度会降至-125℃左右。空气中的二氧化碳会结霜，降雪，覆盖在水结成的冰面上。

希腊平原

二氧化碳结霜覆盖在这片低洼的平原之上。该地区成形于40亿年前，一次小行星的撞击形成了一个2200千米的陨石坑，后由火山熔岩填充而成。

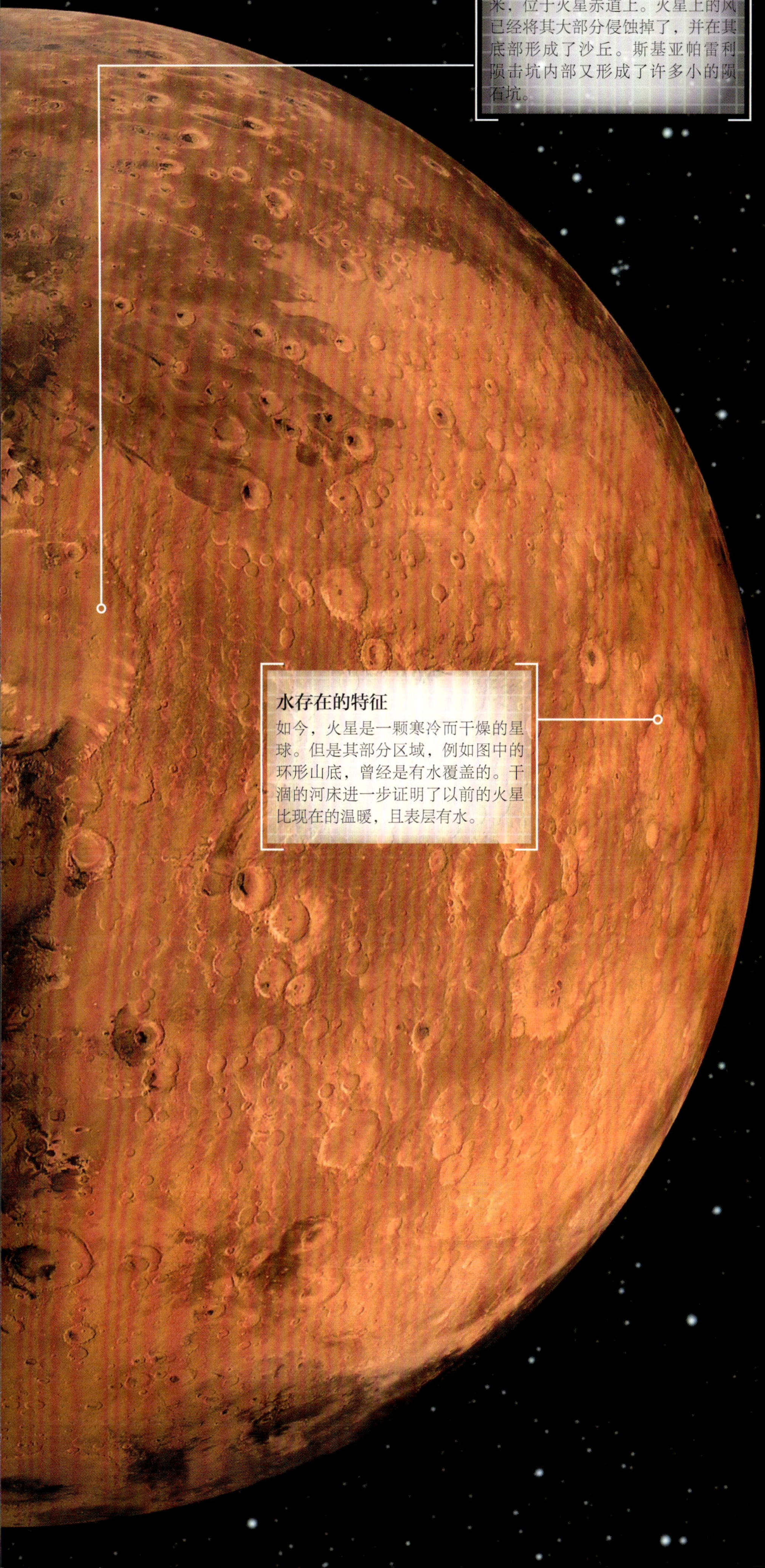

斯基亚帕雷利陨击坑

斯基亚帕雷利陨击坑宽达471千米，位于火星赤道上。火星上的风已经将其大部分侵蚀掉了，并在其底部形成了沙丘。斯基亚帕雷利陨击坑内部又形成了许多小的陨石坑。

水存在的特征

如今，火星是一颗寒冷而干燥的星球。但是其部分区域，例如图中的环形山底，曾经是有水覆盖的。干涸的河床进一步证明了以前的火星比现在的温暖，且表层有水。

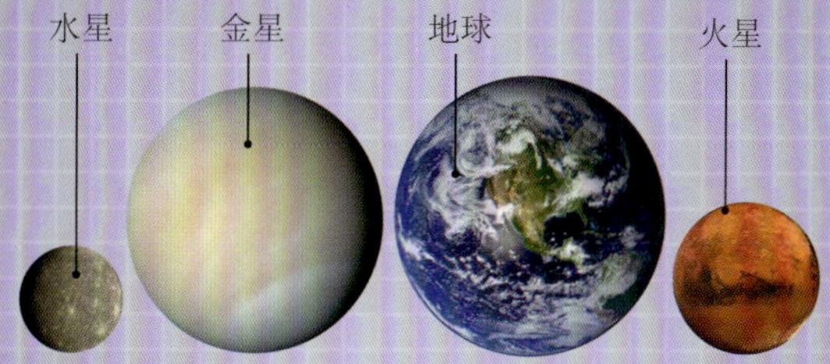

类地行星

地球是最大的岩态行星，基于此，这四颗行星被称为类地行星。其中，体积最小的是水星，仅为地球的卫星——月球的1.5倍大。这四颗类地行星都形成于约46亿年前，且主要成分也相同。

灰色星球

灰暗干燥的水星被陨石坑覆盖着，自成形以来变化甚微。图中最大的陨石坑宽达133千米，名为波力诺塔斯盆地。水星上的陨石坑大小不一，小的呈碗状，最大的卡路里盆地则占据了整个水星的四分之一。

隐秘的星球

由于大气层十分厚重，金星的表层被盖住了，无法直接观察到。但是通过雷达，我们就能看到它的面貌了。图中是玛阿特火山，是金星上最大的火山之一。在这里，数亿年前喷射出的火山岩浆早已凝固，现已覆盖星球的大部分区域。

水的世界

水和生命是地球独有的特征。海洋覆盖了地球表面70%的区域，水在陆地和大气之间不断地循环着。自地球形成以来，四分之三的时间里都有生命体存在。地球是目前已知唯一有生命体存在的星球。

探索太空

太空探测器被发射至太空中，用以对太阳系中的行星、卫星、小行星、彗星以及太阳进行探索。所有的航天器都是为执行特定的任务而进行精心设计与建造的，但是它们也有一些共同点：都有一台中央计算机、一个电源、一整套用于研究目标物的仪器，以及可将探测数据传送至地面控制中心的通信设备。

“新视野”号

在经过九年的漫长行程后，“新视野”号于2015年飞越冥王星。“新视野”号自带的照相机拍摄了冥王星的图像，并第一次向我们展示这个矮行星的特征。探测器上的其他仪器则负责收集相关资料、制作冥王星地图，并对其稀薄的大气层进行分析研究。随后，它将前往柯伊伯带，去看看那里的冰块和岩石。

“罗塞塔”号

“罗塞塔”号探测器于2004年3月发射升空，该探测器释放的“菲莱”着陆器于2014年成功登陆67P/丘留莫夫-格拉西缅科彗星。“罗塞塔”号与彗星一起绕太阳环行，观察彗星的变化，看它如何形成一个巨大的头和尾巴。

“卡西尼”号

卡西尼号于2004年7月进入土星轨道，其任务是环绕土星飞行，对土星及其内部结构、土星环、卫星和磁场进行深入考察。

“信使”号

在三次飞过水星之后，“信使”号于2011年初开始沿水星轨道运行。据了解，“信使”号探测器拍摄到了水星的整个表面，其中包括以前从未看到过的区域。由探测器收集起来的信息将有助于科学家们辨析行星表面的物质。

环游

这里是直径达800米的维多利亚火山口的斜坡处。2006—2007年间，地面控制中心的工作人员操纵“机遇”号火星车对火山口的内部与周围进行了实地勘测。火星车每秒沿火山口前进1厘米左右，并不时停下来对所在的环境进行探测。事实上，“机遇”号火星车是2004年在火星的不同侧登陆的机器人飞行器中的一个。

机械臂

“机遇”号火星车通过伸缩自己的机械臂拍摄到了该图像。正如人类的手臂一样，“机遇”号的机械臂也有三个接合点：肩膀（图中左侧），可以上下左右移动；肘部，可以来回进行弯折；腕部，可以将手弯向一边并通过上下移动接近岩石。

观察图像

这个全景照相机是安装在“机遇”号桅杆上面的设备之一。它就像探测器的眼睛，可以挑出可勘测点以便前往进行研究。

与地面指挥中心联络

这个天线是探测器的耳朵和语音传输装置。它接收来自地面指挥中心的指令并将重要信息加工返回。此外，它在探测器处于静止状态时，仍可与地面指挥中心进行通信。

装备

岩石打磨工具是装在探测器手部的四个设备之一，可用来磨去岩石的表面物质，暴露出新岩石。另外两个工具用来对岩石进行分析，显微照相机则负责拍照。

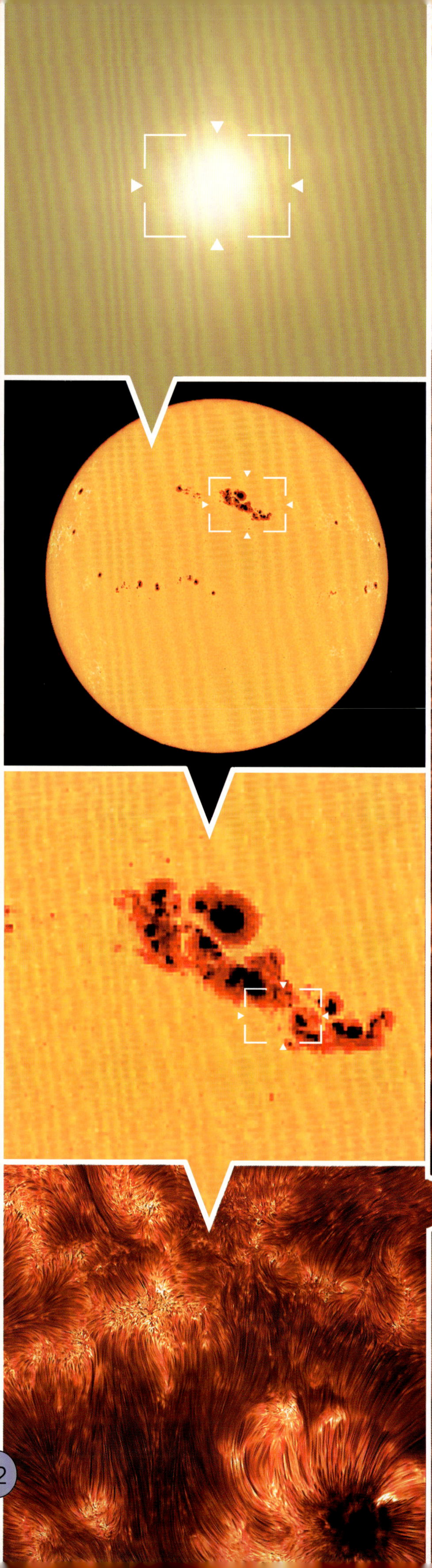

太阳

太阳是一个炽热的、发光的、巨大的旋转球体，主要由氢和氦构成，并经由引力作用将这些气体聚积在一起。太阳内部深处产生的能量不断经太阳表层爆发并释放到太空中去。这些释放出去的能量一部分到达了地球。地球与其他行星一起绕太阳运行，构成太阳系。

冒泡的气体

光球层是太阳的可见表层，它的平均温度达到了5500℃，从远处看来显得很平滑。但是红外线图像显示，它表面的热气泡直径足有1000千米，这些热气泡上升、冷却，然后降落下来。有时，一些来自表面的冷气体爆炸后，在太阳的大气层中形成一个巨大的环圈，上面跳动着鲜红的火舌，这个火舌状的物体就叫日珥。日珥因太阳磁场而被固定在太阳的表面。

炽热的太阳表面

热气体的针状喷射物寿命短，但有好几千米长，经整个太阳表面迅速喷出。它们每个大约持续五分钟，看起来就像在微风中移动的炽热的草叶一样。

太阳的构造

太阳中心的温度高达15 000 000K，是太阳上温度最高、密度最大的部分。这里的核聚变反应将氢转换为氦，并在该过程中产生能量。太阳核心的能量要经过10万年的向外移动，最终才能释放出来。具体的过程是：首先，它经辐射区传播，然后经对流层向上冒出，直到最终突破太阳的内部大气层（包括光球层和色球层）。

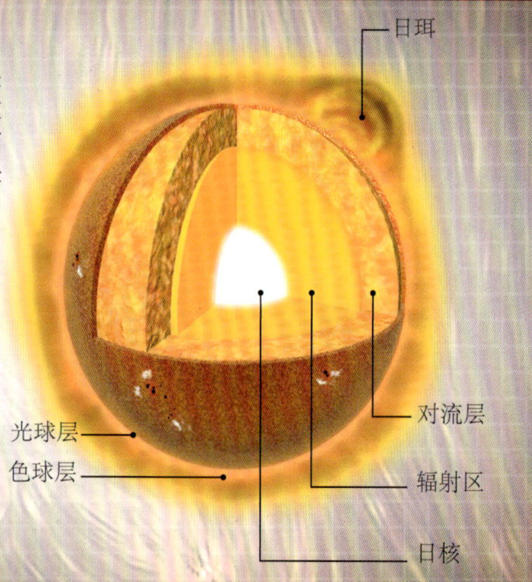

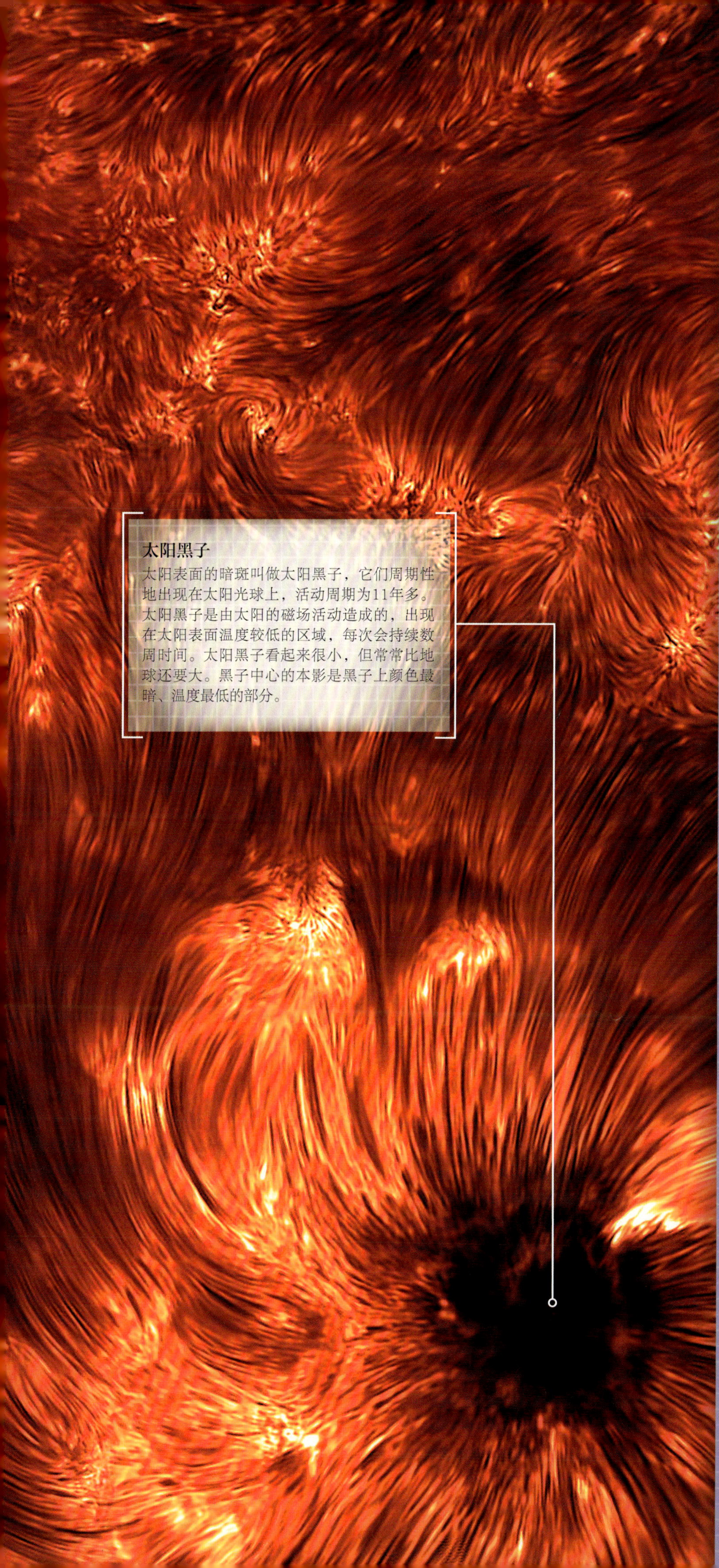

太阳黑子

太阳表面的暗斑叫做太阳黑子，它们周期性地出现在太阳光球上，活动周期为11年多。太阳黑子是由太阳的磁场活动造成的，出现在太阳表面温度较低的区域，每次会持续数周时间。太阳黑子看起来很小，但常常比地球还要大。黑子中心的本影是黑子上颜色最暗、温度最低的部分。

太阳系

太阳及围绕其运行的所有其他天体构成了太阳系。绕太阳运行的天体包括八大行星及其卫星、小行星、矮行星、柯伊伯带天体和彗星。这些天体形成于约46亿年前同一片由气体和尘埃所组成的分子云。太阳是迄今为止太阳系中最大的天体，约占整个太阳系质量的99%。正是太阳强大的引力作用，束缚着太阳系内的其他天体。

爱神星

数十亿由岩石和金属构成的小天体围绕着太阳运行。这些天体就是小行星。90%以上的小行星位于火星和木星之间的环形带。几乎所有小行星都是不规则的团块状，其表面布有陨石坑，比如爱神星（见上图）。只有八颗小行星的直径超过了300千米，其中爱神星达31千米宽，是第一个有航天器登陆的小行星——会合-舒梅克号（NEAR Shoemaker）于2001年登陆爱神星。

冥王星及其卫星

比距离太阳最远的行星——海王星还要远的，是被称为柯伊伯带的扁平天体带。位于柯伊伯带的天体均呈不规则的团块状，由冰和岩石构成，直径不足1000千米。同时，位于柯伊伯带的还有少量比这些天体更大更圆的矮行星，冥王星（见上图）就是其中的一颗。围绕冥王星运转的有三颗卫星。起初，冥王星是太阳系中的一颗行星，后来在柯伊伯带中又发现了一些与其大小相同的小行星，于是冥王星就被剔出了行星行列。

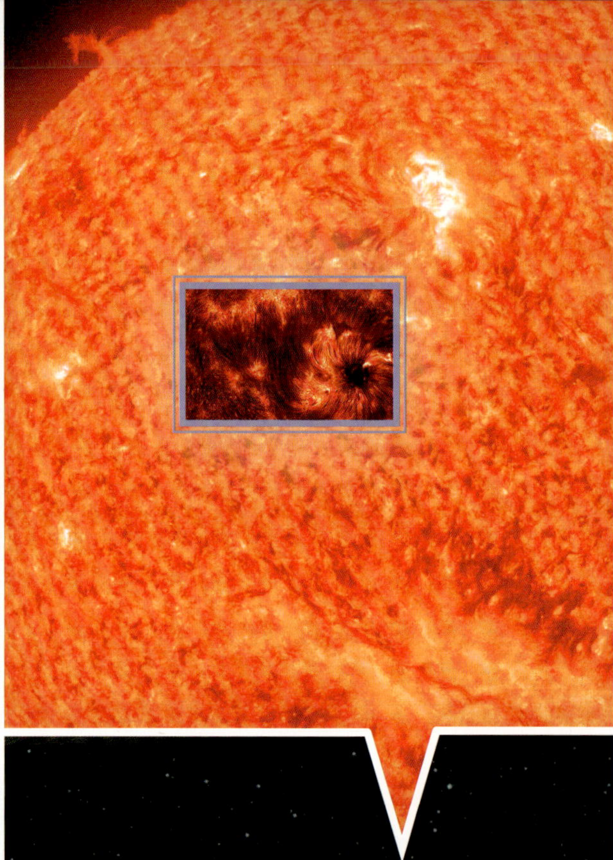

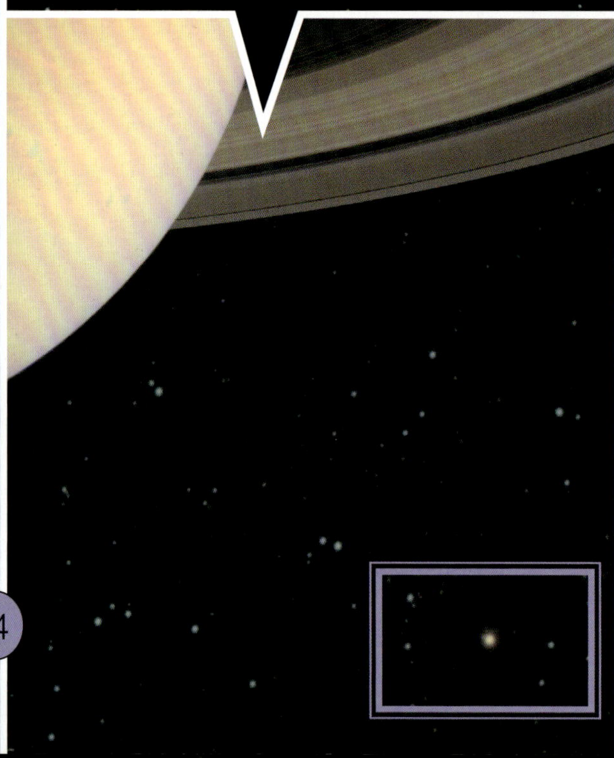

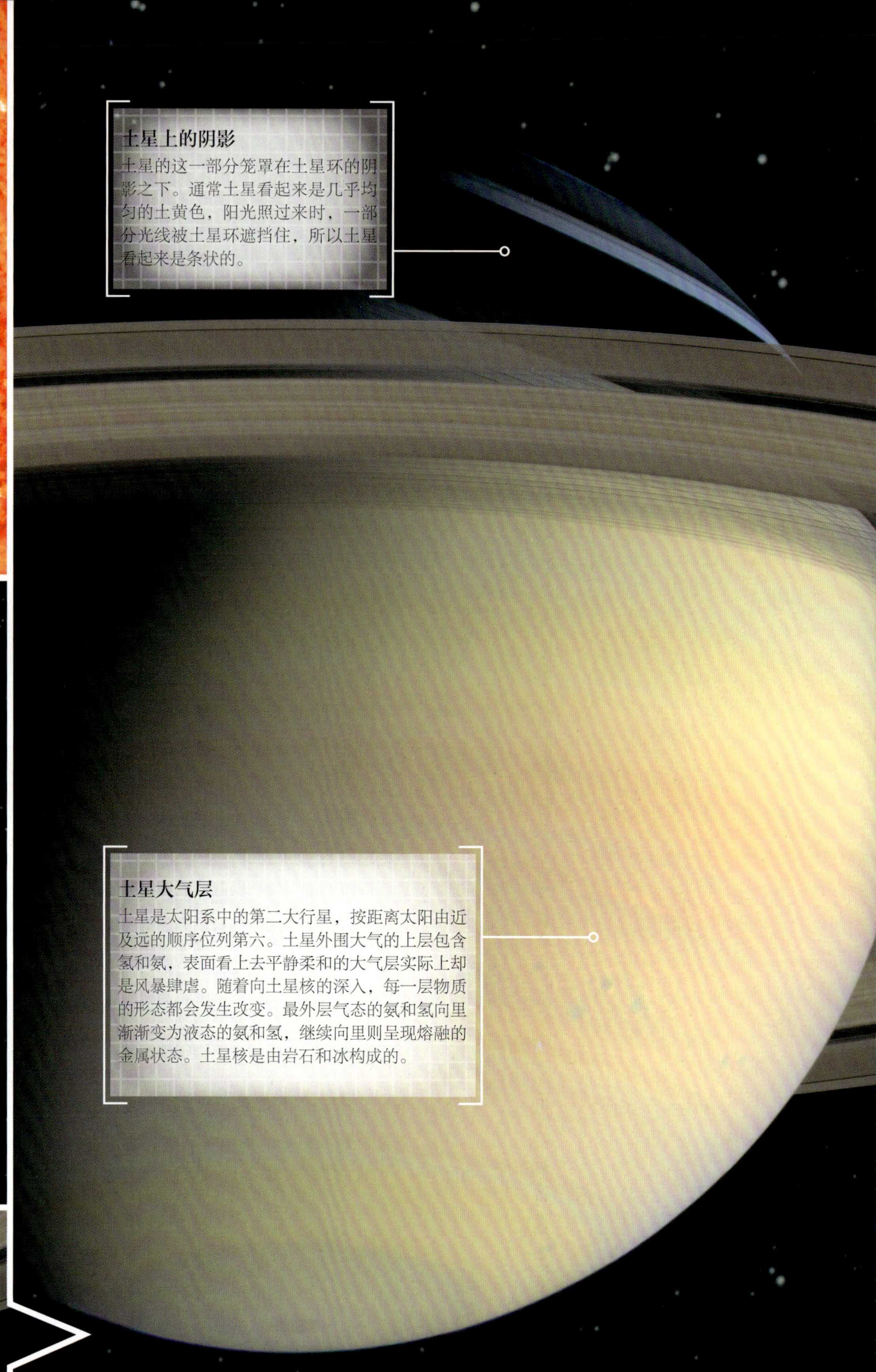

土星上的阴影

土星的这一部分笼罩在土星环的阴影之下。通常土星看起来是几乎均匀的土黄色，阳光照过来时，一部分光线被土星环遮挡住，所以土星看起来是条状的。

土星大气层

土星是太阳系中的第二大行星，按距离太阳由近及远的顺序位列第六。土星外围大气的上层包含氢和氦，表面看上去平静柔和的大气层实际上却是风暴肆虐。随着向土星核的深入，每一层物质的形态都会发生改变。最外层气态的氦和氢向里渐渐变为液态的氦和氢，继续向里则呈现熔融的金属状态。土星核是由岩石和冰构成的。

巨行星

最远的四颗行星——木星、土星、天王星和海王星，是迄今除太阳外太阳系中较大的天体。这些天体的表面大都由气体和液体构成，而非固体——天体大气层中的氢和氦是五颜六色的。每个天体外层都有一个环系统，并有多颗卫星围绕。

行星环之间的缝隙

从远处看，土星环系统之间有深色的缝隙。最大的缝隙叫卡西尼缝，大约有5000千米宽。不过近距离观测，即使是在缝隙里，也有许多小环。

土星环

所有行星中，土星的环系统最为广阔。土星环系统由成百上千个小环组成，小环由水冰和尘埃颗粒构成，颗粒大小不一，每个颗粒都遵循着自己的轨道绕土星运行。此处的土星环最易观察。土星环的范围可一直扩展到土星上空大约80 000千米的高度，最厚的地方达10米。

又大、又远、又冷

围绕太阳运行的八大行星中，木星的体积最大。木星的质量是其他七大行星质量之和的2.5倍还多，体积大约是地球的11倍。木星上非常寒冷。离太阳越远，行星的温度就越低，在四个巨行星中，海王星的体积最小、温度最低。海王星与太阳的距离是地球与太阳距离的30倍，其上层大气的温度低达-201° C。

大红斑

四个巨行星的上层大气均为风暴天气。其中，木星上的风暴最强，木星表面红白相间的条状大气云层上的白斑和红斑就是大风暴。木星上最大的风暴叫大红斑，其大小约为地球的两倍。大红斑也是太阳系中最大的风暴，已经持续了300多年。

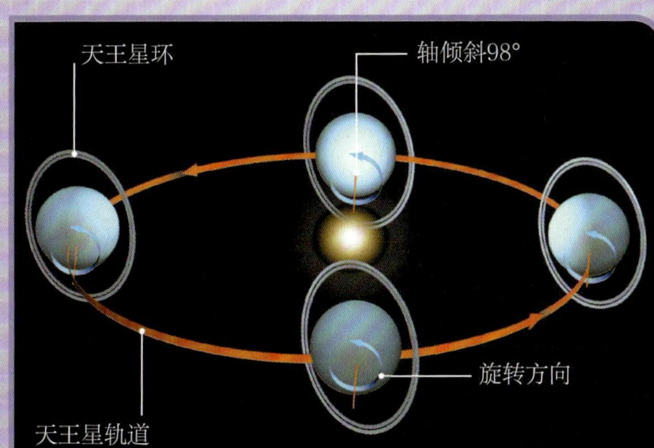

倾斜的行星

与其他行星相比，天王星的公转周期为84年。这是因为天王星的自转轴斜向一边，倾斜角度高达98°，几乎躺在绕太阳公转的轨道平面上。所以，围绕天王星赤道运行的行星环系统和卫星看上去就像在自上而下地围绕天王星运行，而天王星的南北极则出现在其他行星的赤道位置上。天王星的倾斜可能是形成后不久，与一颗体积较大的小行星相撞造成的。

彗星

越过行星，一直延伸到寒冷的太阳系外缘，那里至少有一万亿颗彗星。彗星都是一个个城市大小的脏雪球，这个脏雪球被称为彗核，彗核以固定的轨道绕太阳运行。当偶尔经过太阳系中的行星或者靠近太阳时，彗星会生成一个巨大的彗发和两条彗尾，其体积也会相应地增大。

壮观的彗星

海尔-波普彗星（Hale-Bopp）是20世纪观测到的最亮的彗星之一。1997年，该彗星经过太阳周围，之后变得非常明亮，即使用肉眼也能看到。艾伦·海尔和汤姆斯·波普分别独立发现了该彗星，所以该彗星以两位发现者的名字命名。第一次在地球上看到该彗星是在4200年前，预计它的下一次回归将在2530年后。

绕太阳运行的轨道

已知的曾进入内太阳系的彗星有2500颗。有些彗星会在较短的时间内定期回归，这样的彗星叫做周期彗星。其他的，像海尔-波普这样的彗星，它们的周期可能是成千上万年。彗星每次靠近太阳时，会形成新的彗发和彗尾。当彗星远离太阳时，这种变形过程终止，彗发和彗尾中的物质流入太空。

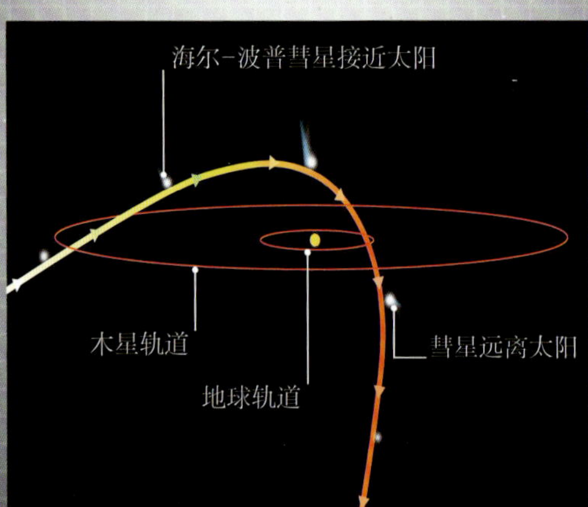

彗发

彗星靠近太阳时，彗核周围会形成巨大的由气体与尘埃组成的彗发。这是因为太阳辐射使彗核表面的冰雪升华为气体，同时夹带着尘埃颗粒一起流出。彗发一般为10万千米宽。海尔-波普彗星较之普通彗星不同寻常地大，约有250万千米宽，其体积大概是地球的200倍。

气体构成的彗尾

彗星运行时，彗尾中的物质会因太阳风和太阳辐射被推开，分别形成一条由气体构成的彗尾和一条由尘埃构成的彗尾——气体构成的彗尾又直又蓝。两条彗尾在彗星刚刚经过太阳时是最长的。彗尾通常指向背离太阳的方向：当彗星靠近太阳时，彗尾在彗核之后；远离太阳时，彗尾在彗核之前。

尘埃构成的彗尾

尘埃构成的彗尾大多为白色，在彗核后面呈曲线状散开。每次彗星经过太阳时都会流失一部分尘埃，以致彗星体积渐渐变小，最终消失。

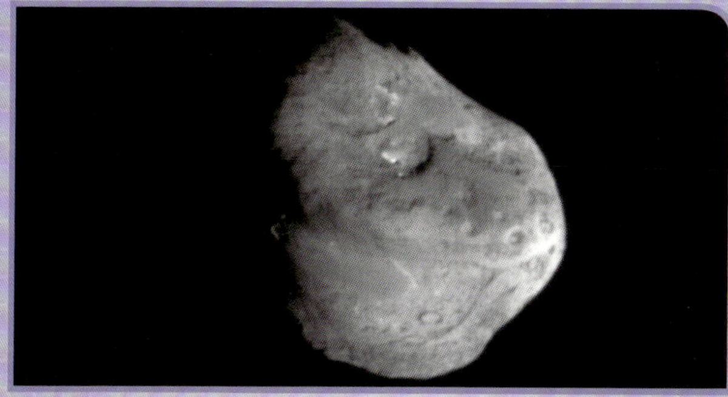

雪球般的彗核

坦普尔1号彗星的彗核直径为7.6千米。2005年7月，“深度撞击”号探测器成功撞击该彗星，并拍摄了该彗星的照片。坦普尔1号彗星的彗核大约是由2:1的雪和岩石尘埃组成的。坦普尔1号彗星绕太阳运行的周期为5.5年，用肉眼是不可见的。

流星雨

地球夜空中出现的一条条光亮就是流星雨。彗星接近太阳时会遗留下尘埃，地球经过这些尘埃时，就会形成流星雨。每条光亮都是由某一尘埃颗粒加速经过地球大气层时所形成的。

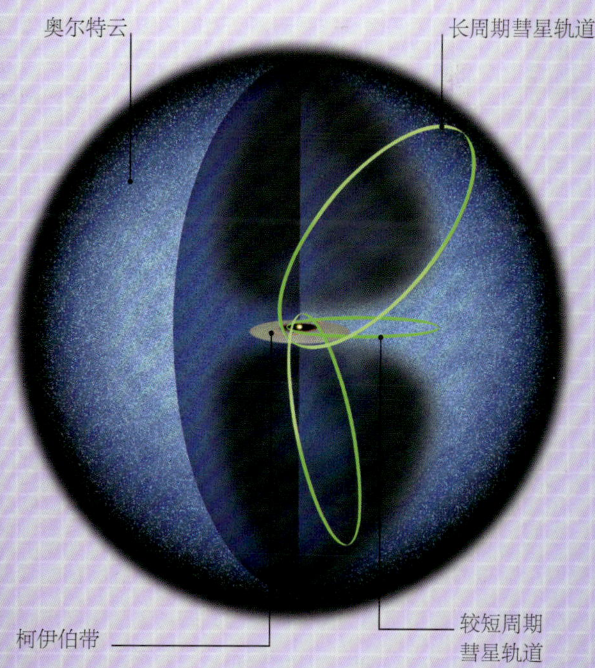

奥尔特云

包围着太阳系的布满彗星的球体云团就是奥尔特云。奥尔特云内边缘起始于柯伊伯带，这里布满了较短周期的彗星轨道。奥尔特云的外边缘布满了长周期彗星轨道，轨道可延伸至1.6光年之远，是到最近的恒星距离的一半。云内的彗星都在自己细长的轨道上绕太阳运行，轨道角度各异，杂乱无章。

恒星

存在于宇宙中的数万亿恒星都是炽热、发光的球状气体。每颗恒星都与众不同，它们的尺寸、温度、颜色、亮度、年龄和质量各异。每颗恒星都有自己的生命周期，其特征也会随着年龄的增长而改变。宇宙中每时每刻都有新的恒星诞生，这里的猎户座大星云中就是这样。

四合星疏散星团

猎户座大星云中央是叫做四合星的疏散星团，该星团中是一些刚诞生的炽热恒星，非常明亮。这些恒星由猎户座大星云中的物质形成，星云中主要是氢，从远处看呈粉红色。从图中的特写可以看到绿色的氢和含硫气体旋涡，这是受四合星辐射影响导致的旋涡；另外，还可以看到一缕缕红色、橙色的富含碳分子的物质。

行星的形成

星云中有些新诞生的恒星的周围环绕着一些盘状物质。这些盘状物质由99%的气体和1%的灰尘构成，会继续在恒星周围形成围绕该恒星运转的行星。

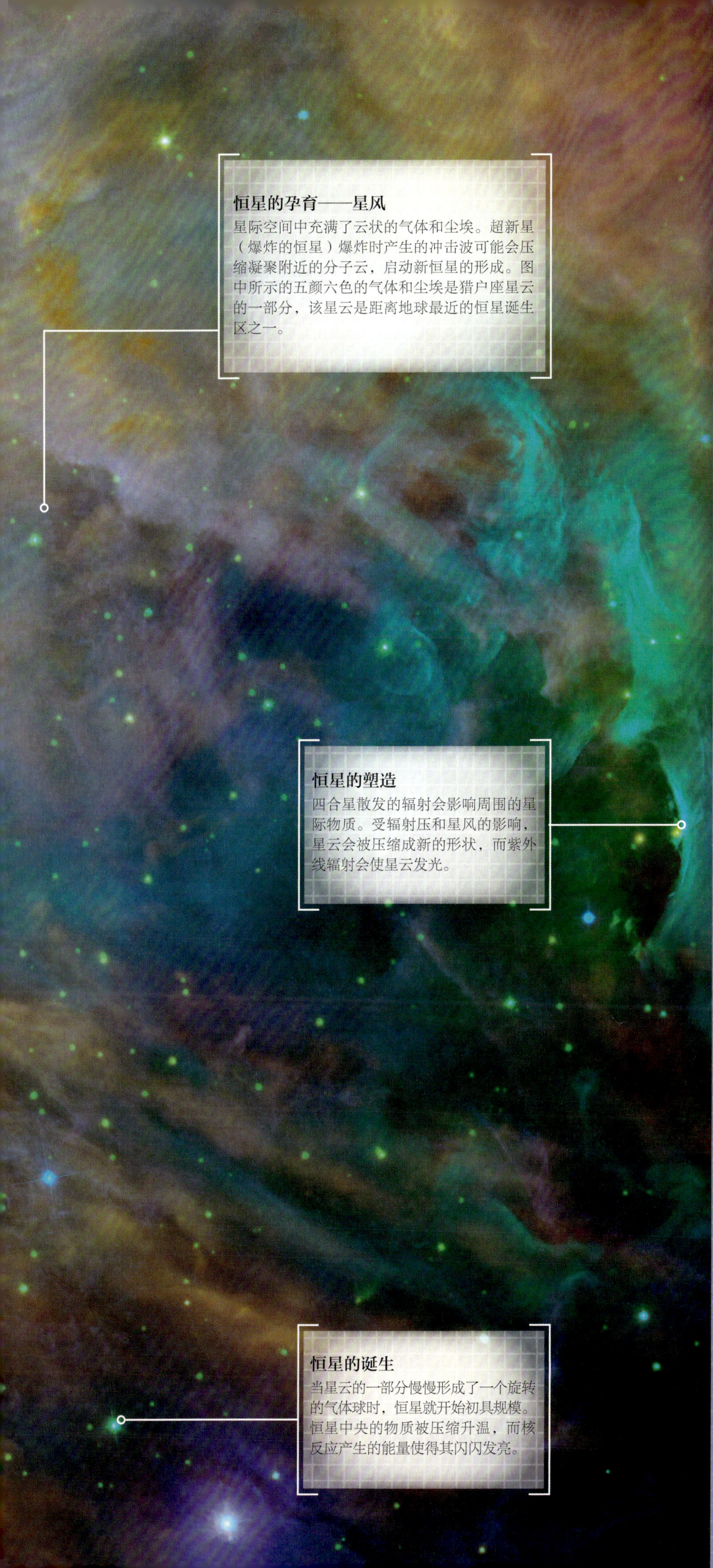

恒星的孕育——星风

星际空间中充满了云状的气体和尘埃。超新星（爆炸的恒星）爆炸时产生的冲击波可能会压缩凝聚附近的分子云，启动新恒星的形成。图中所示的五颜六色的气体和尘埃是猎户座星云的一部分，该星云是距离地球最近的恒星诞生区之一。

恒星的塑造

四合星散发的辐射会影响周围的星际物质。受辐射压和星风的影响，星云会被压缩成新的形状，而紫外线辐射会使星云发光。

恒星的诞生

当星云的一部分慢慢形成了一个旋转的气体球时，恒星就开始初具规模。恒星中央的物质被压缩升温，而核反应产生的能量使得其闪闪发亮。

星团

恒星以星团的方式诞生，星团中的每颗恒星由星云中相同的物质构成，并且诞生于同一时间。图中所示的蝴蝶星团中的恒星有80颗左右，诞生不到1亿年，是一个松散的疏散星团——也就是说，在未来数亿年内，星团中的恒星会逐渐脱离星团。太阳曾经也是某一星团中的一颗恒星。不过，在恒星分布更加密集、形状更接近球形的星团中，有些恒星会一直聚在一起。

明亮而美丽的天狼星

从地球上看，天狼星是夜空中最亮的恒星。跟太阳一样，天狼星也正值中年，正持续不断地发出明亮的光线。不过，天狼星的确很灿烂夺目，如果把它放在太阳旁边做一下对比，其体积将是太阳的两倍，而亮度大约会是太阳的25倍。天狼星有一颗小小的昏暗的伴星（左下），这颗伴星的亮度是天狼星的万分之一。这两颗星围绕着彼此运行，运行周期为50年。

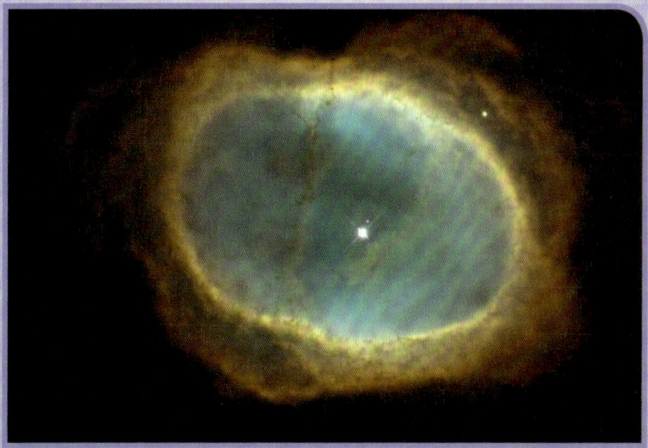

恒星的消亡

在恒星的演变中，与太阳差不多质量的恒星会逐渐演变为红巨星。随后，红巨星在演变末期发生爆炸，其外层变为彩色的气体壳并迅速扩散到太空中。这个气体壳就是行星云。爆炸后的残骸将在行星云的中心形成一颗新的白矮星。

星系

星系由无数的恒星以及大量的气体和尘埃构成，受引力作用聚积在一起。最小的星系仅包含1000万颗恒星，最大的星系则可能包含上万亿颗。星系形成于数十亿年前，但由于碰撞和合并而不断发展变化。现在的星系可以分为四大类：旋涡星系、棒旋星系、椭圆星系和不规则星系。

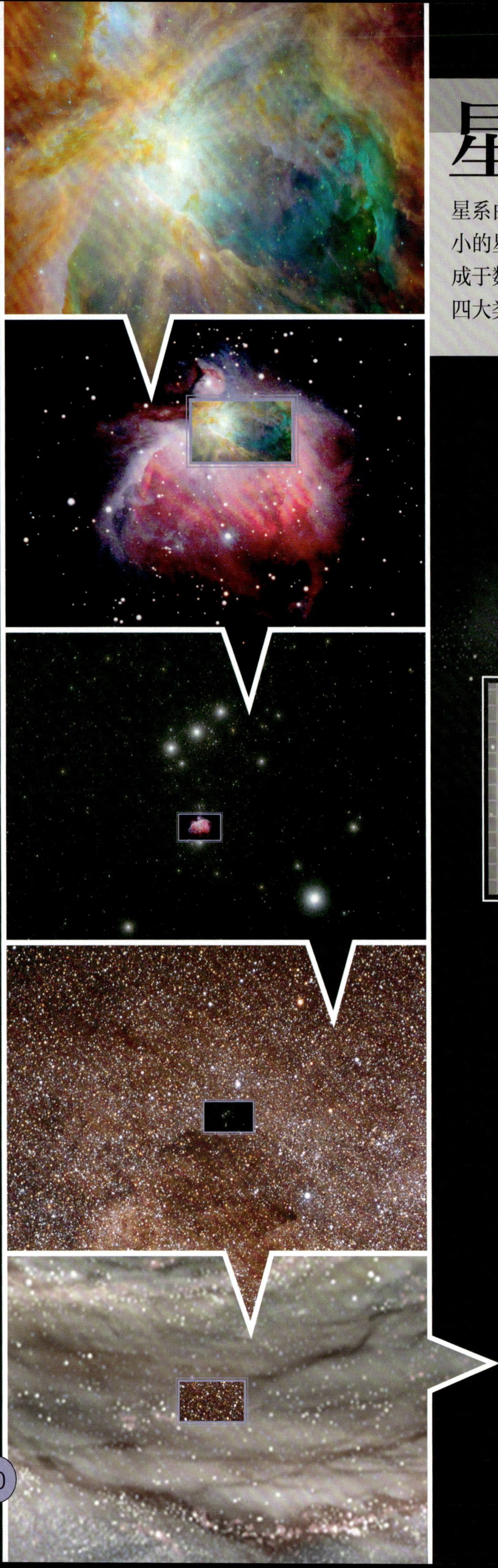

我们的银河系

我们世世代代生存的地球所在的太阳系属于宇宙中的银河系。银河系至少包含4000亿颗恒星，这些恒星构成了一个旋转的圆盘状系统。圆盘中央的无数恒星向外突起呈棒状，在棒的两端是两条旋臂，因此银河系被归为棒旋星系。星系中的恒星不是以整个固定的圆盘为单位运行的，每颗恒星都按自己的轨道绕星系中心运行。

形状

星盘的直径有10万光年，厚度约为4000光年。光在真空中传播一年所经过的距离为1光年，大约是9.46万亿千米。

星系中央的突起

该星系中央是很早以前形成的红色和黄色恒星，所以中央隆起的部分呈黄色。此外，星系中心是一个超重黑洞，叫做人马座A*，其大小是太阳的300万倍。黑洞是太空中的一个区域，该区域的质量如此之大，它产生的引力场如此之强，以至于传播速度最快的光也无法逃逸出去。那些足够远的无法被吸进黑洞的物质，因黑洞强大的引力作用而在特定的轨道上绕黑洞运行。

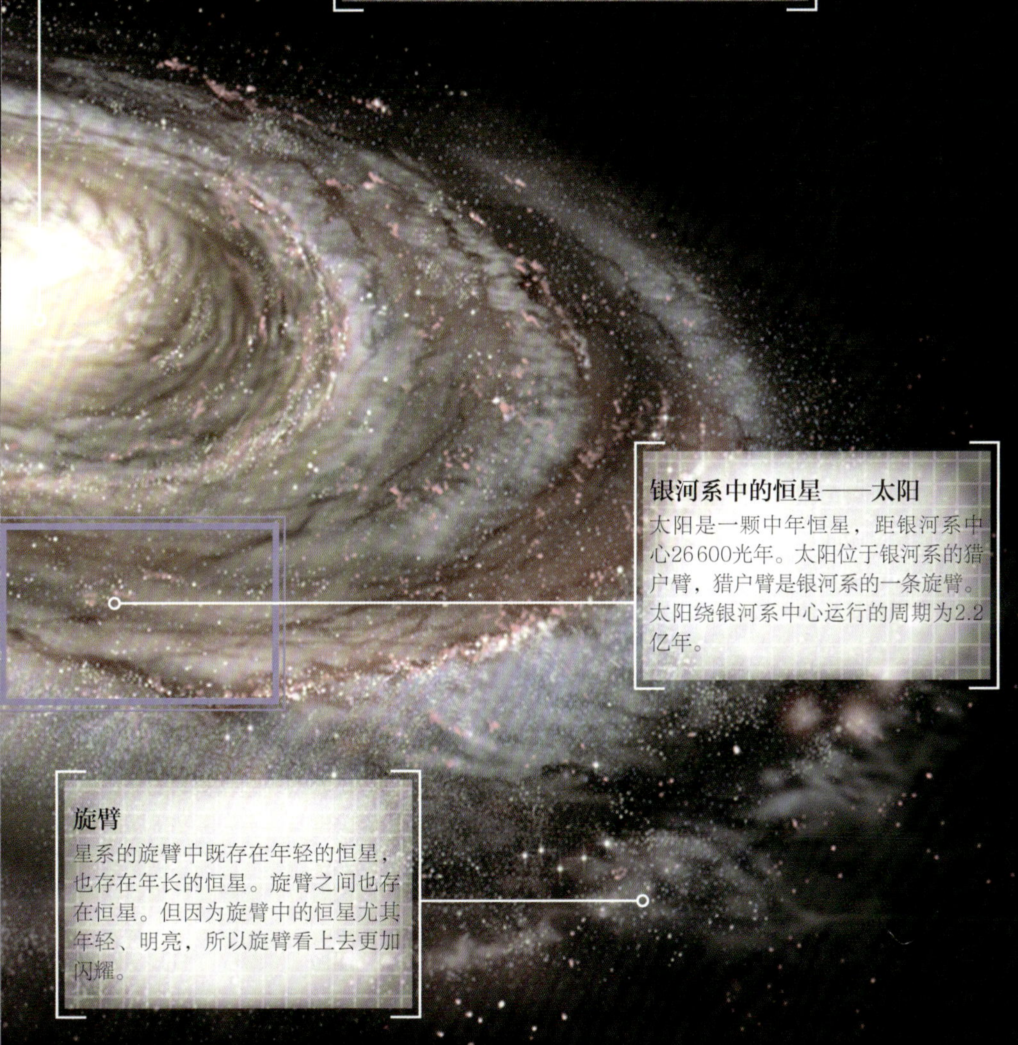

银河系中的恒星——太阳

太阳是一颗中年恒星，距银河系中心26600光年。太阳位于银河系的猎户臂，猎户臂是银河系的一条旋臂。太阳绕银河系中心运行的周期为2.2亿年。

旋臂

星系的旋臂中既存在年轻的恒星，也存在年长的恒星。旋臂之间也存在恒星。但因为旋臂中的恒星尤其年轻、明亮，所以旋臂看上去更加闪耀。

银河系

夜空中，在地球周围出现的恒星都属于银河系。黑夜里，可以看到夜空中许多恒星汇成一条乳白色的银闪闪的路径，古希腊人将这条乳白色的路称为银河，认为它是由女神赫拉的乳汁形成的。图中是我们沿着星系盘平面所看到的银河景象。

旋涡星系

波德星系（又称M81）是一个旋涡星系。这种星系类似棒旋星系，但位于中央的恒星隆起为圆形而非棒状。在这幅五颜六色的红外线视图中，M81旋臂中的块状物质非常明显，大质量的恒星正是在这些块状物体中不断诞生的。

椭圆星系

相比于其他星系，椭圆星系表面光滑，几乎没有什么明显的结构特点。图中所示的椭圆星系是M49，该星系呈扁平的球状，但是其他的椭圆星系是像橄榄球一样的椭圆形。小的椭圆星系叫做矮椭圆星系，这种星系是宇宙中最常见的一种星系类型。

不规则星系

没有规则形状的星系叫做不规则星系，像大麦哲伦星系（LMC）。不规则星系相对较小，包含的恒星以年轻的和刚诞生的恒星居多。有些不规则星系原本是旋涡星系，但因为同另一星系的碰撞使得螺旋结构遭到破坏。星系中恒星的形成也始于碰撞。

星系的碰撞

图中所示的两个星系正在发生碰撞。图中星系的颜色并非其本身真正的颜色，两个星系碰撞后将合并为一个大星系，两个星系核像穿过面具凝视着的两只蓝眼睛，由新形成的恒星组成的星团就是外面的面具。这些星团形成于4000万年前两个星系发生碰撞的时候。

宇宙

宇宙包含了一切：我们知道的一切以及尚未被发现的一切都包含在宇宙之中。宇宙形成于137亿年前所谓的大爆炸时期，大爆炸创造了今天宇宙中所有的物质和能量，以及时间和空间。宇宙中构成恒星、行星和星系的普通物质只占4.9%，这些普通物质以热气体的形式隐藏在复杂的宇宙网络中。

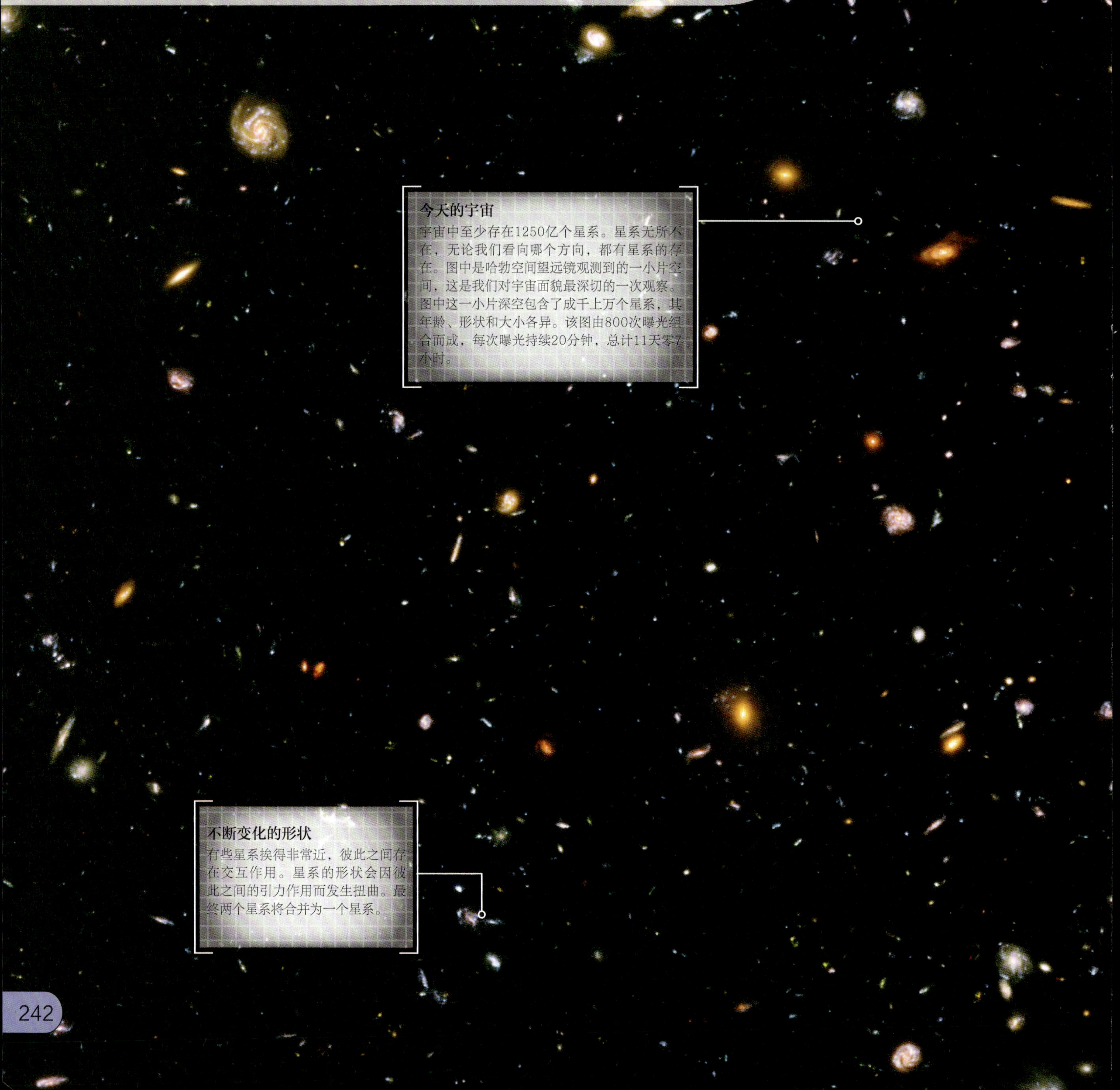

今天的宇宙

宇宙中至少存在1250亿个星系。星系无所不在，无论我们看向哪个方向，都有星系的存在。图中是哈勃空间望远镜观测到的一小片空间，这是我们对宇宙面貌最深切的一次观察。图中这一小片深空包含了成千上万个星系，其年龄、形状和大小各异。该图由800次曝光组合而成，每次曝光持续20分钟，总计11天零7小时。

不断变化的形状

有些星系挨得非常近，彼此之间存在交互作用。星系的形状会因彼此之间的引力作用而发生扭曲。最终两个星系将合并为一个星系。

时光倒流

图中的这个星系非常遥远，其光线要到达地球需要经过数十亿年的时间。当我们看到它们的时候，实际上是数十亿年前光线刚刚朝地球进发时该星系的样子。小的、红色的星系是最遥远的，这些星系看起来年龄是8亿年，但其光线要到达地球却要花费130亿年的时间。这些星系之所以呈红色，是因为它们正在高速地远离我们。

银河系恒星

图中并不全是星系，还包括恒星。这颗恒星就是我们银河系的一颗恒星，其体积之所以比更远处的星系还要大，是因为它离我们更近一些。

成群分布

星系并不是随机散布在宇宙中的，它们以星系群的方式存在。星系群包含的星系不多于100个。银河系属于本星系群，本星系群有40多个星系。超过100个星系的天体系统称为星系团。离地球最近的一个较大的星系团是室女星系团，图中是该星系团的一部分。图中这片区域跨越了1500万光年，大约含有160个大型椭圆星系和旋涡星系，此外还有约2000个小星系分布其中。

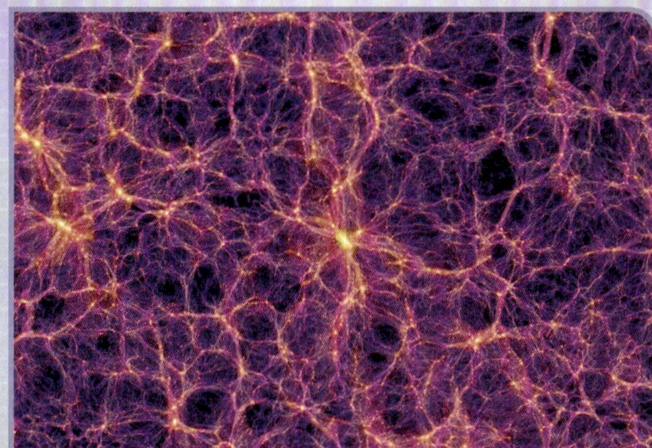

超星系团

宇宙中最大的结构体是超星系团。超星系团是由星系团组成的庞大的片状和链状结构。这个计算机模拟图显示了星系团如何跨越整整10亿光年的宇宙空间，形成图中的网状超星系团。纵横交错的链状和片状星系团之间由空荡荡的巨大空隙分隔开。

未知宇宙

虽然宇宙的大部分还未经探索，但我们知道，宇宙是由大约23%的暗物质和72%的暗能量构成的。暗物质是一种未知物质，不发射任何能量，也不能被直接观测到。但我们知道它存在于星系团中，比如图中这个星系团，因为更遥远星系发出的光线受到了暗物质的影响。图中淡蓝色的部分就是星系团中暗物质集中的位置。

词汇表

矮行星
围绕太阳运行且质量足够大、自身的引力使得它几乎呈球形的天体。与行星不同的是，矮行星的引力没有强大到足以清除其自身轨道上其他天体的程度。

奥尔特云
一个包围着太阳系的球状云团，里面布满活跃的彗星。

白矮星
一颗类似太阳的恒星在停止产生能量之后因坍缩而形成的核心。

板块
构成地壳的坚硬的岩石块。

孢子
某些植物、真菌和细菌的单细胞繁殖单元。

变态
动物在其生命周期中体形所发生的重大变化。

变质岩
地下在巨大的热和压力状态下发生变化的岩石。

冰川
在地面缓缓流淌过的大质量的冰，常常顺着山坡往下滑。

病毒
感染性的非生命体，比细菌小得多，可以侵入细胞并导致疾病。病毒包括普通感冒病毒和麻疹病毒等。

捕食者
猎捕、杀死并吃掉其他动物的动物。

哺乳动物
用乳汁喂养幼崽，并有毛发覆盖体表的脊椎动物。

草食动物
通过吃植物获得能量，并维持生存的动物。

超新星
一颗大质量恒星爆发并变得非常明亮，所形成的天体称为超新星。这种情况发生在一颗超巨型恒星燃料耗尽，或者当一颗白矮星爆发时。

沉积岩
由材料的碎片沉积在海或湖泊的底部，随着时间的推移熔合在一起形成的岩石。

蛋白质
由碳、氢、氧、氮和硫组成的有机化合物，用于执行体内许多不同的工作，包括制造酶等。

地幔
地球和其他岩石行星的外壳之下厚厚的、致密的岩石层。

等离子体
一种炽热带电的气体，是物质的四种状态之一。

电磁辐射
可以以光速穿越空间和物质的一种能量形式。电磁辐射的范围包括从伽马射线（波长最短）到无线电波（波长最长）。

电子
带负电荷、环绕原子核运行的粒子。

淀粉
植物体内形成的复合型碳水化合物，用于存储能量。

动脉
从心脏把压力高的血液带走的血管。

断层
地壳的某处断裂。

阀门/瓣膜
一个中空通道中用于控制流体流动的一种结构。心脏中的这种结构被称为瓣膜。

防腐
用来保存尸体，以阻止其腐烂的化学过程。

分子
两个或两个以上的原子结合在一起所形成的最小的元素或化合物单位。

浮游生物
在水体表面附近游动的微小的植物和动物。

俯冲
两个板块相互挤压，一个板块的边缘受力进入到另一个板块之下。

腐食动物
以死亡有机体的腐烂碎屑为食的动物或其他生物。

膈
左肋下方参与呼吸的片状肌肉。

共生关系
两个不同物种之间所形成的互惠或对某一方有利的密切关系。

光合作用
植物通过吸收来自太阳的能量，使用水和二氧化碳来制造食物的方法。

光年
光在一年中所行进的距离，1光年为9.46万亿千米 。

海拔
超出海平面的高度。

海啸
一种具有破坏性的巨大海浪，往往是由海底地震引起的。

合金
由两种或多种金属，或是金属和非金属制成的金属。

核
原子的中心部分，由质子和中子构成。或是有生命的细胞的一部分，其中包含细胞的遗传物质。

核聚变
两个或两个以上原子核结合形成一个或多个不同原子核和亚原子粒子（中子或质子）的反应。

核裂变
一种核反应，其中原子的核（如氢原子核）会分裂成两个较小的原子核，同时释放出能量。

黑洞
宇宙空间中的一个区域，在这里引力非常之强，连光线都无法逃脱。黑洞往往是自身已经发生坍缩的恒星的遗迹。

花粉
花的花药所产生的微粒，里面含有雄性生殖细胞。

化合物
两种或多种元素的原子连接起来所形成的物质。

火成岩
岩浆或熔岩冷却凝固形成的岩石。

基因
控制细胞制造和发挥作用的20 000～25 000个指令中的一个。

激光器
一种能够发射出强烈光束的设备。

脊椎动物
有脊椎骨的动物。

甲壳纲动物
主要生活在水中、具有坚韧外骨骼（外壳）和节肢的无脊椎动物。

减数分裂
卵巢和睾丸中产生生殖细胞的一种细胞分裂模式。

角蛋白
构成毛、角、蹄、指（趾）甲和羽毛的蛋白质。

进化
物种发展和变化的渐进过程。

精子
从睾丸中释放出的雄性生殖细胞。

静脉
一种把低压血液输送到心脏的血管。

柯伊伯带
太阳系中一个包含上百万个冰冷的彗星状物体的区域。它从海王星轨道向外一直延伸到奥尔特云的内缘。

矿产
不是由植物或动物材料制成的天然物质。

离子
失去或获得了一个或多个电子，从而使自身带电的单个或一组原子。

力
改变物体的运动或形状的推或拉。

两栖动物
既能生活在陆地上，又能生活在水中的一种脊椎动物。

裂谷
地壳被拉开的地方。

灵长类动物
具有灵活的手指和脚趾，眼睛朝前看的哺乳动物。人类是灵长类动物。

流星
物体进入地球上层大气所产生的短暂的光迹。

卵子
一种雌性性细胞。卵子是由雌性动物的卵巢产生并释放出来的。

毛细血管
把血液输送给单个细胞的微小的血管。

酶
一种蛋白质，是一种可以加快化学反应速率的催化剂。

灭绝
指一个物种的所有成员都死亡的情形。

摩擦
使一个表面相对另一个表面的运动减缓或停止的力。

脑颅
包裹着大脑的一部分头骨。头骨的另一部分是下颌骨。

爬行动物
身体覆盖有干硬的鳞的冷血脊椎动物，卵生。

胚胎
指受精后发育前八周的人。

葡萄糖
作为一种能量形式供细胞使用的单糖，是光合作用的主要产物之一。

栖息地
生物体的自然家园。

染色体
细胞中由DNA所构成的线状的包，里面含有基因。

熔岩
从行星内部释放出（通常是通过火山喷发）的熔化的岩石。

肉食性动物
通过吃其他动物获取所有能量的动物。

蠕动
中空器官，如食道、胃、输尿管等的肌肉收缩。

生态系统
由生物及其环境所构成的群落。大小不等，从一个水坑到一片沙漠，都是一个生态系统。

生物
有生命的东西，包含一个或多个细胞。

生物群落
世界各地的许多类似的生态系统组合在一起，如热带雨林或苔原。

食物链
食物沿着一条生物链，一个个逐次被吃掉的过程。

受精
雄性和雌性的生殖细胞结合在一起，从而创造出新个体的过程。

胎儿
人在受精后第九周到出生前的名称。

胎盘
母亲怀孕期间在子宫中发育出的可以供给胎儿血液、食物和氧气的器官。

苔原
极地地区周围寒冷、没有树木且比较贫瘠的土地。

糖类
由碳、氢和氧构成的化合物，能够提供能量，存在于土豆等食品中。

脱氧核糖核酸
细胞内的一种大分子，包含两条交织在一起的链，携带有重建及控制这些细胞所需的基因指令。

卫星
绕行星或小行星轨道运行的岩石或岩石与冰的混合体。

卫星
沿轨道绕行星运转的物体，可能是天然存在的，如月亮或小行星，也可能是人造的，例如用于传送无线电信号的人造卫星。

文艺复兴
15和16世纪欧洲所经历的一个时期，其间人们对于古希腊和古罗马的文化重新产生了兴趣。

无脊椎动物
没有脊椎骨的动物。

物质
具有质量并占有一定空间的事物的统称。

细胞
构成生物的上万亿的微小的活体单元。

细菌
单细胞微生物，通过分裂进行繁殖。

细菌
导致疾病的微生物的统称。

小行星
太空中的岩石或金属块，体积大小不一，直径从几米到900 000多米不等。

效率
耗费的能量和所做的有用功之间的关系。低效率的机器会浪费大量的能量。

星云
宇宙空间中的气体和尘埃云。

行星
围绕恒星旋转的天体，其自身的质量足够大，使得在其引力的作用下几乎呈球形，并且已经清除了自身轨道上所有其他更小的天体。

行星状星云
由垂死的红巨星喷出的膨胀的气体壳。

岩浆
地幔和地壳中熔化的液体状岩石。一旦出现在地面上，则被称为熔岩。

引力
整个宇宙中都存在的一种吸引力。物体的质量越大，其引力也越大。

蛹
某些昆虫的生命周期中的一段休息、不摄食阶段，经过这一阶段，它们会从幼虫变为成虫。

有丝分裂
用于生长和修复的一种细胞分裂模式，它从每个母细胞中产生两个相同的细胞。

幼虫
昆虫和两栖类动物等一些动物生物周期中不成熟的阶段。

宇宙大爆炸
该理论认为宇宙开始于一场大规模的物质爆炸。据说，由于爆炸的作用，宇宙中的所有物质迄今仍在相互远离。

元素
无法通过化学反应分解为更简单物质的物质。

原子
表现出元素化学性质的元素的最小组成部分，由原子核（由质子和中子组成）以及绕其运行的电子构成。

月海
月球上大范围黑暗的区域，这些地方是由古代火山喷发而形成的巨大洼地。

杂食动物
既吃植物也吃动物来获得能量的动物。

藻类
通常生长在水中的简单的类似植物的生物，通过光合作用产生自己的食物。

哲学
对于世界、人类以及宇宙的一整套观点或思维方式。

针叶林
以常绿针叶树为特征的森林。

真菌
与植物和动物不同的生物的一个界，从死亡或活的生物体中吸取营养。

质量
某些东西所含的物质的量。

质子
原子核中带有正电荷的粒子。

中子
原子核中的一种不带电的粒子。

中子星
从爆炸的恒星核心产生出的一种致密紧凑的星。体积相当于一个城市的大小，但质量却与太阳相当。

索引

索引

致谢

特别感谢:

Carron Brown, Shaila Brown, Niki Foreman, and Victoria Heyworth-Dunne for additional editing; Ralph Pitchford for additional design; Charlotte Webb for proofreading; Jackie Brind for preparing the index; Anne Millard for advising on the Ancient Egypt spread; JB Illustrations for commissioned artwork; Amber at MOT Models for modelling; Philippa Wulwik for make-up.

图片提供者

衷心感谢以下各位对所属图片的使用许可授权:

(Key: a-above; b-below/bottom; c-centre; l-left; r-right; t-top)

8 akg-images: 144crb, 178cla; **Alamy Images:** 24BY36 81br, 80eight Photography & Design 211cb, Ace Stock Limited 176bc, allOver photography 143br, Amazing Images 222-223c, AR Archive 177bl, armphotos 128cla, John Arnaud 144-145bc (pavement), Art Directors & TRIP 171cl, The Art Gallery Collection 166cla, 178tl, Jeffrey Blackler 210-211c (background), Michele Burgess 122cla, Scott Camazine 96cla, Christine Osborne Pictures 134cla, David Cole 109cra, Judith Collins 211bl, Roger Cracknell 16 121crb, Dinodia Photos 189br, Reinhard Dirscheri 10cb, Rebacca Erol 152bl, Eye Ubiquitous 210bl, fashionpix 159tr, Gabbro 96tl, David D. Green 211cla, David J. Green 210crb, david hancock 147tr, Hemis 138-139c, John Henshall 172bc, Peter Horree 166bl, D. Hurst 114bc, Ian Trower Photography 190bl, imagebroker 123ca (Rollercoaster), 143crb, 192cl, adam james 186bl, Marcin Jamkowski / Adventure Pictures 187clb, John Joannides 210cl, JTB Photo Communications, Inc. 186cra, kolvenbach 169tl, John Lee / Aurora Photos 133bc, Liquid Light 185tr, Dennis MacDonald 150cl, Mary Evans Picture Library 190cla, mediablitzimages 221clb (USB memory stick), Michael DeFreitas Caribbean 122tl, Mim Friday 158br (toy car), ian nolan 176-177c (background), North Wind Picture Archive 164cb, 174cla, PCL 186-187 (postcard stand), Pete Marshall People and Places 121tr, Photo Network 145cr, Photos 12 149br, Pictorial Press Ltd 187bl, Picture Contact BV 117cra, The Print Collector 180bc, Prisma Bildagentur 158bl (telephone), Realimage 211tc, Red Clover 158ca (clock), Red Cover 158-159cb (table), Right Perspective Images 166clb, Robert Harding Picture Library 147crb, Robert Harding Picture Library Ltd 81cra, 109tr, Pep Roig 131bl, Kevin Schafer 98-99c (Mosasaur fossil), sciencephotos 96clb, Alex Segre 144-145c (man and wall), Neil Setchfield 191br (leech bottle), Stocktrek Images 75tr, Travelshots.com 192cla, Mireille Vautier 171tr, World Pictures Phototshot 121cra, World Religions Photo Library 189tr; **The Art Archive:** 182clb, British Museum 166-167c (Standard of Ur), Granger Collection 169cr, National Anthropological Museum Mexico / Gianni Dagli Orti 168cr; **The Bridgeman Art Library:** Archives Charmet / Private Collection 178-179c (Louis XVI execution), 182-183c (image on book), Musee de la Tapisserie, Bayeux 166cra, Boltin Picture Library / Private Colletion 177c, National Gallery, London 139tr, Museo Archeologico Nazionale, Naples 176c, 176cr, Bibliotheque Nationale, Paris 190tl, Peterhof Palace, Petrodvorets, St. Petersburg, Russia 181cra, The Royal Collection © 2011 Her Majesty Queen Elizabeth 182bl; **Bryan & Cherry Alexander / ArcticPhoto:** T Jacobsen 82-83c (background); **Collection Of The National Palace Museum, Taiwan, Republic Of China:** 172-173c; **Corbis:** 3d4Medical.com 45br, 191clb (petri dish), 234-235c, Noah Addis 116-117c, Lucas Allen 174-175c (wallet), Paul Almasy 150tl, James L. Amos 19crb, Colin Anderson / Blend Images 170-171 (background), Arctic Images 91cra, The Art Archive 177cr, 184-185c, Atlantide Phototravel 141crb, Alistair Baker 214-215 (background), Kapoor Baldev / Sygma 134bl, David Ball 188-189c, Tom Bean 18ca (Bromeliad), Manuel Bellver 214-215c (posters), Zohra Bensemra / Reuters 133tr, Tobias Bernhard 28bl, Poppy Berry 24ca (garden and chair), Bettmann 155cra, 164bl, 170crb, 174tl, 179tr, 182tl, 183tl, 233tr, 233crb, Stefano Bianchetti 186cb, Philippe Body / Hemis 185crb, Christophe Boisvieux 122crb, 123ca, Mark Bolton 31cr, John-Francis Bourke 62tl (skeleton), Gary Braasch 19tc (tree trunk), 19bc (tree roots), 20-21c (background), Brisbane Airport Corporation / Reuters 198bl, Andrew Brookes 61cr, Ben Burgeson / NewSport 157br, Oliver Burston 130-131c (balloons), Jan Butchofsky 202tl, Car Culture 182-183 (chairs and audience), Stephane Cardinale / People Avenue 160tl, Giuseppe Castiglione 173br, David Cheshire / LOOP Images 181br, Ralph A. Clevenger 16-17cb (ocean floor), Construction Photography 214c (excavator), 215bl (skip), Jim Craigmyle 220c (woman on screen), Sherwin Crasto / Reuters 147br, Scot D.Smith / Retna / Retna Ltd 152-153c, Cameron Davidson 77crb, Tim Davis 31cra, Dennis Kunkel Microscopy, Inc / Visuals Unlimited 31cb, Destinations 73tr, 94bc, 117br, 200cl, Mick Eason / Newsports 156-157c, Oswald Eckstein 32cb, Juergen Effner / dpa 32bl, Terry W. Eggers 88bl, Emely 178-179b (background), Cecilia Enholm / Etsa 206-207c (view through window), Alejandro Ernesto / epa 126bl, Macdudd Everton 171bl, Fadil 197cra, 235br, Shannon Fagan 197br, Wolf Fahrenbach / Visuals Unlimited 51crb, Eliseo Fernandez / Reuters 128bl, Fly Fernandez 65tr (background through window), Michael & Patricia Fogden 21cra, 21crb, 41bc, Dan Forer / Beateworks 158-159c (background room), Andrew Fox 221br, Owen Franken 89br, Free Agents Limited 160cla, Stephen Frink 13bl, The Gallery Collection 164-165c, 165bl, 178clb, Colin Garratt / Milepost 92 1 / 2 215br, Chris Gascoigne / View 166-167c (background), Gaurier / photocuisine 206-207bc (creme fraiche), National Geographic Society 182cla, Gianni Dagli 174clb, 186clb, Tim Graham 88br, Sonja Grunbauer 119br, Klaus Hackenberg 13tr, Michael Haegele 209br, Halfdark / fstop 182-183c (book), George Hall 48cl, Tony Hallas / Science Faction 243cra, John Harper 192bl, Blaine Harrington III 111br, Lindsay Hebberd 189cra, Hemis 113cra, Heritage Images 177br, Carlos Hernandex / Westend61 146-147c (main image), 147c (dancer purple bandana), Richard Hewitt Stewart / National Geographic 170bl, Frithjof Hirdes 118c (factory interior background), Hoberman Collection 176bl, 192tl, Fritz Hoffmann / In Pictures 125tr, Hola Images 170cr, Jack Hollingsworth 170bc, Jim Hollnder / epa 166-167c (men carrying), Peter Hudek / epa 118cb, Hulton-Deutsch Collection 175cla, Image Source 51br, Gallo Images 41cb (chameleon's tongue), Imaginechina 213tr, 233cra, Alexander Joe / Pool / epa 142bl (Mandela image on book), Mark A. Johnson 16cra (top of wave), 17tc (tropical island), Peter Johnson 34ca (African buffalo), Wolfgang Kaehler 145br, Karen Kasmauski / Science Faction 117tr, Yevgeny Khaldei 165br, Rehan Khan / epa 120bc, Knaup / photocuisine 26bl, Tamas Kovacs / epa 48tl, Frank Krahmer 34cb, Bob Krist 70-71c, 106-107c, 109crb, Kulka 213c (speakers), Matthias Kulka 44-45c, 215cra, Dai Kurokawa / epa 141br, Robet Landau 149c (film crew on booms), Jacques Langevin / Sygma 111crb, Ian Langston / epa 117crb, Frans Lanting 19tr, 25br, 73cr, 73br, 75crb, 87tr, 94bl, 192-193tc (fire), Last Refuge / Robert Harding World Imagery 162-165c, Ben LÍ 203cb (jet plane body), Floris Leeuwenberg 120-121c, Charles & Josette Lenars 93crb, 192-193ca (Roman soldiers), George D. Lepp 13crb, Peter Lillie 31tr, W. Wayne Lockwood 84clb, Ren Long / Xinhua Press 157crb, Araldo de Luca 177cl, John Lund 202cla, Johannes Mann 173bl, Steve Maslowski 28cb, Rob Matheson 230-231c (background), 232-233c (background), 234-235c (background), Andrew McConnell / Robert Harding World Imagery 186crb, Brendan McDermid / Reuters 174-175c (woman and wall), Joe McDonald 34crb (Zebra mouse), 35bl, Jose Mendez / epa 168-169c (girl at screen), Gerold & Cynthia Merker / Visuals Unlimited 21tr, Benjamin J. Meyers 133cra, Diane Miller / Monsoon / Photolibrary 24ca (window frame), Marli Miller 96bl, Daniel Mirer 58-59 (background), Momatiuk-Eastcott 130-131c (background sky), Buero Monaco 208-209 (winter scene), moodboard 190-191c (background), Arthur Morris 205cra, David Muench 20bc (Amaryllis blooms), Mushtaq Muhammed / Reuters 125br, Louis Murray / Visuals Unlimited 191bc, NASA 72-73c, 93br, Clive Nichols 143bl (bluebell woods image on book), F. Nicol / photocuisine 64cl, Kazuyoshi Nomachi 97br, David Northcott 41bl, Richard T. Nowitz 136-137c, Dale O'Dell 77cra, Charles O'Rear 126clb, Ocean 191cl (calendar dates), Kalervo Ojutkangas / Nordicphotos 199br, 206cla, Christine Osborne 126tl, 139br, Nigel Pavitt 87cra, Photo Quest / Science Photo Library 53bl, Photosindia 122cra, Christopher Pillitz / In Pictures 119bl, Dick Poe / Visuals Unlimited 27cr (growth on mushroom), Mike Powell 198bc, Louie Psihoyos 149bl, Radius Images 168bl, Redcover / Arcaid 158-159tc (light), Trinette Reed 62-63 (background), Seth Resnick / Science Faction 83crb (iceberg & reflection), Roger Ressmeyer 91crb, 226bl, Reuters 131br, Jim Richardson 226-227c, Lynda Richardson 19cra, Christian Richters / View 175cr (walkway), Martin Rietze / Westend61 79br, Patrick Roberts 133crb, Michael Rosenfeld / Science Faction 221crb, Jonathan Ross / Spaces Images 142-143c (background), Jeffrey L. Rotman 12bl, 12-13c (background), Gus Ruelas / Reuters 155crb, Koichi Saito / amana images 114-115bc (glasses), Nick Saraco 118c (fork lift truck), Kevin Schafer 18tl (Bromeliad Bloom), 20-21c (Red-eyed tree frogs), 92-93c, David Scharf / Science Faction 54cla, Alan Schein 133br, Schlegemmilch 213cra, Schultheiss Productions 187cr (postcards), Gregor Schuster 63bc (book), Robert Sciarrino / Star Ledger 215crb, Sea World of California 35cb, Shepard Sherbell / SABA 214cb (poster paper), Tom Sibley 126-127 (background), Radu Sigheti / Reuters 34-35c (zebra), Hens Sinith / epa 128tl, Ariel Skelley / Blend Images 127c (women at till), FrÈdÈric Soltan 171br, Paul Souders 18cb (large leaf), 28bc, 213crb, Specialist Stock 11tc, Soeren Stache / dpa 139cra, Gabriela Staebler 122br, Ruet Stephane / Sygma 160clb, Stocktrek 197crb, STR / epa 91tr, Hans Strand 75cra, Keren Su 113crb, 172bl, 186cla, Jane Sweeney / Robert Harding World Imagery 113br, Ramin Talaie 182-183tc (auction room), Con Tanasiuk / Design Pics 181bl, Steve Terrill 150cr, Bernd Thissen / dpa 182-183bc (hands on book), Transtock 198-199c, 205crb, Chris Trotman / Duomo 157cra, Henrik Trygg 77tr, Masaru Tsuda / amanaimages 141tr, Peter Turnley 187br, US Air Force - digital version / Science Faction 151cl, Sandro Vannini 145cb, 185cra, Bill Varie 8-9c, Steven Vidler 205tr, Steven Vidler / Eurasia Press 87crb, 123cla (Eiffel Tower magnet), Visuals Unlimited 40bc, 82clb, Robert Wallis / SIPA 178bl, Karl Weatherly 202-203 (sky and rainbow), Robert Weight / Ecoscene 113cb, Stuart Westmorland 39crb, 40bl, 105br, Josh Westrich 194-195, Robin Whalley / Loop Images 87br, Staffan Widstrand 169br, Uli Wiesmeier 208br (snowman), Tim Wimborne / Reuters 123br, Jeremy Woodhouse 152clb, John Woodworth / Loop Images 122-123bc (phone box magnet), Alison Wright 118c (cardboard box), Norbert Wu / Science Faction 16tl, 219br, Michael S. Yamashita 90-91c, Robert Yin 12-13c, Han Yuqing / Xinhua Press 157tr; **Dorling Kindersley:** British Museum 171crb, Jon Hughes 169tr, Colin Keates 98bl, Jamie Marshall 11crb, Arlette Mellaart 166tl, Museum of the Moving Image, London 148c (light), Lindsey Stock 221ca, Michael Zabe 171tl, 171clb (golden eagle head); **exchange3d.com:** Behr Bros / Arran Lewis 48-49c; **FLPA:** Fred Bavendam / Minden Pictures 13cb (snail), Nigel Cattlin 23cra, 23br, 26-27cb (fungus), Paul Hobson 23tr, Derek Middleton 37cra, Konrad Wothe / Minden Pictures 37tr; **Fotolia:** 11tr, andreapetrlik 143cl (artwork on book cover), DavidMSchrader 142cr (background on book cover), kameramann 25tc, Andres Rodriguez 220tr (web-cam), Richard Seeney 221bl, Speedfighter 142cr (artwork on book cover); **Galaxy Picture Library:** Yoji Hirose 244tl, Robin Scagell 242-243c, STScl 248-249c; **Gensler:** 109bc; **Getty Images:** AFP 111tr, 111cra, 122clb, 125cr, 126cla, 128clb, 134clb, 144cra, 148cl (man holding boom), The Agency Collection 47tr, altrendo images 217bl, amana images 114cl (globe base), Dan Biglow 202-203bc (jet engine), Bloomberg 210tr, Paul Bradbury 212-213c, Brand X Pictures 59cla (stand), Bridgeman Art Library 123cr, 143cra, Buena Vista Images 140cra, Robert Cadloff 217tr, Kathy Collins 206clb, Jeffrey Coolidge 56-57c (computer screen), Jan Hakan Dahlstrom 211tr, DAJ 161tr, Peter Dazeley 47cr, DEA / G. Dagli Orti 143tr, Danita Dellmont 176cl, Erik Dreyer 200-201 (window), Nicholas Eveleigh 59tl (blood bag), Grant Faint 46tr, Denis Felix 204-205c, David Fischer 148-149b (background), Jakob Fridholm 209bc (grill), Getty Images 189crb, Gavin Hellier / Robert Harding World Imagery 187cla, David Humphreys / Foodpix 126-127cb (shopping trolley), Image Source 95bl, Imagemore Co, Ltd 154bc (camera), Dr. Kessel & Dr. Kardon / Tissues & Organs 59tr, Heath Korvola 192-193c (cinema), Claire Leimbach / Robert Harding 152tl, David Liittschwager / National Geographic 14-15c (background), M. Llorden 147cra, O. Louis Mazzatenta 150bl, Medioimages / Photodisc 130bc, Ricky John Molloy 200-201c (girl), Dana Neely 130bl, 134tl, Paul Nicklen / National Geographic 15bl, NY Daily News 151crb, Willoughby Owen 77br, photosindia 154-155c, Martin Pickard 219tr, PM Images 146-147cb (boom box), Popperfoto 174tr, 174c, 175bl, purpleflames 206tl, Andreas Rentz 46-47c (runners), David Scharf 54clb, Science Photo Library 58c (doctor), Gregg Segal 149c (director), Mark Segal 118clb (magazines on fork lift), Juan Silva 206-207c, SSPL 180bl, 180-181c, 190cb, 221cra, Luke Stettner 46tr (man), Harold Sund 118bl, Thinkstock 220-221c (laptop on train), Michele Westmorland 15clb, Norbert Wu 11br; **Kenneth A. Goldberg:** 202bl; **Google Earth:** MapLink / Tele Atlas 114-115c (image on pc); **Brian Guzzetti/Far Corners Photography:** 91br; **Innovation First:** 218-219c; **The Kobal Collection:** Chaplin / United Artists 148bl, Dreamworks / LLC 144-145cb, Paramount / Marks, Elliot 145tr, Warner Bros / DC Comics 148bc; **Lebrecht Music and Arts:** Matti Kolho 160bl; **Legoland California:** 124-125c; **MVRDV:** 109br; **NASA:** 54428 227bl, 227bc, 228-229c, 230-231c (ISS), 231cr, 231cb, 231br, 232-233c (space walk), 229tr, 229cra, 229crb, 229br, 233br, 235cra, 235crb, 236tl, 236cla, 236-237c, 237tr, 237cb, 238tl, 238-239, 239cr, 239br, 240cl, 240-241c, 241tr (Jupiter), 241cr, 243tr, 244-245c, 245cr, 245br, 247tr, 249br, ESA / J.Hester(ASU) 155br, Goddard Space Flight Center 112-113c, Planetary Photojournal 196-197c, 224-225c; **NHPA / Photoshot:** Ernie Janes 13cra, David Maitland 38bl, Ann and Steve Toon 36-37cb (wound on buffalo); **OLPC:** 132-133c; **The Opte project:** 115br; **Ordnance Survey © Crown Copyright:** Bournemouth Borough Council 115cr; **Photolibrary:** Kelvin Aitken / Age fotostock 80-81tc (waves), Alaska Stock Images 16bl, Steve Allen / Imagestate 34tc (tree), Walter Allg^wer / Imagebroker.net 100clb, Stephen Barnett 119c (newspaper plant), Bianchetti Bianchetti / RESO 215tr, Jonathan Bird / Peter Arnold Images 37crb, Russ Bishop 96-97c, James Braund 198-199 (background), Denis Bringard / Bios 22bc (white stamen), Doug Cheeseman / Peter Arnold Images 83cl (orca surfacing), Creativ Studio Heinemann / Imagebroker.net 216bl, Paulo Curto / Tips Italia 104-105c, Dominic Dibbs / Fresh Food Images 159cr, Paddy Eckersley 219crb, Mark Edwards / Still Pictures 100bl, Chad Ehlers 100cla, Eye Ubiquitous 215bc (wheelbarrow), Michael Fogden / OSF 39br, Foodfolio / Photocuisine 216cra (mint sprig), Patrick Frischknecht / Still Pictures 98-99c (rock face), Michael P Gadomski / Superstock 26-27c, Marc Gerritsen / Sheltered Images 158cl (entertainment centre), Steve Gschmeissner 42-43c, GTW / Imagebroker.net 25tr, Fraser Hall / Robert Harding Travel 94-95c (background), Howard Hall / OSF 10bl, Kevin & Suzette Hanley / Animals Animals 39cra, John Hartman 134-135, Martin Harvey / Peter Arnold Images 32-33c, Barbara Heller 171cra, Thorsten Henn / Nordic Photos 105crb, Gerald Hinde / ABPL / Animals Animals 35cla (kudus), Georgie Holland / age fotostock 12tl, Alex Howe 216c, HSchweiger / Wildlife 82tl, John Hyde / Alaskastock 82cla, Imagebroker 34cl, Dennis Inc / Phototake Science 60-61c, The Irish Image Collection 103br, Karlheinz Irlmeier 155tr, John Warburton-Lee Photography 98bc, JTB Photo / Japan Travel Bureau 216-217 (background), Juniors Bildarchiv 35cr (two zebra), 80-81c, Satoshi Kuribayashi / OSF 29br, Last Refuge / Robert Harding Travel 103cr, Alvaro Leiva 122-123cb, Zigmund Leszcznski / Animals Animals 25cr, Peter Lewis 103tr, Alan Majchrowicz / Peter Arnold 84-85c, Marevision / age fotostock 11bl, R Matina / Age fotostock 100-101c, Chris Mattison / age fotostock 21br, Grahame McConnell / Ticket 105cra, Tony McConnell 209cra, John Miller 104-105c (view outside cave), Juan Carlos Munoz 99br, Darlyne A Murawski / Peter Arnold Images 37br, Darlyne Murawski / Peter Arnold Images 55br, Eric Nathan / Britain on View 148cla (clapperboard), David B. Fleetham / OSF 12-13c (octopus), OSF 81crb, OTHK / Asia Images RM 108-109c, Alfred Pasieka 51cra, Douglas Peebles 74-75c, Peter Arnold Images 99bl, Sergio Pitamitz / Robert Harding Travel 34-35c (background), Planet Observer 76-77c, Fritz Poelking / age fotostock 30-31c, Keith Porter / OSF 24cb (butterfly), The Print Collector 185br, Quadriga Images / LOOK-foto 158crb (red chair), R H Productions / Robert Harding Travel 215tc, Radius Images 88-89c, Gustavo A Rojas / age fotostock 16-17c (fish), Antonio Lopez Roman / age fotostock 22-23c, Jaques RosÈs / Bios 25cl (Green shied bug), Cyril Ruoso / Bios 84bl, Kevin Schafer / Peter Arnold Images 40-41c, Ted Schiffmann / Peter Arnold Images 28-29c (background), Malcolm Schuyl / Still Pictures 36-37c, AndrÈ Skonieczny / Imagebroker.net 24cr (honey bee), Witold Skrypczak / Superstock 94-95 (foreground cactus), Gerard Soury / OSF 31br, Stoelwinder / Bios 24bl (grasshopper), Egmont Strigl / Imagebroker.net 100tl, Jochen Tack / Imagebroker.net 205br, Nicolas Thibaut / Photononstop 128-129c, Guy Thouvenin 102-103, Travel Pix / Robert Harding Travel 143bc (Statue of Liberty image on book cover), Steve Vidler 140-141c, James Watt / Pacific Stock 39tr, James Watt / Index Stock Imagery 16cla, John Wilson / Robert Harding Travel 152cla, Gordon Wiltsie / Peter Arnold Images 84cla, Heinz Wohner 121br, Alison Wright / Robert Harding Travel 84tl, Sven Zacek / OSF 82-83clb (ice flow), Ariadne Van Zandbergen 122bl, Gunter Ziesler / Peter Arnold Images 34bl; **Planetary Visions Limited:** 79bc, 110cla, 110clb, 110bl; **Primal Pictures Ltd:** © Primal Pictures with courtesy 45tr; **Ron Arad Associates:** ronarad.com 159cla; **The Ronald Grant Archive:** 145ca, Goskino 144-145c; **Science Photo Library:** 3D4Medical.com 68bl, Mary Beth Angelo 11bc, P.Plailly / AT. Daynes / Eurelios 168-169tc, John Bavosi 69tr, British Antarctic SUrvey 82bl, BSIP, Chassenet 52bl (contracted pupil), 52bl (dilated pupil), Dr Jeremy Burgess 191clb (penicillin culture), CDC 54bl, Celestial Image Co. 245tr, Peter Chadwick 41cra, Julius T Csotonyi 69br, 168tr, Dennis Kunkel Microscopy, Inc / Visuals Unlimited 19br, 29bl, Georgette Douwma 41tr, David Ducros 236clb, Kenneth Eward / Biografx 57bl, Eye of Science 26cla, 37cb, 56-57c (Fertilisation SEM), 61br, 64tl, 67cr, 68-69c, Astrid & Hanns-Frieder Michler 26clb, Bob Gibbons 95br, Steve Gschmeissner 51tr, 63cr, Steve Horrell 89bl, Innerspace Imaging 58c, Jacopin 44tl, James King-Holmes 48bl, Mehau Kulyk 199bl, Jerry Lodriguss 244cl, Barney Magrath 246clb, Dr Ken McDonald 81tr, Joe McDonald, Visuals Unlimited 41crb, Tom McHugh 168crb, Will & Deni McIntyre 53br, 223crb, Medi-Mation 62-63c, Medical Images, Universal Images Group 63br, 67br, National Museum of Health and Medicine 174bl, 190clb, Mark Miller 63tr, Hank Morgan 197tr, Allan Morton 247bc, Dr. G. Moscoso 57br, P. Motta / Dept. of Anatomy / University "La Sapienza", Rome 61tr, 67tr, NASA 88crb, 236bl, 241tr (Neptune), 247crb, NASA / JPL / MSSS 234bl, NASA / JPL / STScl / VASSAR 247br, NASA Earth Observatory 78-79c, Dr Yorgos Nikas 57cr (four-cell embryo), 57cr (two-cell embryo), 57fcr, NOAO / AURA / NSF 247cra, David Nunuk 226cb, OAR / National Undersea Research Program 75br, Power and Syred 54tl, Profs. Motta, Andrews, Porter & Vial 68cb, 69bl, Royal Observatory, Edinburg / AATB 249tr, Royal Observatory, Edinburgh 246cla, John Sanford 229ca, Friedrich Saurer 241tr (Venus), Victor de Schwanberg 211crb, Science Source 52cb, SOHO / ESA / NASA 238cla, Volker Springel / Max Planck Institute for Astrophysics 249cr, TEK Image 211br, Sheila Terry 223tr, Javier Trueba / MSF 105tr, US Department of Defense 211cra, 213br, Walter Myers 241tr (Uranus), Charles D. Winters 217br, Paul Wootton 238br; **SeaPics.com:** Phillip Colla 16clb, Doc White 33bl; **Igor Siwanowicz:** 33cb, 38-39c (Mantis); **The Art Agency:** Stuart Jackson-Carter 246-247; **TopFoto.co.uk:** Granger Collection 155bc, Japan Information & Cultural 160-161c; **Wellcome Images:** 190tc; **Wikimedia Commons:** Androstachys 38-39bc (grasshopper); **wildnatureimages.com:** Ron Niebrugge 86-87c; **Peter Wilson:** CONACULTA-INAH-MEX 171clb (reclining figure)

Jacket images: *Front:* **Corbis:** Ashley Cooper cr/ (rainforest), Image Source cr/ (tree frog), Karen Kasmauski br/ (Tokyo aerial view); **FLPA:** Fred Bavendam / Minden Pictures bl/ (Sea Goldie fish); **Getty Images:** Andreas Colantoni cl/ (Giza Pyramids), Richard Elliot cl/ (Tutankhamun), Michael Hitoshi br/ (Tokyo expressway), NASA Earth Observatory / SPL cb; **NASA:** Swift / Stefan Immler (GSFC) and Erin Grand (UMCP) tc/ (Andromeda galaxy); *Back:* **Getty Images:** NASA Earth Observatory / SPL cl; **NASA:** Swift / Stefan Immler (GSFC) and Erin Grand (UMCP) tc

更多信息请见： www.dkimages.com